本书得到国家自然科学基金青年项目（41801114）"开发区与城市空间关系演化规律及驱动机制研究——以京津冀地区为例"资助

# 京津冀城市群土地利用变化驱动力及模式

康 蕾 著

科学出版社

北 京

## 内 容 简 介

城市群作为快速城镇化的典型地域，土地利用变化活跃且剧烈。开展城市群土地利用变化相关研究，有助于揭示城市群地区人地关系地域系统的特征，精准识别国土空间开发过程中存在的问题。京津冀城市群作为中国的三大城市群之一，城市空间拓展与土地资源供给之间的矛盾日渐严峻。本书基于 1990~2015 年资料，首先分别从城镇化和工业化的驱动视角出发，对京津冀产业园区用地和建成区两类重要建设用地的时空演变特征进行刻画；然后采用定性与定量相结合的方法详细阐释与之相关联的社会经济运行情况及土地利用动态变化的驱动机制；最后基于产城空间综合视角，尝试归纳产城交互关系演进的规律及影响机理，以期为区域产城空间布局优化调控提供科学支撑。

本书可供城市地理学、城乡规划学、管理学等相关领域的研究人员阅读参考，也可供从事国土空间开发、城市与区域规划等工作的政府决策者和研究者参考。

审图号：GS(2021)7161 号

**图书在版编目(CIP)数据**

京津冀城市群土地利用变化驱动力及模式／康蕾著．—北京：科学出版社，2022.1

ISBN 978-7-03-070072-8

Ⅰ.①京… Ⅱ.①康… Ⅲ.①城市群–城市土地–土地利用–研究–华北地区 Ⅳ.①F293.22

中国版本图书馆 CIP 数据核字（2021）第 209520 号

责任编辑：杨逢渤／责任校对：樊雅琼
责任印制：吴兆东／封面设计：无极书装

科学出版社 出版
北京东黄城根北街 16 号
邮政编码：100717
http://www.sciencep.com

北京建宏印刷有限公司 印刷
科学出版社发行 各地新华书店经销

\*

2022 年 1 月第 一 版　开本：720×1000　1/16
2023 年 11 月第二次印刷　印张：12 1/2
字数：350 000
**定价：168.00 元**
（如有印装质量问题，我社负责调换）

# 前　言

在全球城镇化与经济全球化加快的双重过程中，作为世界城镇化发展的重要趋势，城市群的快速扩张成为必然。城市群土地利用变化直接反映了区域的地域空间演化过程和资源配置格局，与区域社会经济运行效率及可持续发展密切相关。伴随我国城镇化、工业化的加快推进，城市群在发展过程中土地资源供给的紧缺与社会经济需求的增长之间矛盾日益凸显。总体而言，城市群作为快速城镇化的典型地域，人地关系尤为复杂，其发展演进过程对国土空间格局演变和土地利用变化过程影响非常显著，不合理的人类活动容易导致土地资源承载力下降，引发土地资源的供给和结构与区域社会、经济、生态、环境、空间发展之间不协调，甚至出现失衡的土地利用空间冲突。开展城市群的土地利用变化相关研究，有助于揭示城市群地区人地关系地域系统的特征，精准地识别区域国土空间开发过程中存在的问题。京津冀城市群作为中国的三大城市群之一，城市空间拓展与土地资源之间的矛盾日渐严峻。土地作为人口、产业的载体，其合理利用与土地空间开发的区域协作是区域一体化发展的重要基础。

鉴于上述理论和实践的双重需要，本书以京津冀城市群为研究对象，对该区域土地利用变化及其驱动力，以及与之相关联的社会经济运行情况加以详细刻画和分析。首先分析了京津冀城市群的社会经济发展现状，指出区域城镇化、工业化发展面临的主要问题，特别是土地利用方面存在的问题；从总体上描述和刻画京津冀城市群土地利用现状及变化态势，并以建设用地为对象分析其时空演变特征，采用定性与定量相结合的方法探讨京津冀城市群土地利用变化的驱动因素。然后分别从城镇化和工业化的驱动视角出发，进一步细化研究对象，对京津冀产业园区用地和建成区用地的数量、格局、空间形态等方面的时空演变特征进行分析，总结和提炼不同时段、不同城市两类建设用地空间扩张模式上的分异及规律。最后基于产城空间综合视角，分析京津冀城市群产城交互关系演进的阶段性特征和规律，归纳其影响机理，并提出产城空间布局优化调控的对策。本书的主要观点如下：

（1）通过搜集社会经济方面的统计数据和资料，分析京津冀城市群社会经济发展格局和特征，并指出区域发展过程的特殊性及存在的问题。当前，京津冀城市群产业发展与城镇化水平的区域不均衡性突出，这种区域不均衡性传导至空间层面则易引发土地利用效率和空间问题。因而有必要从土地利用的角度提出各类经济要素布局的空间引导性政策，促进区域形成协同、科学的经济发展空间格局。将土地利用变化的宏观态势作为研究的切入点，以京津冀城市群不同时期土地利用数据为基础，分析区域土地利用现状格局，以及土地利用规模、类型、利用程度等变化态势。研究区耕地减少最为显著，而建设用地持续增加，且这种变化态势于2000年之后在更大范围内趋于增强，表明随着京津冀城镇化、工业化的发展，京津冀城市扩张迅速，并越来越多地蚕食着区域其他地类。进一步分析可知，建设用地增长活跃区主要集中在北京绝大部分地区，唐山、天津、沧州三地沿海地带；张家口、保定、石家庄、秦皇岛北部、承德东南部、邢台西南部以及邯郸北部部分地区也属于建设用地增长活跃区。

（2）在定性阐释城镇化水平与人口、工业化与产业结构、交通与区位条件以及政策调控与规划管理等因素对建设用地变化影响的基础上，采用地理加权回归模型分析发现，各个时期经济的发展、人口密度的增加、城镇化水平的提高以及交通的发展都能较为明显地引起建设用地的扩张；而工业化水平和产业结构则随着工业化的推进日渐成为建设用地扩张的重要驱动力量。此外，距离市中心或港口越近的区域，建设用地扩张越明显。

（3）分析京津冀城市群主要产业园区用地时空格局及演变规律，结果表明，1990~2015年京津冀城市群主要产业园区用地空间格局呈现出"局部单中心–全局多中心"的动态变化特征。京津两地始终为产业园区用地高密度集聚区，但近几年扩张趋缓；河北东部、南部多个城市扩张态势日趋明显，自然本底条件、交通与区位因素、与行政中心距离、区域及产业政策引导等对京津冀城市群产业园区用地变化影响较为显著。总结这20多年间的产业园区用地演化空间模式，发现核心大城市的产业园区经历了蔓延式扩张—聚合式扩张的转变，热点中等城市经历了跳跃式扩张—聚合式扩张的变化，部分中小城市则经历了跳跃式扩张—蔓延式扩张的变化，尚未进入聚合式发展阶段。

（4）分析京津冀城市群建成区用地扩张的时空格局及特征，结果表明，1990~2000年建成区的高速扩张区主要集中在京津冀中部的核心城市（北京、天津），区域北部和南部扩张相对缓慢；2000~2010年大部分城市建成区迅速扩张，但中部核心地带的建成区扩张有所放缓；2010~2015年京津唐再度成为扩张活跃区。引用景观空间扩张指数分析方法，探讨建成区空间扩张模式规律，发现京津冀城市群建成区扩张整体上经历了边缘式主导—边缘式主导、飞地式次主导—边缘式主导、填充式次主导的演变过程，如北京、天津等级较高的城市更早进入"聚合"相位阶段，而等级较低的城市进入此阶段则相对滞后。

（5）城镇化和工业化两大驱动力在区域土地利用变化进程中具有相辅相成

又相互牵制的作用,这种作用会在产城交互关系的发展演进中有所体现。本书分析了在京津冀城市群的孤立分散发展、关联化发展以及协同式发展三个阶段当中产业园区和城市空间的发展演变规律与特征。继而总结了影响京津冀城市群产城交互关系的政策引导机制、功能互补机制、要素驱动机制以及环境约束机制,并介绍了机制建设中存在的一些问题,基于此探讨了产城空间布局调控及优化对策。

本书得到了国家自然科学基金项目(41801114、41430636、41590841、41590842)的支持,这些支持为本书的研究内容的顺利推进和出版提供了坚实的保障。特别感谢中国科学院地理科学与资源研究所刘毅研究员、马丽副研究员对本书研究内容的悉心指导和关切,感谢中国科学院地理科学与资源研究所区域可持续发展分析与模拟重点实验室各位同仁长期的鼓励和帮助。

京津冀城市群是我国北方地区经济发展水平最高、城市群发育最充分的区域,当前隶属我国参与国际竞争的"第一梯队"。京津冀城市群作为我国具有一定影响力的城市群体空间组织,由于其特殊而重要的区位条件和经济地位,土地资源的合理利用和配置对区域发展具有重要意义。作者衷心希望本书能够为区域特别是城市群区域人地关系的基础理论与社会经济发展的政策实践提供一些有益的启发及思考。虽然作者尽可能努力参悟,但受限于学术视野和研究能力,本书的研究内容难免存在不足之处,诚请读者不吝赐教。

康 蕾
2021 年 3 月于中国科学院地理科学与资源研究所

# 目　　录

**第1章　引言** ……………………………………………………………… 1
  1.1　研究背景 …………………………………………………………… 1
  1.2　技术路线 …………………………………………………………… 5

**第2章　国内外研究进展** …………………………………………………… 8
  2.1　理论基础 …………………………………………………………… 8
  2.2　国内外土地利用变化研究进展 …………………………………… 12
  2.3　国内外城市用地时空变化研究 …………………………………… 17
  2.4　国内外城市群相关研究进展 ……………………………………… 24
  2.5　研究进展评述和启示 ……………………………………………… 29

**第3章　京津冀城市群土地利用现状及变化** …………………………… 32
  3.1　京津冀城市群发展概况及特殊问题识别 ………………………… 32
  3.2　土地利用现状分析 ………………………………………………… 39
  3.3　1990~2015年土地利用变化分析 ………………………………… 46
  3.4　京津冀城市群建设用地变化研究 ………………………………… 51
  3.5　小结 ………………………………………………………………… 60

**第4章　京津冀城市群土地利用变化驱动因素** ………………………… 62
  4.1　建设用地变化驱动因素的定性分析 ……………………………… 62
  4.2　京津冀城市群建设用地变化驱动因素的定量分析 ……………… 67
  4.3　小结 ………………………………………………………………… 89

**第5章　京津冀城市群产业园区用地演变** ……………………………… 91
  5.1　京津冀产业园区用地演变研究方法 ……………………………… 93
  5.2　京津冀城市群产业园区空间演化与分异特征 …………………… 98
  5.3　京津冀产业园区用地演变的影响因素分析 ……………………… 109
  5.4　京津冀城市群产业园区用地演化空间模式 ……………………… 115
  5.5　小结 ………………………………………………………………… 118

**第6章　京津冀城市群城市建成区扩张特征** …………………………… 119
  6.1　1990~2015年建成区扩张总体态势 ……………………………… 119
  6.2　建成区扩张过程与特征的分析方法 ……………………………… 121

  6.3 京津冀建成区扩张的时空特征及演变分析 ················· 124
  6.4 京津冀建成区空间扩张模式分析 ······················ 134
  6.5 小结 ······································· 144

第7章 京津冀城市群产业园区与建成区的交互关系及其影响机理 ········ 146
  7.1 京津冀城市群不同发展阶段产城关系的特征 ·············· 146
  7.2 京津冀城市群产城交互关系的影响机理 ················· 156
  7.3 京津冀城市群产城空间布局优化调控对策 ················ 162
  7.4 小结 ······································· 165

第8章 主要结论与研究展望 ································ 166
  8.1 主要结论 ····································· 167
  8.2 不足与展望 ··································· 170

参考文献 ············································· 172

# 第 1 章 引 言

## 1.1 研究背景

### 1.1.1 我国快速城镇化和工业化引发土地利用变化剧烈，人地矛盾日益凸显

伴随我国人口急剧增加、经济快速发展和城镇化、工业化进程的不断加快，以及对土地利用空间和土地资源需求的不断扩大，土地利用规模、布局与结构变化剧烈。土地供给的紧缺与社会经济需求的增长之间矛盾凸显，土地类型无序转换、土地利用变化空间失衡、大量耕地被转换成建设用地、土地后备资源有限、土地生态破坏等人地矛盾问题日益加剧。

第一，城市建设用地扩张剧烈。国内外研究表明，世界范围内的城市用地都在急剧扩张（Seto et al., 2011）。我国作为世界上最大的发展中国家，城镇化正进入快速发展的时期，面临着人口高峰、城镇化高峰、工业化高峰的严峻挑战，"三大高峰"都将以大量用地为支撑，因而城市土地利用面临的形势更为严峻（刘盛和，2002），城市的盲目扩张和蔓延已成为当前我国城镇化进程中最严重的问题之一（姚士谋等，2012）。根据历年《中国城市建设统计年鉴》提供的数据，1981~2014 年全国城市建成区面积由 7438 km² 增加到 49 773 km²，大致以每年超过 1000 km² 的速度递增（图 1-1）。

第二，城市建设用地扩张对其他地类的占用引发土地利用结构剧烈转变。城市建设用地的急剧扩张会占用周边的大量农用地，而这些农用地往往为地形平坦、土壤肥沃、生产力较高的优质耕地，优质耕地的大量流失加剧着原本就紧张的耕地供需矛盾，对我国粮食安全造成严重影响（Han et al., 2009; He et al., 2017）。特别是 20 世纪 90 年代以来，我国经济保持高速增长，国民经济发展及其结构发生了巨大变化，并于 1997 年前后进入工业化中期阶段（马晓河等，2005），这意味着我国已进入城镇化、工业化发展不可避免地大量占用耕地时期，耕地农转非现象严重。根据历年《中国国土资源公报》公布的数据，全国耕地

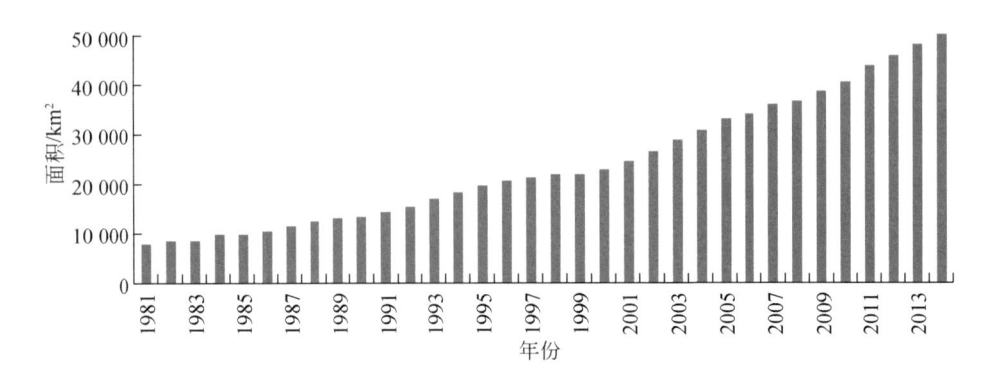

图 1-1　1981～2014 年全国城市建成区面积变化

面积从 1996 年的 19.51 亿亩①减少至 2008 年的 18.27 亿亩，呈现出逐年减少的趋势（图 1-2），已逼近 18 亿亩耕地红线。此外，城市周边大量湿地、草地等转变为建设用地，部分自然水体也因人类开发而枯竭，导致城市生态环境质量大幅下降，城市宜居品质降低。

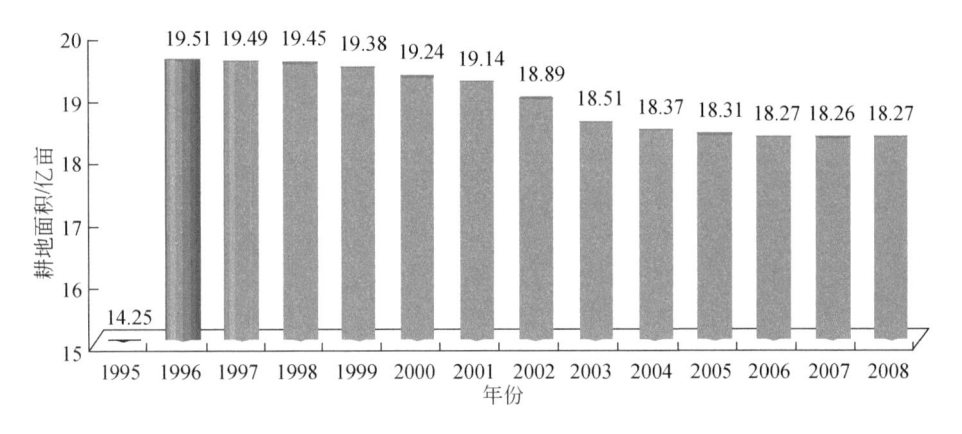

图 1-2　1995～2008 年全国耕地面积变化

第三，建设用地粗放利用问题较为突出。一些地方不顾当地经济、资源、人口现状，不切实际地把规划做大。有的城市规划了 10 年甚至更长时间都用不完的土地，2006 年统计数据显示，全国城镇规划范围内闲置、空闲和批而未供的土地近 400 万亩。建设用地粗放利用的另外一个表现是城市土地利用结构和布局不尽合理，导致用地产出率很低，有关部门抽样调查了我国 17 个城市，发现工

---

① 1 亩 ≈ 666.67 m²。

业用地产出率不到发达国家20世纪80年代的2%。

## 1.1.2 城市群作为快速城镇化的典型地域，土地利用变化活跃且剧烈

在全球城镇化进程与经济全球化进程加快的双重过程中，作为世界城镇化发展的重要趋势，城市群的快速扩张成为必然。与此同时，作为人类活动最为活跃的热点经济区域，城市群在国土开发格局中承担着重要角色，其土地利用变化是地域空间演化和资源配置格局的直接表现，直接关系到我国城镇化、工业化质量和可持续发展（姚小薇和王占岐，2012）。土地资源的开发利用是城市群及其内部各城市扩张以及形成区域一体化发展的重要基础。因为对于城市经济而言，城市建设用地的增加在空间上对城市的扩张与经济的增长予以支撑和贡献，如农村劳动力的转移要通过发展规模经济、发展农业产业化来解决，这就不可避免要面临土地流转、土地制度创新问题；人口集聚要解决居住问题，就需要宅基地及房屋建设用地；城镇发展需要具备完善的生活功能，必然要占据医疗、教育、娱乐、饮食等第三产业发展用地；城镇化需要产业支撑，产业的布局和发展也有赖于对土地资源的开发与土地空间的占用，特别是产业发展过程中重点建设项目的开工建设，对建设用地有着更旺盛的需求。土地利用过程将城镇发展各个方面的经济要素紧密地联系在一起，其作为一条重要经济纽带的意义凸显无疑。特别地，在全球化、国际化城市群的建设过程中，城市间的产业转移、产城融合趋势都对国土空间的开发利用提出新要求，也必然会引起土地利用格局的显著变化。

随着我国城市群的不断发育以及城镇化进程的不断加快，城市群土地利用对区域社会经济发展和生态环境保护的影响越来越显著。在当前我国城镇化加速发展的时期，城市群的土地利用与经济发展之间的矛盾日益凸显，一是城镇化建设用地需求与有限的土地资源数量之间的矛盾；二是土地资源稀缺性与土地利用非集约状态并存（林坚和马珣，2014），使得区域可持续发展受到威胁。为此，2014年的全国国土资源工作会议上明确提出"压缩东部地区特别是京津冀、长三角、珠三角三大城市群建设用地规模"。控制城市群体量、优化城市群的土地利用成为构建城市群地域范围内和谐的人地关系、实现城市群健康、有序、高效及可持续发展的重要战略方向。

## 1.1.3 土地利用变化是研究城市群人地关系地域系统状态及变化的重要切入点

人地关系地域系统是地理学研究的永恒主题，人地关系研究的实质则是围绕

"人类社会-土地综合体"这一主轴关系展开的（王爱民等，2002）。城市群地区作为各种社会经济要素最集聚、最活跃的地区，人文要素与自然要素交互作用复杂、各种土地利用类型转换频繁，因此容易引发空间冲突与风险，可以说城市群是地表最为复杂的人地关系地域系统。在人地关系构建中，土地利用处于基础层次，其他层次的人地关系均是在此基础层次上的延伸和拓展。人地关系的发展，一个很重要的表现就是人类对土地开发利用的广度、深度不断增强。人类正是在对土地资源的不断开发利用过程中，推进着经济技术体系、社会文化体系不断发展。人类社会经济活动需要以土地利用为载体，其组织方式、强度大小、发展变化均可引发土地利用的规模、结构和空间布局变化。

在城镇化、工业化快速推进的背景下，城市群地区人地关系尤为复杂，其发展演进过程对国土空间格局演变和土地利用变化过程影响非常显著，不合理的人类活动容易导致土地资源承载力下降，引发土地资源的供给和结构与区域社会、经济、生态、环境、空间发展之间不协调，甚至出现土地利用空间冲突（刘祖云和陈明，2012）。土地利用规模、结构、效率和布局的变化能够充分体现人类社会经济活动对土地空间的作用与效应。因此，从土地利用变化的视角入手开展研究，有助于揭示城市群地区人地关系地域系统的特征、指出区域存在的土地利用问题、辨识影响城市群地区人地关系地域系统可持续发展的障碍因素，从而为城市群地区合理开发土地资源、优化土地配置、科学安排经济活动布局提供一定的参考。

## 1.1.4　京津冀城市群作为国家战略性重点区域，通过对土地的优化配置是促进京津冀协同发展的重要手段

京津冀城市群是我国北方地区经济发展水平最高、城市群发育最充分的区域，当前隶属我国参与国际竞争的"第一梯队"。京津冀城市群作为我国具有一定影响力的城市群体空间组织，由于其特殊而重要的区位条件和经济地位，土地合理利用和配置对区域发展具有重要意义。近年来，随着区域战略地位不断提升，人口资源环境压力也日渐严峻，京津两地都出现用地短缺、环境污染、交通拥堵等"大城市病"症状；土地资源承载、超载情况不容乐观（林巍，2015）。京津两地土地利用粗放、建设无序的问题由来已久，而河北除了存在与京津同样的问题之外，由于经济发展水平的差距，河北环京津县市区还会受到京津周边一些县市建设用地开发的影响，如一些开发商会占用河北的优质农田、以设施农业为名进行非农建设等，从而造成耕地减少（杨晓颖等，2015）。京津冀城市群城市空间拓展与土地资源之间的矛盾已日益凸显，甚至影响到区域的长期可持续发

展能力。

2015年4月中共中央政治局召开会议，审议通过《京津冀协同发展规划纲要》。至此，京津冀协同发展已上升为国家层面的重大战略，承担着区域协调发展和培育中国经济增长极的战略任务。《京津冀协同发展规划纲要》中推动京津冀协同发展的指导思想包括以资源环境承载能力为基础、以城市群建设为载体、以优化区域分工和产业布局为重点、以资源要素空间统筹规划利用为主线，着力调整优化经济结构和空间结构。土地作为最基础的资源要素之一，其利用规模、结构、空间布局的优化是整个地区国土与社会经济优化协调的重要抓手。京津冀地区全国战略地位的提升在带来新的发展机遇的同时，必然会进一步加快城镇化的步伐，从而产生新的用地需求，带来城市用地的进一步扩张。与此同时，随着区域经济一体化态势愈加明显，京津冀三省市之间社会经济活动的联系必将越来越密切，在空间上形成面积较大的连片城镇化区域已是区域发展的客观走向。土地是人口、产业的载体，土地资源利用与土地空间开发的区域协作是区域一体化发展的重要基础（彭文英等，2014）。鉴于此，对京津冀城市群而言，其协调、稳定的发展有利于我国的长治久安。合理配置京津冀城市群的土地资源，优化土地利用空间格局，对土地利用的规模、结构、空间布局和效率予以高效管理是适应当今优化国土空间开发格局的总体战略思路，是促进区域协作、增强区域竞争力、实现可持续健康发展的重大战略问题，也是需要长期研究探索的问题。

## 1.2 技术路线

本书将京津冀城市群作为我国区域发展的战略热点区域，针对其土地利用和社会经济发展之间矛盾亟待缓解的客观实际，以支持国土空间优化为目标，对京津冀城市群的土地利用问题，特别是建设用地演变、扩张的问题进行了详细的研究。从产业园区和建成区双方视角切入，研究两者的时空扩张规律及模式，深入探讨京津冀城市群工业空间和城市空间相互关系的区域性、阶段性和等级性特征。具体技术路线和章节安排如图1-3所示。

（1）第1章为引言。介绍本书的研究背景，确定本书的研究目标和研究内容，选定研究方法，并给出本书整体的技术路线。

（2）第2章为国内外研究进展。主要围绕土地利用和城市、城市群用地研究综述国内外研究进展，并指出相关研究给本书写作提供的思路和方法借鉴。

（3）第3和第4章为本书的基础研究内容。

图 1-3　技术路线

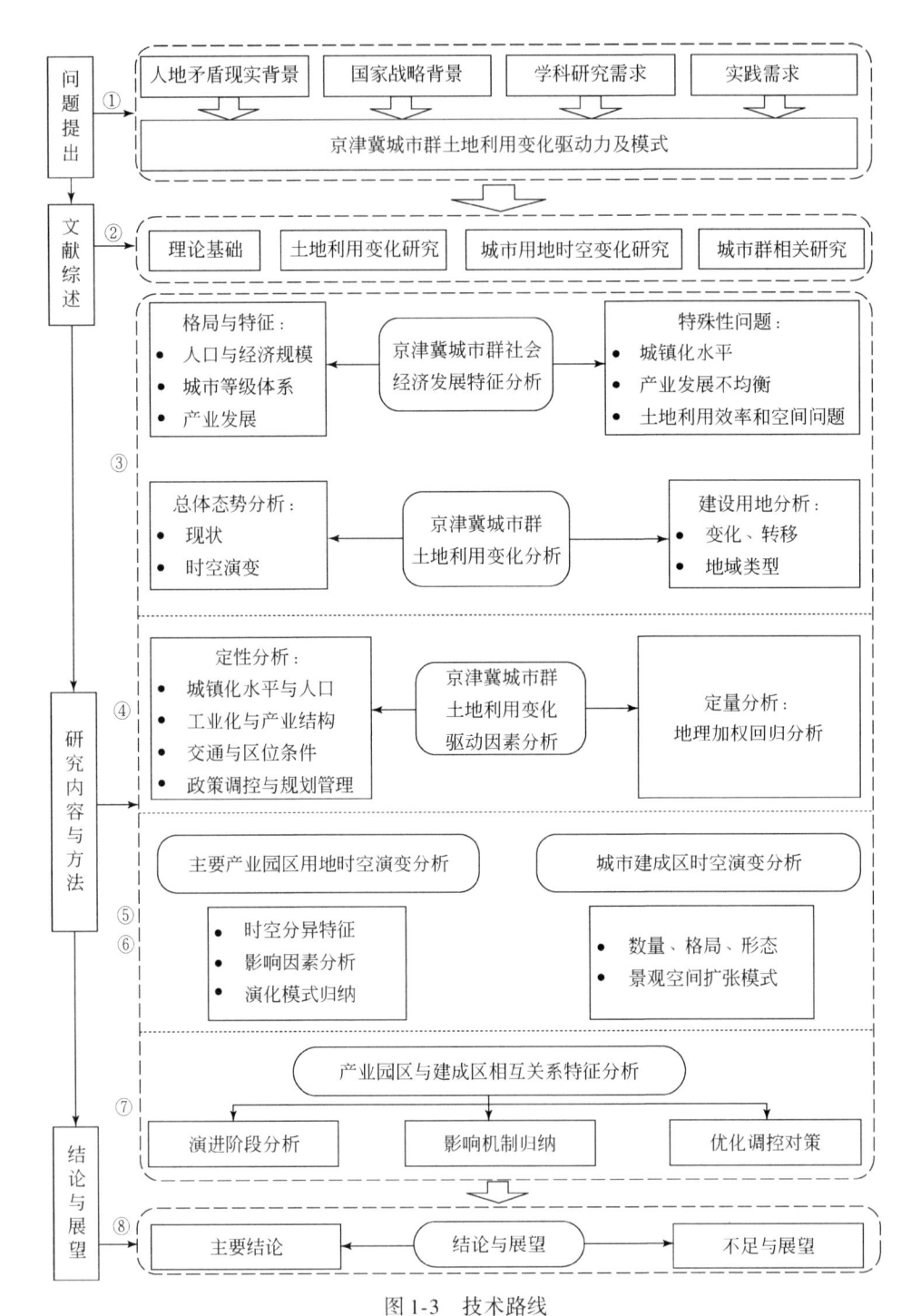

图中①～⑧对应本书第 1～第 8 章

第 3 章为京津冀城市群土地利用现状及变化分析。从数量、结构、利用程度、空间格局等方面分析六种土地利用类型的现状及变化特征。专门针对建设用地类型，分析其增减变化并进行地域类型划分。

第 4 章为京津冀城市群土地利用变化驱动因素分析。以建设用地为研究对象，运用定性和定量相结合的方法进行建设用地变化的驱动因素分析。

（4）第 5~第 7 章为本书的核心研究内容。

第 5 章为京津冀城市群产业园区用地演变分析。以主要产业园区用地为研究对象，分析产业空间的时空演化与分异特征及其影响因素，总结产业园区用地空间演化模式。

第 6 章为京津冀城市群城市建成区扩张特征研究。以城市建成区为研究对象，分析其扩张的总体态势、过程特征，并运用景观空间扩张指数分析建成区扩张模式和演变规律。

第 7 章为京津冀城市群产业园区与建成区的交互关系及其影响机理。分析京津冀城市群发展过程中产城交互关系的阶段性、等级性特征，归纳两者关系的影响机制，以期为推进产业园区与城市的良性互动和协调发展提供一定的决策依据。

（5）第 8 章为主要结论与研究展望。总结本书的主要结论，指出不足并提出展望。

# 第 2 章　国内外研究进展

## 2.1　理论基础

### 2.1.1　人地系统理论

人地系统理论是在系统哲学指导下的人地关系理论，是指导人类社会自然与地理环境组成的相互联系和相互制约的系统有规律运行的理论。首先，人地系统理论强调人地关系的整体观念（许然，1997）。地理环境包括岩石圈、大气圈、水圈和生物圈；人类社会从物质实体上来看包括农村、城镇、交通线、生产方式等，从文化形态上来看包括政策、法律、技术、经济等。从人地关系的整体观出发，在人类社会诞生以后，不存在不受人类社会影响的地理环境，也不存在不受地理环境影响的人类社会，两者是相互联系、相互作用的一个整体。德国科学家洪堡认为应该把地理学的基本任务是研究自然现象和人文现象的地域结合；德国地理学家李特尔提出人地相关，即把自然现象研究和人文现象研究结合起来。这些都是人地系统整体性原则的最初体现，并分别在后人的研究中得到不断的发展与深化。其次，作为人地系统的两大子系统——自然地理环境子系统和人类活动子系统，它们之间也存在着复杂的影响机制，通过子系统彼此间错综复杂的交叉影响，共同组成人地系统这个复杂的大系统。以"土地利用–经济发展"系统为例，土地利用子系统与经济发展子系统之间存在着矛盾关系。经济的发展往往导致大量的土地资源被占用，而在土地资源稀缺的条件下，就会形成对经济发展的限制和约束；同时，两个子系统之间也存在着互为促进的关系。土地利用子系统的健康有序发展会对经济发展子系统形成正向的推力，从而实现整个大系统的良性运行。

研究人地系统各子系统之间的关系，有助于了解子系统彼此间的影响。激进的、粗放的人类活动会对自然地理环境产生巨大的压力，而无序的、不可持续的自然地理环境也会形成人类活动系统健康持续运行的短板和制约。因此，人地系统理论也是可持续发展研究的重要理论基础。以系统思想为指导的集人类社会与自然界于一体的人地系统理论，其追求的目标是人类活动系统和自然地理环境系统的可持续发展，即包括能兼顾社会-经济-资源-生态的总体的可持续发展。

## 2.1.2 协调发展理论

协调发展也是一个描述系统状态的概念。"协调"是指构成一个复杂系统的不同子系统之间和谐一致、配合得当、互相协作、互相促进、有效运转，从而使该复杂系统整体上处于优态（许然，1997）。"发展"是指系统或系统组成要素本身从小到大、从简单到复杂、从低级到高级、从无序到有序的变化过程（廖重斌，1999）。某一系统或要素在满足自身发展的同时，有可能出现以其他系统或要素的破坏或牺牲为前提或条件（或代价）的情况。最典型的例子就是工业化大生产带来的经济快速增长，其是以消耗大量资源为代价，以污染环境为后果的发展方式，而这样的发展方式显然是一种片面的、不协调的发展，并非我们所追求和倡导的。社会经济发展到当今，特别是在倡导可持续发展的今天，以消耗资源、牺牲环境为代价的片面的经济发展方式已逐渐落伍。因此，就必须树立"协调发展"的观念。

协调发展应该是一种以整体利益为出发点，强调综合性、整体性的发展，不是强调单个系统或要素的发展或增长，而是强调在有效和有益的规定约束下的多系统或多要素的整体综合共同发展。对人类社会的协调发展而言，协调发展应该是以实现人类的全面发展为目标，通过经济发展、社会发展、资源环境等系统和要素的相互配合、相互支撑、相互促进，而形成的良性的、动态的变化过程。由社会、经济、资源环境等系统构成的协调发展系统，是一个开放的、复杂的、灰色的、非线性的系统，它通过物质流、能量流、信息流的流动和转化，把人口、社会、经济和资源环境密切联系在一起，组成一个有机整体（李辉，2014）。

对于资源环境与社会经济这两个对立统一的矛盾体，要实现协调发展，就必须遵循资源环境和社会经济之间的耦合规律。在资源环境承载力范围之内，合理配置各种资源，最大限度地支持和承载人类社会经济活动，实现经济发展、社会进步与资源开发、环境保护的协调一致，并不断提高人类社会大系统的有序程度，达到资源环境和社会经济两个子系统最和谐、最优化和整体效益最大化（李胜芬和刘斐，2002）。

## 2.1.3 城市空间结构理论

### 2.1.3.1 增长极理论

法国区域经济学家弗朗索瓦·佩鲁（Fransois Perroux）在《经济空间：理论

的应用》（1950年）和《略论增长极的概念》（1955年）等著述中开创性地提出"增长极"的概念，这是一个具有产业部门联系和结构意义的"抽象的经济空间"概念。增长极理论是一种不平衡增长理论，该理论指出，由于经济要素的非均衡集聚，"增长"会以不同大小的强度首先出现于局部空间，形成具有规模经济效益的增长点（极），然后通过不同的渠道向外扩散，最终带动周围区域的共同发展。增长极带动区域发展的动力源于其兼具集聚和扩散的作用，主要表现为四个方面：①生产资料的集聚与扩散；②技术的研发与推广；③经济中心的产业已形成规模并带来经济效益，且这些产业具有推动性；④形成"凝聚经济效果"。增长极理论告诉我们，当区域由于集聚作用形成经济中心后，各种经济要素交流将变得频繁，在扩散力的驱动下产生"城镇化趋向"，因此，该理论被广泛应用于区域经济学、经济地理学等问题的研究中。

#### 2.1.3.2 点-轴空间理论

点-轴空间理论可以说是在增长极理论基础上发展起来的。在区域发展初期，除了增长极外，在空间其他位置也存在着一些经济活动相对集中的点。增长极在发展过程中，将会对周围点产生多重影响并与它们产生联系，伴随着经济联系的增强，增长极与周围点的社会联系也会密切起来，最终带动这些点的发展。增长极与周围点的交往过程实际上是建立互补关系的过程，继而就会在它们之间建成各种线路，线路的建成一方面有利于增长极和相关点的互动与发展，另一方面改善了沿线地区区位条件、促进了沿线地区经济发展，使沿线地区也开始吸引资源和集聚要素，成为区域发展所依托的轴线。至此，点-轴空间结构形成。

我国著名经济地理学家陆大道院士在点-轴空间结构研究领域做出了重大贡献。他指出，区域空间结构由点、轴两种基本要素构成。所谓"点"就是各级中心地，可以是大城市，也可以是小城镇；所谓"轴"就是若干不同级别的中心城镇在一定方向上连接而成的相对密集的人口和产业带；若干点与轴依据一定的空间关系组合并相互贯通就形成了点-轴空间结构。依据该理论，陆大道在20世纪80年代初提出了我国国土开发和经济布局的著名"T"形空间结构理论（陆大道，1988，1995，2001），并在全国及各地区得到了广泛的应用。

#### 2.1.3.3 圈层空间结构理论[①]

圈层结构是空间结构的一种。圈层空间结构理论是区域研究的基础理论之一，其建立在空间相互作用理论基本法则之一的距离衰减原理基础上，而被广泛

---

① 肖清宇. 1991. 圈层式空间结构理论发展综述 [J]. 人文地理，6（2）：66-70.

地应用于分析自然社会经济景观的向心性空间层次分异特征方面。该理论起源于德国经济学家杜能的农业区位论，他采用科学抽象法，通过一系列的假设，最后得出城市腹地农作区围绕城市中心呈向心环带状分布的"杜能环"，其所建立的"同心圆"结构是空间相互作用理论之一——距离衰减原理的最初表达模式，更为圈层式空间结构理论的研究提供了雏形模式。之后，有学者将杜能的农业土地利用原理应用到城市土地利用结构等研究领域，产生了一系列城市土地利用结构模式，比较经典的包括：①城市土地利用结构理论。1925年伯吉斯（E. W. Burgess）教授根据芝加哥的土地利用模式，提出了以中心商业区为内核的向心圈状城市土地利用结构模式，六大功能区按同心圆法则自城市中心向外缘顺序配置，是城市地域结构的理想化模式。1939年霍伊特（Hoyt）考虑到交通线的影响提出了扇形结构来修正同心圆模式。1947年狄更生将历史的发展与地带的构造加以综合，将伯吉斯的同心圆构造抽象为从市中心向外顺序性配置的三大地带，即中心地带、中间地带以及外缘地带。②中心地理论。1933年克里斯·泰勒系统地阐述了中心地的数量、规模及空间结构特征，建立了"中心地理论"。他在一系列严格的假设条件下推导出六边形图式是市场区最有效的理论性状，并依据市场、交通、行政原则归纳出"中心地-市场区"的三种可能的空间结构。

区域具有层次性，任何一个区域的空间尺度规模可大可小，可以根据具体的空间尺度或规模划分成不同层次区域，区域不同层次的资源、环境、经济、社会之间既相互联系，又有所差异。以土地资源为例，中心城区的辐射作用在区域发展的过程中会影响到周边区域的土地利用，因此圈层空间结构理论为区域土地利用研究提供了很好的范式。当前，圈层空间结构理论已被公认为指导城市规划和进行城市地理研究的重要理论基础（毛丽杰，2011）。

## 2.1.4 空间相互作用理论

商品、劳务、资金、技术以及信息等方面的区际交流与互补的过程，就是发生空间相互作用的过程。空间相互作用对区域之间经济关系的建立和变化产生着重大的影响。空间相互作用的发生需要具备三个方面的基本条件：一是区域之间的互补性，也就是区域之间只有存在对某种资源或要素的供求关系，才有发生空间相互作用的必要，从而促进区域形成一定的空间结构；二是区域之间的可达性，可达性决定着经济联系能否发生，同时可达性越强，空间相互作用越强；三是干扰机会，即一个区域可能与其他多个区域都存在互补性，同时可达性也好，但不一定就能与每个区域都发生空间相互作用，可见，干扰机会的存在一定程度上削弱了区域之间发生空间相互作用的可能性。

空间相互作用发生在城市之间，相应地就会形成城市空间相互作用理论。正是由于城市之间空间相互作用的存在，不同的城市才能组合为具有一定空间结构和功能的城镇体系（许学强等，2009）。城市作为各种资源、要素集聚和经济活动活跃的区域，其空间相互作用较为复杂。城市内部以及城市与城市之间都存在空间相互作用，作用的内容涉及生活、生产的诸多方面，如发生在城市之间的劳动力流入流出、产业转移、资源共享等现象。国内外很多学者开展了有关城市空间相互作用理论模型的研究和探讨（闫卫阳等，2009），这对城市空间问题的研究和解决具有指导意义。

## 2.2 国内外土地利用变化研究进展

自20世纪以来，有关土地资源及其开发利用的研究日益活跃。进入20世纪90年代，全球变化研究有力地推动了土地利用研究的进展。土地利用是自然、经济、社会诸因素综合作用的过程（邹彦岐和乔丽，2008），该概念本身就具有丰富的内涵和外延，目前关于土地利用的研究成果及文献非常多，本研究主要从土地利用变化、土地利用变化驱动力、土地利用模式三个方面进行综述（郑海金等，2003；谭少华和倪绍祥，2007；史洪超，2012）。

### 2.2.1 土地利用变化研究

土地利用变化是影响资源、环境、社会经济的重要因素，对土地利用时空变化规律进行分析，是深入研究其变化机制及驱动因素的必要前提，因此一直以来都是学术界关注的重点。自20世纪后期以来，随着社会经济的持续快速发展，城镇化、工业化进程的加快，以及国家区域发展及生态保护战略的实施，中国土地利用时空格局发生着巨大的变化。刘纪远等（2014）采用卫星遥感（remote sensing，RS）信息源对中国20世纪80年代末到2010年土地利用变化数据进行了定期更新，主要分析和总结了耕地、城乡建设用地、非人工土地利用类型等用地变化的空间格局与时空特征，在此基础上提出并发展了土地利用动态区划的方法。此外还有诸多学者选择典型地区对区域土地利用时空变化进行实证研究，此类研究多基于不同时期的遥感影像资料，运用遥感解译、地理信息系统（geographic information system，GIS）空间分析方法以及数理统计方法，对区域土地利用的数量变化和空间变化特征进行分析。朱会义等（2001a）全面分析了环渤海地区1985~1995年分类土地利用数量变化的幅度、速度、区域差异以及土地利用空间变化的主要类型、分布特征和区域方向，阐明了该区域土地利用变化的区域特点，为土地可持续利用提供了有效的决策支持。涂小松和濮励杰（2008）基于苏锡常地区土地利用遥感解译数据，通过计算土地利用结构差异度系数、土地利用信息熵、土地利用类型综合转换速率等指标，揭示了区域土地利用变化的时空分异特征。

此外，国内学者对土地利用变化中的方法与模型应用也较为重视，以期更好地从定量的角度刻画土地利用时空变化特征，如较为经典的土地利用动态度指数定量化模型及区域土地利用程度变化模型。王思远和刘纪远（2001）在RS与GIS技术的支持下，通过建立数学模型，包括土地利用动态度模型、土地利用程度模型、垦殖指数模型等，对中国近5年来土地利用的时间动态特征和空间动态特征进行了定量分析。朱会义等（2001b）针对如何获取土地利用空间变化信息，以及如何对获取的信息进行科学的分析处理，详细阐释了GIS空间分析方法在区域土地利用变化研究中的应用。张永民和赵士洞（2003）经过分析调研，认为CLUE-S模型是众多模型中适用于区域土地利用变化研究的一种较好的模型，能够较好地模拟不同情景下的土地利用变化过程。鲍文东（2007）采用动态度、综合程度指数、空间洛伦兹曲线、转移矩阵、景观指数、半变异函数、分形维数等，对济南市土地利用时空变化进行了深入剖析，并基于地学信息图谱和地类邻接度指数模型，揭示和凸显了城市扩展占用耕地的特征与规律。

在土地利用变化方法与模型研究方面，土地利用程度评价模型是一种为众多学者所使用的研究方法。土地利用程度是人类对土地的改造程度和自然界对土地这个范围内受人为影响的变化程度（刘纪远，1992），主要反映土地利用的广度和深度，它不仅反映了土地利用中土地本身的自然属性，同时也反映了人类因素与自然环境因素的综合效应（王秀兰和包玉海，1999）。研究土地利用程度及其区域差异，可为全面把握土地空间资源的利用状况提供重要参考，为土地利用合理开发，特别是土地资源空间开发利用提供理论依据。目前，关于土地利用程度评价的研究在国内开展得较多，且多是采用刘纪远（1992）在《西藏自治区土地利用》中提出的一套数量化土地利用程度的分析方法，即将土地利用程度按照土地自然综合体在社会因素影响下自然平衡保持状态分为4级，并分级赋予指数，从而给出土地利用程度的定量表达（庄大方和刘纪远，1997）。

区域土地利用程度是区域土地利用状况的基本表征，众多学者在此基础上，结合空间分析方法、数理统计方法等，对区域土地利用程度的空间分异规律进行进一步的探索。何诗和曾从盛（2013）基于土地利用程度指数对福建沿海土地利用动态进行了评价，在此基础上选取工业总产值、人口密度、城镇化水平、第一产业、第二产业及第三产业作为因子，对各因子与土地利用程度指数的Pearson

相关性进行了分析,从而探讨了区域土地利用程度的影响因素。吴金华等(2011)以延安市为研究区,基于土地利用变更数据,采用改进后的土地利用程度综合指数模型,为适应研究区土地利用实际情况,将原模型的四级土地利用程度分类变为六级分类,以期更客观地评价延安市土地利用程度。胡和兵等(2012)以两期遥感影像为基本信息,利用空间自相关以及半变异函数分析方法,定量分析了南京市九乡河流域土地利用程度及其空间异质性特征,结果表明,流域土地利用程度的空间自相关性表现出较强的正相关性。冯异星等(2009)以天山北坡玛纳斯河流域为例,在 RS 与 GIS 支持下揭示了流域 1989~2002 年土地利用程度变化情况,并进一步对流域生态安全进行了综合评价,最后分析了土地利用程度变化与生态安全的关系。刘坚等(2006)通过对江苏省城市化发展和土地利用程度变化情况分析,研究快速城市化下的区域土地利用程度变化驱动机理,并构建土地利用程度变化的驱动因素分析模型,结果表明,城市化、经济非农化、人口密度以及非农就业率等因素的提高能引发土地利用程度的提高,人口数量增长和城市化发展是土地利用程度变化的主要驱动因素。李雪瑞等(2009)采用土地利用程度综合指数模型作为城市扩展检测的主要手段,提取了北京市城市实体边界,分析了北京市 1998~2004 年城市扩展的面积、方向、扩展类型以及城市扩展的导向规律。由于仅仅依靠土地利用程度不能说明土地利用合理与否(王秀兰和包玉海,1999),只有土地利用程度和土地利用效果的高度耦合与协调发展才是区域社会经济良性发展的要求,鉴于此,李启权等(2014)以四川省仁寿县为研究区,首先计算了区域 2011 年的土地利用程度综合指数,然后使用人口、社会经济数据对土地利用综合效益进行了评价,最后基于耦合度模型研究分析了区域土地利用程度与土地利用效益间的耦合协调关系、空间格局及影响因素,分析得出形成县域内土地利用程度与土地利用效益间空间耦合协调格局的主要因素包括区位位置、资源状况和交通条件等。

除了采用土地利用程度综合指数模型评价区域土地利用程度差异之外,还有部分学者采用间接指标体系评价方法对一定区域的土地利用程度进行综合评价。丛明珠等(2008)以县市为研究单元,从土地资源利用的结构、投入、产出、生态、动态、潜力 6 个方面遴选出 25 个指标,构建了区域土地利用程度综合评价指标体系,运用主成分分析法对江苏省各县市的土地利用程度进行了综合评价,并对研究区进行了土地利用综合分区。曹瑞芬和蔡银莺(2011)从资源稀缺度、土地利用结构、土地利用空间布局和土地利用动态度 4 个方面对武汉市土地利用现状进行了分析,选取土地垦殖率、土地农业利用率、耕地复种指数、林地覆盖率、养殖水面利用率、人口密度、土地建设利用率、土地利用率 8 项指标,应用层次分析法对武汉市的土地开发利用程度进行了评价。张荣萍和潘建平(2014)

采用类似的思路和方法对四川省罗江县[①]的土地开发利用程度进行了分析。曹冯和陈松林（2014）将土地利用程度评价结果和土地集约利用度评价结果进一步综合，得到更具综合性的土地利用综合指数，并对福建省德化县土地利用程度进行了综合评价和空间自相关分析。田彦军等（2003）提出衡量区域土地利用程度应当从种植制度、有效生物产出、经济产出3个方面来综合评估，并以河北省曲周县为研究区进行了实证分析。

除了上述传统研究以外，土地要素也是诊断生态系统格局和质量的重要指标之一。当前国内外学者越来越关注土地利用变化与生态系统以及生态系统内部其他要素（如水资源要素、气候要素等）之间的关系及其相互影响效应，因而土地利用影响下的生态系统服务及功能的评价成为研究热点（江凌等，2016；Zhang et al., 2017；Scharsich et al., 2017；Viedma et al., 2017）。

## 2.2.2　土地利用变化驱动力研究

土地利用变化驱动力研究，也属于土地利用研究的焦点问题，其目的在于揭示土地利用变化的原因、内部机制和基本过程（郑海金等，2003）。导致土地利用发生变化的驱动力主要包括自然和社会经济两方面因素（表2-1）（邵景安等，2007）。由于各地区社会经济和自然条件的复杂性，土地利用变化是一个相当复杂的过程，同一地区的土地利用变化既受主导驱动力的影响，同时也是多种驱动力共同作用的结果（李平等，2001），且这些驱动力因素对土地利用变化的作用方式和作用强度各有不同（郑海金等，2003）。

表2-1　区域土地利用变化主要驱动力

| 驱动因素 | 主要因子 | 因子特点 | 主要驱动区域 |
| --- | --- | --- | --- |
| 自然生物因素 | 地表自然作用和由人为引起的气候变化、地形演化、植物演替、土壤过程、排水格局变化等 | 受其他驱动因子作用结果效应的累积作用，数据可得性强，易于定量和模拟 | 生态脆弱区、经济欠发达且人口增长过快及由经济快速发展诱导的地表覆被急剧变化区 |
| 制度因素 | 产业结构变化、政策法规及个人和社会群体的意愿、偏好等 | 受生态环境、粮食安全等强信号的驱动，难于量化和模拟 | 生态脆弱区、发达地区及欠发达地区城镇周围及城乡过渡区 |

---

① 2017年，罗江县撤县设区。

续表

| 驱动因素 | 主要因子 | 因子特点 | 主要驱动区域 |
|---|---|---|---|
| 技术因素 | 新材料、生物遗传、作物及有害物管理、食品加工及酿造等技术 | 受经济剩余和利润最大化等强信号驱动，难于量化和模拟 | 经济快速发展和人口高密度地区及经济落后地区初期的驱动力 |
| 经济因素 | 供给、需求、投入/产出、区域经济发展水平和消费方式等 | 受价格信号和政策信号的驱动，易于定量和模拟 | 经济快速发展地区或欠发达地区的城镇周围及城乡过渡区 |

国内现有研究多基于系统论观点和方法，选择典型案例区对土地利用的动力因子进行分析，采用一定的统计方法及数学模型，尽量较为全面翔实地揭示区域内影响土地利用变化的动力所在。首先，经济发达地区或受核心城市带动而社会经济发展最迅速、变化最大的大城市边缘区往往土地利用变化剧烈，因而是土地利用变化驱动力的研究热点区，且此类研究更多关注的是社会经济方面因素对土地利用变化的影响，从而为指导区域社会经济可持续发展与土地资源可持续利用提供一定的科学依据。章波等（2005）以长江三角洲地区为例，在分析主要地类动态变化特征的基础上，从经济类因素、人口类因素、居民生活类因素等方面建立驱动因素体系，以建设用地面积为因变量，利用相关分析和主因子分析方法，构建城市区域土地利用变化驱动力模型，得出长江三角洲地区城市区域土地利用变化的主要驱动因素是人口的增长和非农化、经济总量的增加以及劳动力的非农化。史利江等（2012）以变化最为显著土地利用类型之一——耕地为例，选取16个社会经济指标，运用主成分分析法对其驱动力进行了定量分析。宋金平等（2008）以北京市丰台区为例，从影响土地利用变化的社会经济影响因子中选取13个分析因子，根据主成分分析法的思路，对土地利用变化驱动力指数进行了计算，得出丰台区土地利用变化的社会驱动力主要是人口增长、经济发展和城市化水平提高，并且这些驱动力指数是逐年增加的。张云鹏等（2012）以常州市新北区为研究区，应用典型相关分析和空间网格化 Logistic 回归分析方法对土地利用变化驱动力进行了定量化分析，结果表明，我国快速城镇化进程中区域土地利用变化受人口增长、经济发展、交通体系和政策等影响较大。汤小华和余娟清（2004）选择福建省晋江市为研究区，基于不同时相的遥感数据，采用逐步回归分析方法，分别对城镇、乡村居民点与工矿用地以及耕地的驱动因素进行了分析，并探讨了作为乡村工业化地区的土地利用变化的驱动力。其次，社会经济发展水平相对落后、易受人类不合理资源开发活动影响的地区往往生态环境较为脆弱、自然条件相对恶劣、生态环境问题突出，其土地利用变化驱动力分析也受到学者们的普遍关注，如很多学者以我国农牧交错区、新疆绿洲-荒漠交错带、黄

土高原地区及其他生态脆弱区为研究区，分析研究其土地利用/覆被变化的驱动力（王国友等，2006；谢花林，2008；余新晓等，2009；张良侠等，2012；李秀芬等，2014）。这类研究除分析社会经济因素之外，更多地引入自然、生态方面的因素，如气候因素（如气温、降水等）、土壤因素、地貌因素、水文因素等，增加了自然系统因素对土地利用变化驱动的解释程度。

## 2.2.3　土地利用模式研究

土地利用模式就是对土地利用状况的高度概括和简化表示，源于对土地利用状态及特征的深刻认识和宏观把握，有助于对土地利用的系统描述。

土地利用模式没有固定的分析模式。纵观已有研究，主要包括静态模式和动态模式两方面。土地利用静态模式研究主要是针对特定的时期或者特定的用地类型，选择一定的研究区，综合考虑当地的生态环境条件及社会经济发展状况，总结和概括表征土地利用现实现状的土地利用模式。郝仕龙和李春静（2014）通过评价黄土丘陵沟壑区不同时期的土地资源压力，对比分析了水土流失治理前和治理期的土地利用模式特征，反映了研究区不同时期土地利用特点和存在的问题。易湘生等（2008）在对陕西省榆阳沙区土地利用变化分析的基础上，从100个典型村中归纳总结出榆阳沙区3种土地利用模式，反映了榆阳耕地、居民地、灌草地、裸沙地等典型用地的分布特征，并探讨了三种土地利用模式的安全性和危险性。毛蒋兴和阎小培（2002）从城市地理学角度出发，介绍了两种城市土地利用模式类型，包括低密度分散模式和高密度集中模式，并指出我国大城市土地利用属于典型高密度集中模式。而更多的研究则集中于土地利用动态模式方面，通过运用模型或定量化的指标，旨在揭示土地利用变化过程中存在的规律及空间演变特征。Sun 和 Zhou（2016）运用景观格局指数分析了中国西部干旱区耕地的时空变化模式，结果表明，农用地的剧烈演变在两河流域呈现出集中型模式，并且在多个方向上呈现出层状扩张模式。Tian 等（2014）以农村居民点为研究对象，分析了城镇化背景下农村居民点的空间演化模式，包括边缘式演化、散布式演化及城市入侵式演化3种，并探讨了各种演化模式的驱动因素。

## 2.3　国内外城市用地时空变化研究

在所有加剧土地利用/覆被变化的过程中，城镇化是人类活动效应最为集中也最不可逆的一种过程（Seto et al., 2011），而城镇化在空间上最为直观的表现之一就是城市地域的不断扩张，且城市地域的扩张变化最为剧烈，对周边生态环境的影响也最为深刻和显著（D'Amour et al.，2016）。随着城镇化成为全球范围内的普遍趋势，城市扩张成为世界上大型城市现在甚至未来更长时间内土地利用变化的主导特征，因而城市用地变化研究越来越被国内外学者所关注。通过梳理大量国内外文献，本研究将围绕城市用地扩张的时空特征、城市空间扩张的模式、城市用地的影响因素及驱动机制等方面对相关研究展开综述。

## 2.3.1 城市用地扩张的时空特征研究

世界各地的城镇化进程都伴随着城市用地空间扩张和规模增长的过程，因为随着人口数量的持续增加、人类及社会经济活动范围和规模的不断扩大，城市空间扩张成为必然，发展中国家的表现更为明显。城市用地变化的时空特征通常包括城市用地数量规模和土地利用结构的变化，这也是城市用地变化最为直观的地域表达，是城市土地利用研究的基础。

在数量规模研究方面，最普遍的研究是基于长时间的统计数据，或者多时相遥感数据和 GIS 手段，通过获取一定区域不同年份的土地利用空间数据，以其中的建设用地或建成区为研究对象，选取一定的测度指标来揭示研究区城市用地的阶段性演变规律和趋势特征。国内这类实证研究相当丰富，涵盖全国层面、区域层面以及单体城市或县域的微观层面等各个尺度。度量的方法也日趋多样化，有通过用地总量、扩张速度、扩张强度、建设用地密度等描述性指标反映城市用地扩张的基本动态特征；有选取变异系数、泰尔系数等数理统计指标反映城市用地增减变化的区域差异（王文刚等，2012）；也有国内外学者从综合度量的视角出发，量化表征城市用地扩张过程及空间格局特征，如 Bhatta 等（2010）、童陆亿和胡守庚（2016）采用卡方检验、信息熵理论构建了综合测度模型，基于城市扩张自由度、蔓延度、优劣度等指数，分别对印度主要城市以及中国 216 个主要城市的城市扩张特征进行了综合度量。除传统研究方法外，关丽等（2012）基于空间数据挖掘（spatial data mining，SDM）思想，以北京中心城区为研究对象，采用包含面积维、类型维、方位维、时间维在内的面向城市建设用地利用的多维数据模型，从时间角度和空间角度对建设用地扩张特征进行了分析，为城市用地管理提供了决策依据。

除了数量规模之外，城市地域空间的另一个重要的表达就是土地利用结构。依据土地用途的不同，城市用地包括居住用地、商服用地、交通用地、市政公用设施用地、工业仓储用地、城市绿地等多种用地类型，它们共同构成了一定区域的城市用地结构。边学芳等（2005）研究表明，城市用地结构往往会随着城镇化的推进而发生演变，也就是各种地类面积占城市用地总面积的比重会发生变化，土地利用结构熵（杨武等，2007）、土地均质度（郑泽爽和甄峰，2009）等指标常常被用于刻画一定区域城市用地结构特征以及演变趋势。与此同时，城市用地结构及演变很大程度上与产业结构相关，因此学者们围绕城市用地结构与产业结构的关联问题开展了较多实证研究：鲁春阳等（2010）、杨于成（2012）分别以重庆、柳州为案例区，在分析用地结构和产业结构时序演变特征规律的基础上，采用计量经济学方法定量研究了两者之间的互动关系，为协调两者的互动发展提供了科学参考。李星和曾九利（2013）则基于产城一体理念，推导出一种以理性思维确定城市合理用地结构的计算方法，以期能够为城市规划中将产城一体的理念落实提供指导借鉴。

城市用地扩张承载着城镇化进程的同时，也带来城市土地粗放利用、城市空间无序蔓延等一系列问题，在对城市用地问题进行反思后，世界各国先后开始了对于精明城市形态的追求和探索，基于这样的背景，城市空间形态变化测度及研究成为城市土地利用研究领域的热点问题。城市形态用于描述城市物质空间布局及开发模式（Williams et al.，2000），是城市用地扩张所表现出来的空间形态特征。国外针对城市形态的研究表现出多种视角，如欧洲基于城市空间的景观和几何形态特征对城市形态进行类型划分，美国则关注如何营造精明城市形态，以抑制蔓延式形态并提升城市整体的可持续性（Herold et al.，2003；Clifton et al.，2008；刘志丹等，2012）。Huang等（2007）基于世界多个地区77个大都市区的遥感影像，采用7个空间指标分析研究发达国家和发展中国家的城市扩张形态特征。我国近年来开展的城市形态研究，在引入西方经典理论和研究范式的基础上，结合自身实践需求，分别在城市地理学、城市规划学等领域取得了一定的成果。随着研究方法的不断成熟，除了定性研究外，学者们也在不断探索科学的定量研究方法。其中，基于分形理论的空间分析就是一种较为经典的方法，它是Batty于1985年开创的，1992年由城市地理学者引入城市形态研究中，并成为我国城市地理研究的一个热点，至今已有多种分形维数测算方法被用于城市形态特征刻画、模拟等研究当中，用于揭示城市用地分布及扩张的空间格局特征，且特别适用于城市蔓延区这种空间上具有较强不规则性和自我相似性区域发展特征与规律的研究（何劲等，2012）。例如，姜世国和周一星（2006）基于遥感影像，根据分形理论测算半径维数，发现北京建设用地具有从中心向外扩散的集聚分形结构。李江（2005）通过计算周长–面积分维数，分析了武汉城市外空间形态复杂变化的一般性规律，并指出分维数越大反映出城市结构越复杂，而城市发展趋于成熟时，城市外部形态分维数也趋于稳定。其他常见的城市形态的分形研究方法还有网格法、相关分析法、紧凑度测度法、景观梯度分析、膨胀法、高斯卷积分法等（车前进等，2010；王丽萍和李云亮，2010）。此类研究有助于从宏观上理解和把握城市用地扩张的过程与总体格局。

## 2.3.2 城市空间扩张的模式研究

城市空间扩张是一个不断演变的动态过程，而其模式研究就是通过对演变过程中表现出的动态特征进行凝练和提升，从而对城市空间扩张过程及其规律性给予高度概括、直观表达以及类型总结，且多是基于空间形态特征的归纳。城市空间扩张模式既包含城市在不同发展阶段所具有的动态特征，又包括不同城市在一个时间截面上所呈现的空间状态。

国外关于城市空间发展的理论研究开展较早，如空想社会主义城市理论，霍华德（E. Howard）的田园城市理论，沙里宁（E. Sarinen）的有机疏散理论，再到现代的集中主义、分散主义、区域发展理论，以及当前可持续发展背景下的紧凑城市理论等，专家学者们对城市空间扩张及发展模式的探索研究从未停止过。在实践研究中，关于城市空间扩张模式的成果也不少，其中比较经典的模式有以围绕城市核心区的环状道路+绿带+卫星城为空间特征的伦敦发展模式，以"指状发展"为代表的北欧模式，以及城市空间以低密度向外蔓延的北美地区模式等。在城市地理学领域，围绕城市空间扩张模式更是涌现出大量研究成果，既包括理论归纳分析，如19世纪末，以Burgess、Hoyt、Harris为代表的芝加哥学者们采用历史形态学方法归纳出城市形态的三大经典模式——同心圆、扇形以及多核模式。实证案例研究也非常丰富，如Berry和Gillard（1977）基于实例研究，认为城市空间扩张有轴向扩张、同心圆扩张、扇形扩张及多核扩张等多种模式，且"圆形城市"（circular city）是最理想的一种扩张模式。Camagni等（2002）以米兰大都市区为研究对象，提出了填充式、外延式、沿交通线式、蔓延式和"卫星城"式5种城市空间扩展模式。也有不少学者在定量识别区域城市空间扩张模式方面取得了一些成果，如Clarke等（1997）开发了SLEUTH城市扩张模拟模型，指出城市增长包括自发式增长、新中心增长、边缘增长和道路引力增长4种类型。Wilson等（2003）基于对美国城市蔓延及其影响的分析，采用一定的地理空间模型识别出填充式、扩展式、蔓延式、孤岛式和分支式5种城市扩张模式。与此同时，城市空间扩张也属于景观格局演变研究范畴，因此景观生态学方法被越来越多的应用于模式研究当中（Marquez and Smith, 1999; Seto and Fragkias, 2005; Fan et al., 2007; Jiao et al., 2015），通过从斑块绝对大小、斑块相对大小、形状复杂程度等方面选取一定的景观指数，根据计算结果从拓扑学的角度归纳城市用地扩张模式。

中国作为世界上最大的发展中国家之一，正处于城镇化高速发展阶段，城市用地的不断扩张是必然趋势，且无论是从全国层面来看还是区域尺度来看，城市用地扩张已经产生了一系列社会、经济与环境效应，甚至是影响生态环境可持续发展的负面效应（Deakin，1989）。对城市用地扩张模式进行研究，有助于从空间的角度认识城市发展的规律与趋势，能够为制定科学的城市规划、城市可持续发展提供空间决策参考。我国的城市空间扩张模式研究是从 20 世纪 80 年代中后期经济体制改革驱动下城市进入快速发展时期兴起的。最早的比较有代表性的城市空间扩展模式研究成果出自我国学者武进（1990）的《中国城市形态：结构、特征及其演变》一书，包括之后杨荣南和张雪莲（1997）的研究，他们认为我国城市空间扩展演变方式主要有四种：由内向外的同心圆式连续扩展、沿主要对外交通线路的放射状扩展、成组团的跳跃式扩展以及低密度蔓延。纵观国内学者们的成果，发现已有研究多以城市整体或中心城区为研究区域，围绕城市用地扩张的空间形态特征对其扩张模式或类型进行识别。不同类型的城市往往会具有其独特的空间扩张模式，成受明（2003）基于山地城市空间形态演变过程以及与平原城市的比较分析，总结出山地城市空间扩张的四种模式，包括紧凑圈层式、轴向伸展式、集约内涵式和多核跳跃式。与此同时，城市所处的发展阶段不同，其用地扩张所呈现的模式往往也不同，这类研究中有基于城市发展演变的历史及现状资料从定性的角度进行模式总结的，如梁励韵和刘晖（2014）通过梳理顺德工业化发展背景和历程，揭示了顺德城镇空间呈现多点圈层式—带状加组团式—面域扩张式的空间模式的演变特征；许慧和肖大威（2013）通过分析茅洲河流域各类用地的空间演化特征，总结归纳出流域在城镇化的不同阶段，其城镇空间呈现各镇独立圈层式发展—廊道式扩张与填充—多核圈层式空间形成的发展演变历程。随着研究的不断深入，学者们越来越热衷于通过定量化的方法开展城市用地扩张模式的研究，除了基于传统的用以表征城市用地扩张特征与形态的指标测算结果加以分析归纳外，景观生态学思想凭借其能够很好地刻画景观格局及演变特征的优势，被越来越多地应用于城市空间扩张模式的测度分析中（陈江龙等，2014），如张金兰等（2010）提取了广州市城镇建设用地，通过计算一系列景观生态学指标，分析了广州市建设用地扩展主要包括蔓延式、跳跃式以及填充式三种类型，且城镇化发展的不同时段各类型扩张所占总扩张面积比例不同。另外，"景观扩张指数"是近几年应用较为广泛的指标，根据其测算结果和值域划分，可以很直观地反映出三种城市用地扩张类型，包括填充式、边缘式以及飞地式（曾永年等，2012；周翔等，2014）。还有学者运用凸壳模型、公共边测度法、夜间灯光强度等方法定量识别城市扩张模式，并获得了较为科学的结果（刘纪远等，2003；卓莉等，2006；高金龙等，2014；俞艳等，2017）。由于区域差异性的存在，城市发展受到其特定的地理环境、历史背景、社会经济等诸多因素的影响，同一城市在不同历史时期，或者同一时期不同城市，其城市空间扩展模式都是不一样的，甚至呈现出显著的区域非均衡性（Wei et al.，2017）。因此纵观已有的大量案例研究，尚未得到具有普适性的城市空间发展模式；而且对于一定研究区其城市用地扩张模式也可能是多种类型相互交织的。

### 2.3.3　城市用地扩张的影响因素及驱动机制研究

无论是城市用地扩张的影响因素还是驱动机制，都是为了探讨引起城市用地扩张的动因。厘清和阐明城市用地扩张的驱动机制，有助于有针对性地实施政策调控来缓解当前城镇化进程中由城市用地剧烈扩张引发的一系列矛盾与问题（Braimoh and Onishi，2007；Li et al.，2013；Li et al.，2016）。早期就有诸多国外学者从不同的视角出发对城市空间扩张驱动机制给出了理论上的阐释，包括经济、政治、土地、制度等方面。Form（1954）基于政治学视角，认为城市空间扩张的驱动力量包括市场驱动与权力行为两类；Stern 等（1992）研究了人口变化、贫富差距、技术进步、经济增长、政治和经济结构以及价值观念等对城市空间扩张的驱动作用。相比理论研究，基于案例的实证研究开展地更为广泛。Pierce（1981）对加拿大境内人口数量在 25 000 人以上的城镇扩张进行了研究，认为城市扩张来源于人口增长、经济发展水平、区位条件、城市周围农田质量等因素的驱动；Muller（1986）以北美地区为研究区域，分析了不同的交通出行方式对城市空间形态及其演变的影响；Ginkel（2008）、Ramachandra 等（2012）都认为在过去的几十年，全球化、土地私有化以及市场自由度是印度城市扩张的主要驱动力量；Osman 等（2016）分析了影响吉萨大都市区城市空间扩张的驱动力，其包括 7 方面，分别为自然地理特征、生活设施水平、经济刺激、土地供需、人口增长、行政管理以及发展规划；Li 等（2016）采用地理加权回归（geographically weighted regression，GWR）及 CA 模型，定量地分析了自然地理（坡度）、人口、政策等因素对徐州市城市扩张的影响；Zhao 等（2017）对比研究了美国拉雷多和墨西哥新拉雷多，发现海拔、距最近城区的距离、距主要道路的距离、城市用地密度对两个城市的城市用地扩张都具有驱动作用，而人口密度和高速公路密度对两个城市的影响却有差别，此外与工业活动相关的全球化因素对于两个城市扩张也具有较为显著的影响；刘盛和和何书金（2002）对国外研究成果进行了总结，认为可将城市空间扩张影响机制归纳为五大类，动力因素、自然机制、市场机制、社会价值机制以及政治权力机制。

我国快速的城镇化发展导致城市空间的持续扩张，城市土地利用面临的形势严峻，对城市用地扩张驱动机制的研究对于人地矛盾尖锐的中国而言具有重要意义。顾朝林（1999）应用系统动力学分析方法，认为城市用地变化主要受到4个方面的驱动力作用，即社会经济动力、国家意识形态影响、生产方式和技术创新、生态环境意识提高。从全国层面来看，区情的不同往往导致不同地区城市用地扩张的驱动机制不同，张耀宇等（2016）、王健等（2016）采用计量学方法对中国不同城市（大、中、小城市）、不同区域（东、中、西部地区）的城市用地扩张影响机理进行了分析，结果表明，第二产业发展、政府财政支出、政府招商引资、财政分权等驱动因素的影响作用表现出明显的城市间异质性以及区域差异。除全国尺度以外，更多学者则选取单个城市或城镇开展实证研究，这些研究主要基于RS和GIS技术支持，采用一定的数学方法，如相关分析（李平星和孙伟，2013）、回归分析（吕可文等，2012；陈江龙等，2014）、因子分析（彭文甫等，2011）、主成分分析（王丽萍等，2005）、计量学方法、统计模型（谢宜宁，2014；温阳阳等，2016）等，定量化探讨引起城市用地空间扩张的影响因素，包括自然地理因素（地形地貌、高程等）、经济发展因素（GDP、产业结构、收入水平、城镇化水平、工业化水平、技术进步、经济全球化等）、人口因素、政策性因素（用地政策、城市发展规划等）等。但由于城市用地扩张过程具有阶段性、多样性和复杂性特征，任何一个阶段都是多重因素的共同影响（周国华和贺艳华，2006；Shu et al.，2014；Osman et al.，2016）。驱动城市用地扩张的因素既有一般性，又有特殊性。鲁奇等（2001）利用统计资料和数据，对北京近百年城市用地扩张的社会人文因素进行了阐述和分析。陈江龙等（2014）以南京市为例，通过区、县尺度的回归分析，认为人口增加、全球化是城镇工矿用地的重要驱动因素，经济的服务化因促进土地集约利用而对城市用地特别是中心城区扩张有抑制作用，政府调控对城市扩张的控制作用日渐增强。赵可等（2014）利用辽宁省14市市辖区的数据，采用统计模型探讨了技术效率的改善和技术进步路径对城市用地扩张的影响。王丽萍等（2005）运用主成分分析法分析了江苏省不同经济发展阶段城市建设用地扩张的驱动机理，得到经济和人口是两大类驱动因素，且经济发展是根本动力，并且不同时期的主导驱动力发生变化。何劲等（2012）基于分形维度法对广州—佛山都市区城市蔓延态势进行了测度和分析，发现经济快速发展、城市人口持续增长以及交通道路网络建设共同驱动地区城市空间的扩张和蔓延，在此基础上，开发区土地扩张进一步加剧了该过程。还有不少学者专门针对某种特殊城市用地类型的驱动因素开展研究，Peng等（2017）以深圳为研究区，以城市生态用地为对象，分析得到距建成区的最小距离以及建设用地增长率是其演变的主要影响因素。Meng等（2017）专门研究了我国沿海垦区土地的时空演变特征及其驱动因素。

## 2.4 国内外城市群相关研究进展

### 2.4.1 城市群空间的相关研究

#### 2.4.1.1 国外相关研究

有关城市群空间的研究最早起源于 19 世纪末的西方国家。1898 年英国著名城市学家霍华德（E. Howard）在《明日的田园城市》中提出"田园城市理论"，指出将城市和乡村融合的重要意义。1915 年现代城市研究和区域规划的理论先驱之一格迪斯（P. Geddes）在其编著的 Cities in Evolution 一书中归纳出城市演化的几种形态，包括城市地区、集合城市和世界城市。1918 年著名建筑师沙里宁（E. Sarinen）《城市：它的发展、衰败和未来》一书中提出"有机疏散理论"，强调城市是有机的生命体，城市群体的发展应当是从无序的集中变为有序的疏散。自此，城市群体的研究逐渐受到重视。1922 年加拿大学者恩文（R. Unwin）首次提出"卫星城"的理念。1933 年德国地理学家克里斯·泰勒提出"中心地理论"。1939 年美国学者杰弗逊（M. Jefferson）和 1942 年俄罗斯学者哲夫（G. K. Zipf）从理论层面分别探讨了城市群体的规模及分布规律，并且后者首次将万有引力定律引入城市群的空间分析当中。

到 20 世纪中叶的第二次世界大战之后，国外对城市群的研究开始迅猛发展起来。1950 年邓肯第一次提出"城市体系"的概念。之后，随着增长极理论、空间相互作用理论等的提出，城市群空间相互作用机制的研究开始成为学者们关注的焦点。1957~1961 年"大都市带"的概念由法国地理学家戈特曼首次提出（Gottmann，1957），他指出大都市带是几个大都市相连接形成的面积广大的城镇化区域，并且他还对其空间生长模式进行了分析，在研究了世界上几个大都市带之后，其认为大都市带将是未来城市发展的方向（Gottmann and Alonso，1964）。该理论和观点很快受到地理学界的认同和推崇，有关城市群的空间发展和演化随之成为学术热点，又有不少学者在之后提出了揭示城市群空间演变的理论，如经典的"核心－边缘"理论（Friedmann and Alonso，1964）、现代空间扩散理论（Hagerstrand，1952）等。可以说这一时期城市群空间的相关理论与实践研究都得到了初步的扩散和进展。

进入 20 世纪 70 年代，基于空间视角开展的城市群相关研究进一步得到拓展，也有学者预测连片巨型大都市区将成为世界城市发展的必然趋势。日本学者通过对东京大都市圈的研究，划分出城市群演进过程中的三个空间：大都市地区、大城市区和城市化地带。特别是在经济全球化和区域经济一体化成为全球发展的主流趋势的背景下，城市空间平衡发展（Maclauri and Wang，1988）、城市体系研究（Kunzmann and Wegener，1991；Pyrgiotis，1991；Friedmann，2008）、城市空间结构（Futianhexiao，1995；方创琳等，2005）在这一时期成为学界关注的焦点。城市群体系发展由单中心向多中心演化成为新的空间发展趋势（Hall and Pain，2006）。与此同时，学者们开始探讨城市空间演化的动力机制，对相关因子的探讨也越来越细化和微观，经济地理学的思想和理念越来越多地融入相关研究当中（Edward，2000）。

2.4.1.2 国内相关研究

国内城市群空间研究的开展晚于国外，始于20世纪80年代末，到90年代中后期进入快速发展阶段，理论方面主要表现为对国外理论成果的引入和借鉴，更多的则是针对我国各大城市群开展的实证研究，至今也取得了较为丰富的研究成果。

**1）城市群空间结构研究**

城市群空间结构是各城市的经济结构、社会结构、规模结构、智能结构等组合结构在地域空间上的投影（姚士谋等，2001），相关研究成果主要集中于城市群空间布局及演化模式方面。其中，姚士谋等（2001）按照城市组合区域布局的形式，首次将城市群空间布局模式划分为组团模式、带状模式、分散式放射状或者环状布局模式。受我国社会经济结构发展的地域差异性影响，城市群空间结构也表现出地域分异。因此不断有学者针对特定地区或特定城市群，研究提出多种适用于特定地区城市群空间结构模式的表达，如陆玉麒（2002）提出适用于我国沿海沿江地区的城市群"双核结构模式"；薛东前和孙建平（2003）提出城市群的四圈层空间结构模式；张志斌和靳美娟（2004）以深圳和香港为研究对象，提出"一都两制"的双城空间结构。

**2）城市群空间演变研究**

城市群空间演变是一个一定时期内分阶段的过程，学者们从不同的视角对城市群历史演化阶段给予了划分，陈皓峰和刘志红（1990）基于区域城镇体系视角将其演进过程划分为低级均衡阶段、差异倾斜阶段、平衡倾斜阶段和高级均衡阶段。李红锦（2007）则基于空间布局视角将珠江三角洲城市群的空间结构演变历程分为单中心—双中心—多中心网络化的演变。更多的研究则集中于对城市群空间演变特征（薛东前和孙建平，2003；王珺和周均清，2009；王娟，2012；顾朝林，1992；董青等，2008；宁越敏和张凡，2012）、扩张模式（倪鹏飞，2006；

吕韬等，2010）及演化动力机制（薛东前和王传胜，2002；叶玉瑶，2006）的分析和探讨，研究表明，由于我国城市群形成机制和发育环境的复杂性，加之研究视角与方法的多样化，不同区域不同城市群的空间演变规律及其模式也表现出多样化的特征，如李珽等（2013）通过分析城镇建设用地的发展过程和特征，总结出 1979~2008 年，珠江三角洲城市群核心区建设用地在不同空间方位上呈现出点状分散蔓延、轴线辐射、扇面扩展、填充式增长等多种扩展方式。对于动力机制，虽因地而异，但诸多研究结论表明动力机制总体上包括自然生长、市场驱动以及政府调控三个方面。

## 2.4.2　城市群土地利用研究进展

当前世界各国都十分重视城市群的发展。城市群作为社会经济发展与国土开发格局中的热点区域，其所承载的人地关系较为活跃，其中土地利用及其变化就是城市群地域空间扩张与演化、资源消耗与配置格局的直接表现（姚小薇和王占岐，2012）。随着城市群的不断发育，社会经济的转型、城市建成区的扩张、人口的高密度集聚以及区域之间的互动效应，均会导致土地利用形态发生巨大的变化（Shao et al.，2008）。同时，土地利用过程中存在的问题，如建设用地的无序蔓延以及由此带来的对耕地、生态用地的侵占等，会造成土地质量下降、环境污染、生态破坏等一系列资源环境问题，从而影响甚至抑制城市群的健康发展。因此，围绕城市群开展城市用地空间扩张、景观格局演化等土地利用问题的研究，对于刻画城市群演化过程中土地利用及其变化的规律、揭示国土空间格局演变的影响因素及动力机制、深入挖掘城市群快速发展背景下土地资源利用中存在的问题等都具有重要的科学及实践意义，也是有关城镇化、工业化质量和区域可持续发展的重要学术及实践议题（姚小薇和王占岐，2012）。近年来，国内外学者从地理学、资源学、经济学、生态学、管理学以及社会学等学科视角出发，在城市群土地利用及其结构变化的时空特征、城市群土地利用变化驱动力、城市群土地利用评价、城市群土地利用动态演化预测以及城市群土地利用调控配置等方面取得了丰富的研究成果。

**1）城市群土地利用及其结构变化的时空特征研究**

城市群空间演变过程中存在诸多土地问题，如蔓延式的地域空间城镇化导致建设用地的急剧扩张和对其他地类的占用和蚕食，低密度蔓延导致城市土地利用效率低下，以及城市土地利用结构和布局不尽合理等问题，这不利于城市群内部各城市的可持续发展，从而影响城市群在经济、生态、文化上形成充分的互补和在系统上形成等级有序的高效体。很多学者对城市群土地利用及其结构变化的时空特征进行研究,往往基于不同时点的遥感影像提取城市群的土地利用/土地覆被信息,结合"3S"技术和土地利用/覆被变化指数、景观生态学方法等,揭示城市群内不同土地利用类型的时空变化特征以及内部空间差异性,对城市群土地利用过程存在的问题加以诊断,从土地利用格局时空动态变化角度解析城市群社会经济发展与土地资源利用保护之间的相互关系,最终为缓解城市群发展过程中的土地开发外部性问题提供对策建议(Xue and Zhang,2002;曾毅等,2008;吴利,2009;侯伟等,2011;Dhorde et al.,2012;Liu and Yang,2015;李晨曦等,2016)。

由于城市群演进过程中土地利用格局变化的最主要动态范式(Weng,2002;侯伟等,2011)表现为建设用地对耕地的占用,因此针对耕地(杨桂山,2004;邓楚雄等,2013)、农村居民点(谭雪兰等,2014)、建设用地等单一类型用地的时空变化特征开展的研究也较多,特别是一些热点地区、热门城市群的建设用地(Weng,2002;Zhu and Zheng,2012;吕可文等,2012;王翠平等,2012;关兴良等,2012;周志武,2012;李斑等,2013;Wu et al.,2015)变化问题更是受到学者们的广泛关注。土地利用变化的差异往往反映了城市群城镇化进程及其背后驱动机制的差异,因此也成为后续深入研究区域土地利用问题的基础。

**2) 城市群土地利用变化驱动力研究**

城市群地区作为人地交互作用最为显著、最为活跃的区域,其土地利用变化受各方面影响因子的作用更为深刻和复杂。土地利用变化的空间差异反映出城市群内部社会经济发展的不平衡,同时城市群的健康发育与精明增长,有赖于对城镇化进程中土地利用变化驱动因素的理解和把握。在以往的驱动力研究中,自然因素在一定的时期内相对稳定,故社会经济政策成为主要讨论的驱动因素。其中,对于政府调控、政策影响等难以量化的因素,学者们常常通过定性描述和分析来揭示其驱动方式与过程。李斑等(2013)、Li和Yeh(2004)的研究指出,改革开放30多年间市场、政治、规划等因素的综合作用对于珠江三角洲城市群地区的城镇用地扩展影响显著,并且不同城市形成了不同的城市空间形态演变模式,以及阐述了土地管理政策如何影响土地利用景观格局变化的方向。关兴良等(2012)主要从国家发展战略分析了武汉城市群城镇用地扩展的驱动机制。Lu等(2014)研究得出造成武汉城市群城市用地扩张时空格局差异性的因素包括城镇人口增长、土地利用政策、政府有关规划以及国家发展战略等。而对于社会经济发展过程中可量化的因素,学者们则更热衷运用各种数学方法与定量模型探讨城市群土地利用变化的驱动机制。章波等(2005)从经济、人口、居民生活等方面选取不同因子,采用多元线性回归模型分析了人口增长及非农化、经济总量增长等因素对长江三角洲城市群土地利用变化的驱动作用。Zhang 等（2013）通过分析杭州湾城市群城市扩张的景观变化特征，选取了两类对城市扩张产生影响的空间因素，一类是包括坡度和高程在内的地形因素，另一类是包括距离铁路、高速公路、国道、省道、城市中心及河流距离在内的邻近性因素。Zhao 等（2011）以日本都市圈的三个城市为对象，对比分析了空间相互作用对土地利用变化模式的影响及区域差异；何建华等（2015）通过将城市交互作用引入系统动力学模型，以武汉城市圈为例，指出除经济、人口城市化等社会经济因素之外，城市交互作用是影响区域土地利用变化的又一重要因素。此外，城市群土地利用变化与经济发展的关系研究由于其本质上也是找出与土地利用变化紧密联系的社会经济驱动因素，因而也成为研究热点，研究区域主要集中在热点城市群（潘爱民等，2010；刘浩等，2011；马振玲，2011；李强，2012；王大力和牛乐德，2014；周德等，2015；张俊峰和张安录，2015；刘志佳和黄河清，2015），如赵亚莉等（2012）以长江三角洲城市群为研究区，采用经济计量模型，定量揭示经济增长、城镇化、产业结构、行政区划及土地管理政策等因素对区域土地开发强度的影响。

**3）城市群土地利用评价研究**

城市群发育演进过程中，人口与经济活动的高密度集聚离不开土地资源的支撑。目前在我国城镇化和工业化加速发展阶段，土地资源供不应求、土地利用粗放、城市空间盲目扩张等影响土地资源与经济社会可持续协调发展的问题比比皆是。为了识别和表征城市群土地利用过程中土地资源自然属性、社会经济属性的状态以及存在的问题，学者们围绕土地利用不同方面属性的综合评价开展了较多研究，主要集中于土地利用效率综合评价、土地承载力评价和土地利用生态安全评价三个方向。

城市群土地利用效率是用来考量城市群形成和发展进程中的土地资源利用综合程度的一个指标，是在经济、生态环境等多因素共同作用下产生的结果（林坚和马珣，2014）。学者们往往通过构建一定的指标体系，再采用定量模型对土地利用效率进行综合评价，以了解土地利用的集约或粗放程度（杨海泉等，2015；林坚和马珣，2014；许建伟等，2013；徐美等，2009），因此与之相关的还有土地集约利用评价（周作江等，2014）及其与经济社会相互作用的研究。

城市群的土地承载力就是在一定时期、一定的社会、经济、生态环境条件下，城市群的土地资源所能承载的人类各种经济活动的规模和强度的限度（彭文英等，2014）。许联芳和谭勇（2009）构建城市群土地承载力综合评价指标体系，对长株潭城市群土地资源承载力的状况进行评价，并将区域划分为重超载、中超载、轻超载和可承载四个类型区。林巍等（2015）以京津冀城市群为对象，先分别评价了其经济承载、基础设施承载、生产建设承载等子承载力，进而得到综合承载力，为提升城市群土地承载力、优化城市群结构提供了思路。

随着城市群成为我国新型城镇化推进的主体形态，其快速发展过程中城市用地的剧烈扩张必然伴随着高强度的土地及其他资源的开发利用，以及对生态空间的挤占等。因此城市群的区域性生态环境问题也日益突出，城市群土地利用生态安全问题也因此备受关注。学者们从自然、生态环境、社会经济等方面构建城市群土地利用生态安全评价指标体系并予以定量化综合评价，用以诊断城市群空间扩展的生态状况（方创琳和蔺雪芹，2010；刘庆等，2010）。

**4）城市群其他土地利用问题研究**

在分析城市群土地利用动态变化特征及驱动机制的基础上，通过设置一定的条件、情景，可以模拟和预测未来土地利用变化速度及空间格局，这就属于城市群用地变化模拟研究（Hoymann，2011；迟文峰，2012；姜群鸥等，2014），基于此来分析用地变化未来可能带给城市群的影响，对于区域土地利用规划具有参考价值。此外，上述所有研究的目的都是实现城市群土地资源的优化配置和可持续利用。因此，不少学者围绕城市群地区土地资源的优化配置和调控开展了相关研究（崔福全，2013；林巍等，2015）。

## 2.5 研究进展评述和启示

### 2.5.1 研究历史悠久、内容丰富，热点领域较为集中

土地资源作为最重要、最基础的资源，一直以来就伴随着人类的生存和发展。进入20世纪，随着人口的增长和社会的进步，社会经济的发展越来越依赖于对土地的开发和利用，人类对土地利用强度、方式的探索需求日益强烈。特别是90年代以来，受全球变化研究进展的推动，土地利用变化进一步成为学术界关注的热点话题。纵观国内外研究进展，学术成果已颇为丰富，不过研究领域主要集中于土地利用及景观格局时空演化特征研究、土地利用变化驱动机制分析以及土地利用实践或空间模式探讨总结，这三大领域既是传统、经典内容，又是长期以来经久不衰的研究热点。

土地利用作为集自然属性、人为属性、社会经济属性、景观与环境属性等多重属性于一体的综合概念，其利用变化过程涉及经济、社会、生态等与人类生存息息相关的诸多方面。问题本身的复杂性决定了研究的多学科性。当前也已经有大量的研究围绕土地利用变化与社会、生态等之间的关系展开。因此，土地利用

变化不仅仅是一个自然地理学问题，或者生态学问题，只有融合多学科的理论、思维、优势与研究范式，"集众家之所长"，不断实现学科间的相互渗透与交叉，才能更加深入、科学、系统地剖析和揭示土地利用变化过程规律及背后的影响机制，不断拓展和深化土地利用变化研究的内涵与外延，提升综合研究水平，基于此才有可能不断取得创新性研究成果。

## 2.5.2 研究方法日趋多样，对相关研究的开展具有借鉴和指导意义

纵观土地利用变化相关研究进展，不难看出随着技术的不断进步，研究方法日趋多样化。其中一个重要表现就是随着"3S"技术的不断发展和日益成熟，越来越多样的定量化方法被广泛应用，如土地利用变化时空特征分析研究中用到的基于RS、GIS技术平台的各种空间分析方法，土地利用变化驱动机制研究中用到的回归分析、因子分析、主成分分析、聚类分析为代表的数理统计方法，以及土地综合评价问题指标构建过程中用到的德尔菲法、层次分析法等。这些研究方法和手段的应用都为后续者开展相关研究提供了有力的指导。

然而，土地利用变化研究由于研究目标及关注点不尽相同，难以用单一的方法或模型解决综合性的土地利用变化问题。所以，要明确解决的问题，以问题为导向，综合考虑各种方法的优缺点和适用性，选择合适的定量方法服务于研究目标。与此同时，鉴于土地利用问题的综合性和复杂性，研究的重点和目标越来越侧重于深刻剖析与科学阐释诸多因素对土地利用变化的驱动过程及影响机理，如果缺乏经验认知及合理的定性判断，单纯追求研究过程的量化而盲目采用定量方法，极有可能造成定量结果偏离客观事实而有失准确。因此，在实际研究过程中，应注重定性分析预判与定量研究有机结合、综合使用，力求使研究结果更为科学和客观。

## 2.5.3 城市群、城镇密集区空间扩张成为热点研究视角

伴随着全球城镇化的快速突进，城市空间扩张极大地影响着一定区域内的土地利用空间格局，甚至造成人地矛盾的出现。因此，城市用地扩张研究已成为国内外土地利用变化研究的热点领域，相关研究成果大量涌现。总结既有研究成果，可以发现多数研究都是以单一的行政单元（如省、市等）为视角，围绕城市扩张的规模和速度、城市扩张模式与类型、城市空间结构演变、城市扩张驱动机理等问题而展开。当前，国内以单体城市为视角，基于区域统计和实证剖析的

城市扩张研究成果已相当丰富。然而，随着当前城市群成为我国推进城镇化的主体形态，城市群在区域经济发展中的重要地位与作用日益凸显，且作为一种极其复杂的人地关系地域系统，城市群空间扩张演变也表现出更为复杂的特征和规律。在此背景下，以城市群为视角的土地利用变化及空间扩张研究成为热点。

城市群并不是一个孤立的地域范围，区际空间相互作用复杂，其土地利用变化往往受到区域内除核心城市外的周围城市地区的影响，包括产业结构调整、经济发展布局变化等因素。现有研究当中，虽然也有不少城市群土地利用变化的研究成果，但除了相关基础理论研究仍较为薄弱外，研究过程缺乏将城市空间扩张演变与区际经济联系的有机结合，对城市群用地扩张方面的特殊性突出不够。鉴于此，以城市群为视角，选取更具普适性的案例、采用更综合的方法开展城市群用地扩张研究就具有了理论与实践的双重意义。

# 第3章　京津冀城市群土地利用现状及变化

## 3.1　京津冀城市群发展概况及特殊问题识别

京津冀城市群具有典型的二元经济结构特征，无论是经济发展总体水平还是产业发展水平，区域发展不均衡的特征极为显著，这在一定程度地制约着区域发展实现一体化的格局，避免京津冀城市群区域差距继续扩大和一体化低效推进成为京津冀协同发展面临的重要议题。土地资源是一切社会经济活动的空间载体，为了更好地引导整个城市群及其内部的经济发展、工业发展，有必要对京津冀社会经济发展趋势特征，特别是空间格局特征进行梳理，从而整体把握京津冀城市群发展过程中空间层面存在的问题，了解城镇化、工业化对土地空间的影响效应，从而从土地利用的角度提出各类经济要素在城市群地域范围内布局的空间引导性政策，形成协同、科学的经济发展空间格局。

### 3.1.1　社会经济整体发展格局与特征

**1）人口、经济格局与特征**

在地区区位优势、政策优势和经济优势的多重作用下，京津冀城市群目前已形成自身完整的城市等级体系和现代产业体系、高度发达的基础设施网络，以及与世界经济的密切关系，与长江三角洲、珠江三角洲一起列居中国三大城市群，同时也是世界城市网络中的重要节点、全国科技和高新技术产业化的龙头、国内外金融机构中心和东亚地区重要的世界级城市群。

城市群内人口、经济高度集聚。2015年，京津冀地区人口达到1.11亿人，比2000年增加了2014万人，其全国总量占比也由2000年的7.13%增加到8.11%，增加了近1个百分点（图3-1）。而新增人口占到全国人口增量的20%，是近十年全国人口逐步集聚的地区之一。从人口密度来看，2015年京津冀城市群人口密度达513人/km²，相较于2000年的416人/km²增加了23.32%，其与全国人口密度的差距也由2000年的3.15倍扩大到近4倍。同时，京津冀城市群经济密度不断增强,目前已成为全国重要的经济、金融和文化中心。2015年,京津冀地区以不足全国2.25%的国土面积创造了6.9万亿元的GDP,占全国总量的10.11%,单位土地面积的GDP产出为3208.9万元/km²,是全国平均水平的4.49倍。

图3-1 2000~2015年京津冀人口总量及其全国总量占比变化

从经济规模来看,自2000年以来,京津冀地区的GDP以11.23%的平均增速持续增长,在2005年就实现GDP翻番,突破20 000亿元,2010年再次翻番,突破40 000亿元,2015年GDP达到69 312亿元。其在全国GDP中的占比也不断提高,从2000年的9.28%增加到2005年高位时的11.29%,后不断调整,2015年占全国GDP的10.11%,是仅次于长江三角洲的全国第二大经济集聚区。同时,该地区也是全国人均GDP水平较高的地区之一。2000年以来,京津冀地区人均GDP以年均9.68%的速度保持较快增长,在2005年之前人均GDP增速显著高于全国平均水平;2005年之后受结构调整和人口显著增加的影响,人均GDP增速下滑,尤其是2008年金融危机之后下滑速度较快,2013年已低于全国平均增速。但是,人均GDP的规模依然显著高于全国平均水平。2015年京津冀地区人均GDP达到62 203元,按2000年不变价计算,其是2000年的4倍,其与全国人均GDP水平的绝对差距也由2000年的2328元增加到12 211元(图3-2)。

**2)京津冀城市群的等级体系特征**

顺应当今世界城市发展的潮流,城市群已成为当前我国区域发展的必要趋势和根本要求。从2005年国家"十一五"规划纲要首次提到"要把城市群作为推进城镇化的主体形态",经过国家"十二五"规划纲要中关于"科学规划城市群

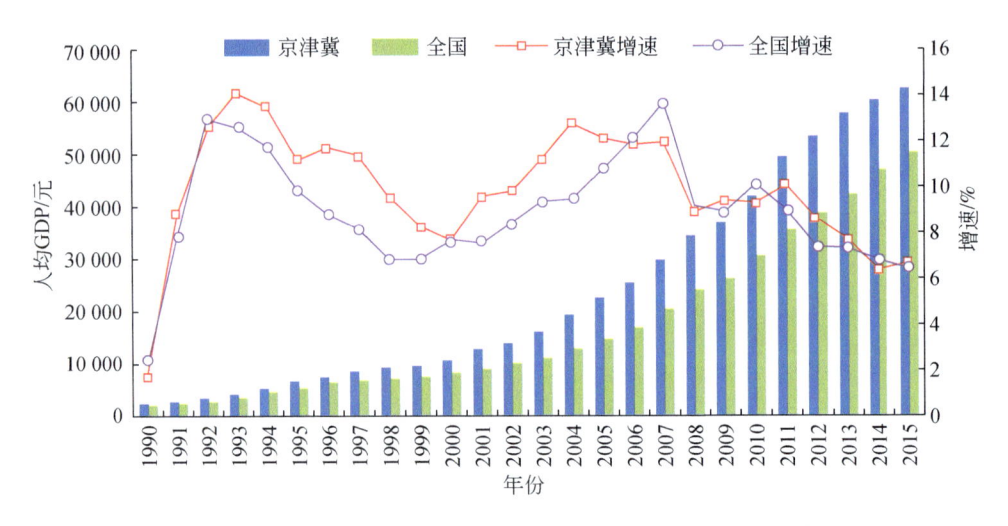

图 3-2 京津冀城市群地区人均 GDP、增速以及与全国的比较

内各城市功能定位和产业布局"、党的十八大报告关于"科学规划城市群规模和布局"的不断探索，直至《国家新型城镇化规划（2014—2020 年）》中明确提出"以城市群为主体形态"，一再表明"城市群"已超越"单体城市"成为推进我国新型城镇化的重要空间组织模式和主导力量。城市群属于城市的功能地域概念范畴，综合国内外对城市功能地域概念的研究和表述，结合众多专家学者对城市群概念的界定，本研究列举城市群的三大主要特征，具体如下：

（1）国家的核心区域。城市群往往是人口、资源等基本生产要素密集之地，更是现代化工业、商业金融、现代服务等先进职能的集中地，成为国家社会经济较发达、经济效益较高、具有较强区域竞争力的区域重心。

（2）层级结构特征（黄金川和陈守强，2015）。城市群地域范围内有一个或几个高人口密度、高经济总量、高集聚效应的等级较高的大城市核心，继而以核心城市为中心向外发展，其周围一定范围内的区域根据接受核心城市影响的强弱及功能组织的不同而呈现出具有层级特征的圈层空间结构。

（3）密集的交互作用。城市群内部核心城市与周边区域之间，凭借现代化的交通工具和技术、综合运输网的通达性，以及高度发达的信息网络，实现产业的优化布局和要素的自由流动，从而形成城市之间密切的社会经济联系。

按照《国务院关于调整城市规模划分标准的通知》（国发〔2014〕51 号）中城市规模等级的划分办法，以 2015 年市辖区常住人口计算，京津冀城市群已形成了由超大城市、大城市、中等城市和小城市组成的多层次城市体系（表 3-1）。其中，北京和天津属于超大城市；无特大城市；人口在 100 万~500 万人的大城市有 4 个，其中唐山为 I 型大城市，石家庄、邯郸、保定为 II 型大城市；人口在

50万~100万人的中等城市有6个，分别为秦皇岛、邢台、张家口、廊坊、承德、沧州；人口在50万人以下的小城市仅有衡水。从城市人口分布结构来看，超大城市人口过于集中，2013年北京、天津两市城区常住人口总和达到3717.45万人，其他城市多为Ⅱ型大城市和中等城市，人口规模呈"倒金字塔"形。

表3-1 京津冀城市群内部等级规模结构

| 级序 | 一级 | 二级 | 划分标准/万人 | 城市数量/个 | 城市名称 |
|---|---|---|---|---|---|
| 1 | 超大城市 | — | >1000 | 2 | 北京、天津 |
| 2 | 特大城市 | — | 500~1000 | — | — |
| 3 | 大城市 | Ⅰ型大城市 | 300~500 | 1 | 唐山 |
|   |         | Ⅱ型大城市 | 100~300 | 3 | 石家庄、邯郸、保定 |
| 4 | 中等城市 | — | 50~100 | 6 | 秦皇岛、邢台、张家口、廊坊、承德、沧州 |
| 5 | 小城市 | Ⅰ型小城市 | 20~50 | 1 | 衡水 |
|   |        | Ⅱ型小城市 | <20 | — | — |

资料来源：清华大学京津冀地区战略环评城镇化专题报告。

### 3）产业发展特征

产业基础雄厚，京津门户城市地位突出。京津冀城市群工业发展悠久，又因为拥有众多科研机构和高校，科技创新能力强，因此具有雄厚的产业基础和经济技术基础，是中国北方经济最发达的地区。其中，北京的产业已呈现服务主导和创新主导的服务经济、总部经济、知识经济和绿色经济等首都经济鲜明特征，是我国现代制造业的研发中心、创新中心、营销中心及管理控制中心，也是京津冀城市群研发创新、高端制造与国际对接的重要平台。天津以建成"中国北方的经济中心"为目标，当前已进入工业化后期的技术集约型和产业高端化阶段，航空航天、石油化工、装备制造、电子信息等八大优势产业产值已占工业总产值的90%，高新技术产业与重化工业并重、现代制造业与现代服务业并举，是我国北方地区重要的现代制造研发转化基地、北方国际航运中心和国际物流中心。此外，河北已进入工业化中期阶段，第二产业仍是主导，产业呈现资源加工型、资本密集型的突出特征，是我国重要的钢铁、石化和装备制造基地。不难看出，北京、天津凭借自身优势以及更高水平、更高层次的产业基础，成为整个城市群经济发展的门户；而河北产业竞争力相对较弱，却具备了建设成为京津产业转移承接地的产业条件。

## 3.1.2 京津冀城市群发展过程的特殊性分析

**1) 区域内城镇化进程两极分化特征显著**

城镇人口持续增长，城镇化增速京津放缓，河北加速。2005~2015 年京津冀城市群城镇人口保持续较快增长，2015 年与 2005 年相比，北京、天津、河北城镇人口分别增加 46.0%、63.1%、47.6%，远高于全国城镇人口 37.18% 的增速。从历史趋势来看，受政策、规划和资源承载力影响，北京、天津两地城镇人口增长速度逐渐放缓，2015 年北京、天津城镇化率分别为 86.52% 和 82.61%，已发展至城镇化后期阶段；相比之下，河北城镇人口加速增长，2015 年城镇化率为 51.33%，正处于城镇化中期阶段。河北各个城市中，石家庄、唐山两地城镇化率略高于全国平均水平（56.1%），增速较快；除秦皇岛外，河北其他城市城镇化率低于全国平均水平。总体来看，整个城市群以北京市区为核心，周边县市区城镇人口和城镇化率显著降低，区域城镇化发展不均衡现象加剧（图 3-3）。

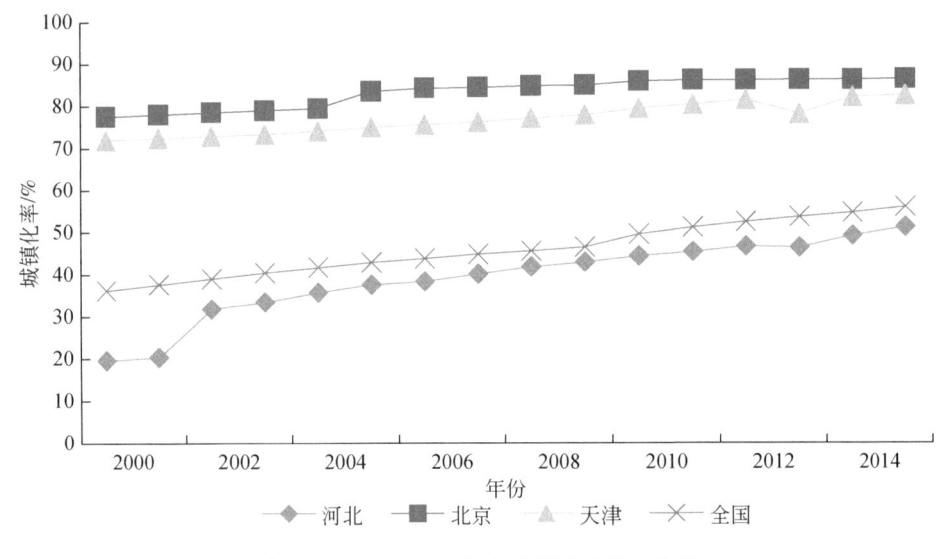

图 3-3  2005~2015 年京津冀城镇化率变化

**2) 产业发展的区域内部差异性明显**

长期行政体制隔离导致京津冀城市发展隔离，是典型的二元经济结构区域。与经济总体发展水平相似，产业发展的非均衡性也较为突出。北京作为全国政治、文化中心的地位，天津作为北方航运中心、物流中心和装备制造业基地定位，它们集聚了全国最优质的人才、政策、金融、技术、创新，以及教育、文化、医疗、科技等资源，高端人口和产业在京津高度集聚，两地产业发展呈现以现代服务业、高端制造业、高新技术产业为主的格局；而河北则受到地区经济基础薄弱、产业发展路径锁定以及发展重点偏差等影响，产业以资源性产品的加工和制造为主。

产业类型的发展差异映射到空间，一个重要特征就是工业空间分布的区域不均衡性较为显著，主要工业基地和工业园区也基本集中在京津唐核心区域。根据工业总产值水平，2015 年只有北京、天津和唐山的工业总产值在 1 万亿元以上，石家庄、沧州、邯郸的工业总产值在 5000 亿 ~ 10 000 亿元，这六个城市的工业总产值占全区工业总产值的 80.9%，而其余七个城市的工业总产值和不足天津的工业总产值，仅占到全区工业总产值的 19.1%。第三产业也主要集中分布在京津两地。未来受国家和地区宏观产业政策的引导，京津冀城市群的一些资源禀赋和区位优越的城市，某些产业可能会发生转移，某些产业可能会发生进一步的集聚，而另一些城市由于其定位和职能发生转变，产业发展类型会发生调整，从而引起产业空间布局和集聚的态势发生根本性变化。

**3) 土地利用的效率和空间问题突出**

京津冀城市群土地面积辽阔，山区、湿地等生态条件更加敏感，支撑区域发展的基础设施等需要投入的更多。当前京津冀三地遭遇的诸如"大城市病"、环境污染、河北产业发展资源利用效率偏低等问题，都给区域内生态、资源、环境带来巨大压力。此外，京津冀协同发展深入推进的最大瓶颈仍是较大区域发展差异的存在，传导至土地利用，便是当前京津冀土地资源开发利用缺乏协调和统筹。

首先，土地利用效率仍有较大提升空间且区域间不平衡现象突出，有研究表明（倪维秋，2016），从京津冀城市群内部来看，北京、天津、石家庄作为核心地带，社会经济要素配置相对集中，土地利用集约化程度高，加之物质、能量等的不断涌入，土地利用效率高于其他中小城市；而诸如唐山等市，土地生态环境基础薄弱，快速的城镇化进程使其土地利用布局不够合理、土地资源整合利用率低下，一些重污染企业的生产活动使得部分土地污染严重，土地利用效益整体偏低。整个区域土地利用效率的"中心—外围"现象十分明显（杨海泉等，2015）。

其次，京津冀城市边界不断扩大。2014 年全国夜间灯光指数数据显示，京津冀城市边界面积为 21 830 km$^2$，占京津冀土地面积的 10.1%，主要集中在京津走廊、沿海地区和石家庄等地。1992 ~ 2014 年，城市边界面积增加 10 倍以上（图 3-4）。以北京为代表的很多城市均以同心圆结构形态由城市中心向四周进行扩张，北京市区建设用地向北部、东部和南部持续扩张，增长接近极限，未来随着京津冀协同发展，特大城市（京津轴线）和大城市的空间蔓延态势将持续。

图 3-4　1992～2014 年京津冀城市灯光边界
资料来源：清华大学京津冀地区战略环评城镇化专题报告（2017 年）

最后，工业城市产城布局有待优化。京津冀地区产业园区密集，79 个省级园区有 59 个在京津唐地区，部分城市在工业经济发展和产业集聚的同时，由于城市规划建设不合理，城市建成区与工业企业布局方面存在诸多矛盾，居住用地与工业用地、港口物流用地等呈现混杂布局。唐山作为典型的老工业城市，中心城区、丰润区、古冶区均存在工业企业紧邻城区布局、工业企业围城的现象，易导致空气污染不利于扩散、水环境污染加剧和生态空间破碎化等问题（图 3-5）。

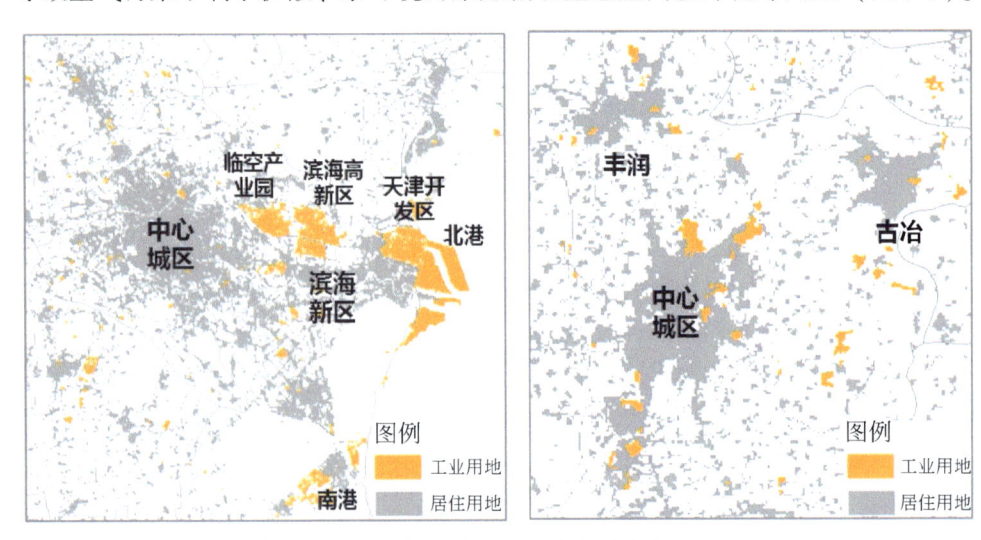

图 3-5　2010 年天津、唐山现状建设用地布局
资料来源：清华大学京津冀地区战略环评城镇化专题报告（2017 年）

## 3.2 土地利用现状分析

### 3.2.1 土地利用现状与构成

本研究以 2015 年中国土地利用现状遥感监测数据为基础，统计和分析京津冀城市群的土地利用现状（图 3-6）。

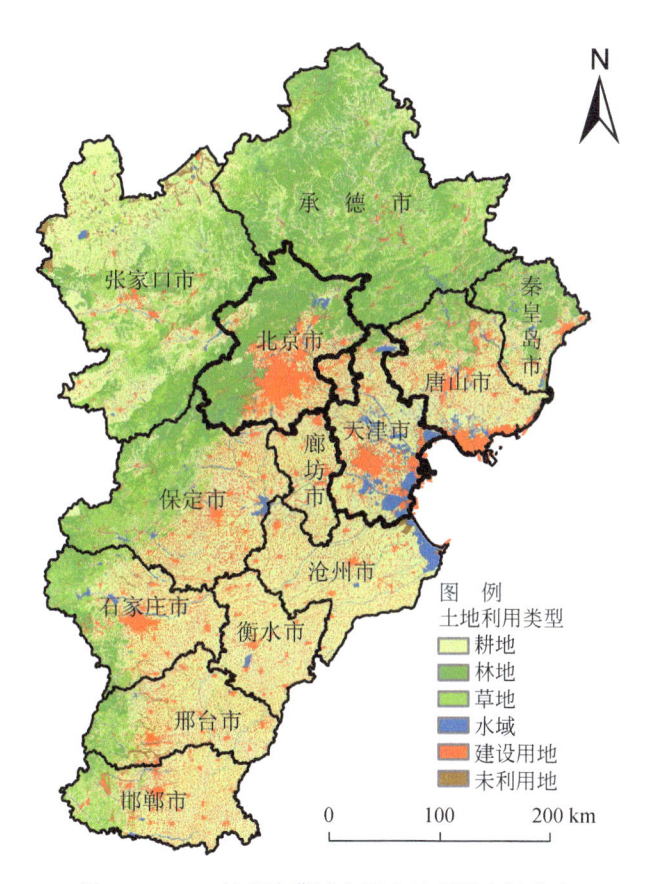

图 3-6 2015 年京津冀城市群土地利用空间分布

总体上看，京津冀城市群 13 个城市的土地总面积为 215 541.70 km²，2015 年耕地面积达 103 031.07 km²，所占比重为 47.80%，接近总面积的一半，是研究区的第一大土地利用类型。林地、草地分别是第二、第三大土地利用类型，面积分别为 44 737.53 km² 和 33 280.04 km²。建设用地是研究区的第四大土地利用类型，面积为 27 364.70 km²，所占比重为 12.70%（表 3-2）。建设用地比重实际上反映了区域的土地开发强度，可知 2015 年京津冀城市群的土地开发强度是全国平均开发强度的 3 倍左右，说明其土地开发整体已达到一个较高的水平。

表 3-2 京津冀城市群 2015 年土地利用结构与组成

| 地区 | 现状构成 | 耕地 | 林地 | 草地 | 水域 | 建设用地 | 未利用地 | 合计 |
|---|---|---|---|---|---|---|---|---|
| 北京市 | 面积/km² | 3 958.25 | 7 325.75 | 1 118.63 | 346.25 | 3 656.44 | 1.63 | 16 406.95 |
|  | 比重/% | 24.12 | 44.65 | 6.82 | 2.11 | 22.29 | 0.01 | 100.00 |
| 天津市 | 面积/km² | 6 616.12 | 349.19 | 98.69 | 1 695.25 | 2 920.88 | 2.31 | 11 682.44 |
|  | 比重/% | 56.64 | 2.99 | 0.84 | 14.51 | 25.00 | 0.02 | 100.00 |
| 石家庄市 | 面积/km² | 7 241.12 | 1 777.00 | 2 454.06 | 266.13 | 2 271.69 | 46.19 | 14 056.19 |
|  | 比重/% | 51.52 | 12.64 | 17.46 | 1.89 | 16.16 | 0.33 | 100.00 |
| 唐山市 | 面积/km² | 7 335.94 | 1 311.37 | 984.19 | 532.44 | 3 366.31 | 14.50 | 13 544.75 |
|  | 比重/% | 54.16 | 9.68 | 7.27 | 3.93 | 24.85 | 0.11 | 100.00 |
| 秦皇岛市 | 面积/km² | 2 842.25 | 2 597.25 | 1 200.44 | 277.44 | 820.63 | 11.44 | 7 749.45 |
|  | 比重/% | 36.68 | 33.51 | 15.49 | 3.58 | 10.59 | 0.15 | 100.00 |
| 邯郸市 | 面积/km² | 7 866.50 | 247.88 | 1 672.19 | 162.56 | 2 066.13 | 0.63 | 12 015.89 |
|  | 比重/% | 65.47 | 2.06 | 13.92 | 1.35 | 17.19 | 0.01 | 100.00 |
| 邢台市 | 面积/km² | 8 269.31 | 827.25 | 1 102.25 | 104.13 | 1 994.81 | 133.63 | 12 431.38 |
|  | 比重/% | 66.52 | 6.65 | 8.87 | 0.84 | 16.05 | 1.07 | 100.00 |
| 保定市 | 面积/km² | 10 038.30 | 3 708.06 | 4 846.88 | 502.06 | 3 088.56 | 8.32 | 22 192.18 |
|  | 比重/% | 45.23 | 16.71 | 21.84 | 2.26 | 13.92 | 0.04 | 100.00 |
| 张家口市 | 面积/km² | 17 674.60 | 7 335.56 | 8 780.00 | 470.94 | 1 646.94 | 821.25 | 36 729.29 |
|  | 比重/% | 48.12 | 19.97 | 23.91 | 1.28 | 4.48 | 2.24 | 100.00 |
| 承德市 | 面积/km² | 7 772.50 | 19 165.90 | 10 999.20 | 487.63 | 816.75 | 186.19 | 39 428.17 |
|  | 比重/% | 19.71 | 48.61 | 27.90 | 1.24 | 2.07 | 0.47 | 100.00 |
| 沧州市 | 面积/km² | 11 192.30 | 19.63 | 0.75 | 823.19 | 1 913.00 | 106.94 | 14 055.81 |
|  | 比重/% | 79.63 | 0.14 | 0.01 | 5.85 | 13.61 | 0.76 | 100.00 |
| 廊坊市 | 面积/km² | 4 911.19 | 72.44 | 16.63 | 67.88 | 1 347.37 | 0 | 6 415.51 |
|  | 比重/% | 76.55 | 1.13 | 0.26 | 1.06 | 21.00 | 0 | 100.00 |
| 衡水市 | 面积/km² | 7 312.69 | 0.25 | 6.13 | 59.38 | 1 455.19 | 0 | 8 833.64 |
|  | 比重/% | 82.78 | 0.01 | 0.07 | 0.67 | 16.47 | 0.00 | 100.00 |
| 合计 | 面积/km² | 103 031.07 | 44 737.53 | 33 280.04 | 5 795.28 | 27 364.70 | 1 333.03 | 215 541.70 |
|  | 比重/% | 47.80 | 20.75 | 15.44 | 2.69 | 12.70 | 0.62 | 100.00 |

分地市来看，京津冀城市群土地利用构成表现出较大的区域差异。对于除北京外的大多数城市，耕地为最主要的土地利用类型、占到各市土地总面积的50%以上或接近50%；林地和草地分布的空间差异更为明显。由建设用地的分布和构成可知，北京、天津、唐山三大热点城市的建设用地比重相对最高，分别为22.29%、25.00%和24.85%；此外，紧密围绕京津的廊坊建设用地比重也超过20%，达到21.00%。河北其余各市的建设用地比重均在20%以下，在一定程度上说明这些地市仍有较大的土地开发潜力，其中张家口、承德的建设用地比重最低，分别仅4.48%和2.07%，远低于区域整体水平。

## 3.2.2 土地利用程度分析

### 3.2.2.1 方法与模型

土地利用程度是土地利用类型构成的综合反映，可以表征一定区域内的土地资源被人类开发利用的强度。目前有关区域土地利用程度的研究较多采用的是刘纪远等提出的数量化土地利用程度分析方法（庄大方和刘纪远，1997），即土地利用程度综合指数模型。该模型的构建基于土地利用程度的极限分析，认为土地资源的利用具有上限和下限，上限即土地资源的利用受人类开发作用的强度达到顶点，几乎不存在进一步利用与开发的空间；而下限即人类对土地资源开发利用的起点，可认为该情况下的土地处于较为原始的状态，尚未受到明显的人类活动的干扰。因此，认为土地利用程度可以表达成一种不连续的函数形式。

借鉴上述方法，本研究从宏观层面研究人类活动及社会经济因素影响下的京津冀地区土地利用的整体状况。基本过程是：将京津冀地区包括耕地、林地、草地、水域、建设用地及未利用地在内的各土地利用类型按照利用程度分为4级（表3-3）；为反映自身对区域土地利用程度的贡献，以每种土地利用类型在研究区所占的面积比重作为权重，与相应分级指数进行数学综合，形成一个综合指数来反映地区土地利用程度。为便于在ArcGIS中处理，在加权综合的基础上乘以100。综上，土地利用程度综合指数计算方法如下：

$$LUD = 100 \times \sum_{i=1}^{n} A_i \times C_i$$

$$LUD \in (100, 400)$$

式中，LUD代表土地利用程度综合指数；$A_i$为区域内第$i$级土地利用类型的利用程度分级指数；$C_i$为第$i$级土地利用类型占区内面积的百分比；$n$为土地利用程度分级指数，值为1~4。

表 3-3 土地利用程度分级赋值表

| 指标 | 未利用地土地级 | 林、草、水用地级 | 农业用地级 | 城镇聚落用地级 |
| --- | --- | --- | --- | --- |
| 用地类型 | 未利用地 | 林地、草地、水域 | 耕地 | 城镇、农村居民点、工矿及交通等建设用地 |
| 分级指数 | 1 | 2 | 3 | 4 |

#### 3.2.2.2 结果分析

经土地利用程度综合指数模型计算，2015 年京津冀城市群全域土地利用程度综合指数为 272.68，因此整个地区土地利用程度总体处于中等偏上的水平。以市域为测算单元，各地市的土地利用程度综合指数计算结果表明（图 3-7），京津核心城市中，天津的土地利用程度综合指数高达 306.62，土地利用程度显著高于北京及全域整体水平，这是因为天津范围内土地利用程度分级较高的耕地和建设用地面积比重均较高；而与天津相比，北京的土地利用程度处于中等及偏下水平。河北多地的土地利用程度综合指数均高于全域整体水平，唐山、沧州、廊坊、衡水的土地利用程度综合指数均达 300 以上，其中，廊坊的土地利用程度综合指数为京津冀全域最高，高达 318.56；邯郸、邢台、石家庄的土地利用程度综合指数也明显高于全域整体水平，土地利用程度处于中等及以上水平。河北多地的土地利用程度综合指数相对较高，原因有两方面：一方面，当前河北处于城镇化快速发展时期，土地利用程度分级指数最高的建设用地面积比重日益增高；另一方面，这些地市土地利用程度分级指数次高的耕地面积比重较高。

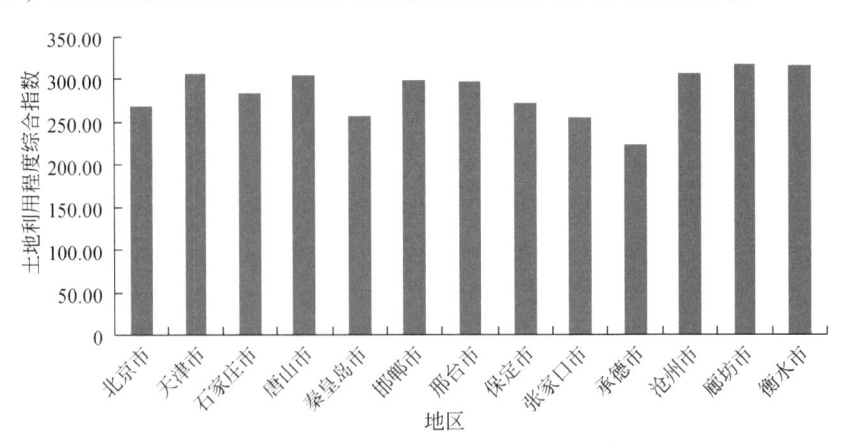

图 3-7 2015 年京津冀城市群各市土地利用程度综合指数

为了进一步突出刻画京津冀城市群土地利用程度的空间差异，本研究细化统计尺度，以区县为测算单元计算土地利用程度综合指数。如图 3-8 所示，京津冀

第 3 章 | 京津冀城市群土地利用现状及变化

地区的土地利用程度空间分异特征明显，整体上接近一半的土地面积上分布有土地利用综合程度的高值区及较高值区，空间上呈现东部、南部的土地利用综合程度高于西部和北部，体现了人类社会经济活动对于东部、南部的扰动更为强烈。这主要是由于东南部为华北平原地区，比较适宜开展产业开发与城镇建设，由此土地利用综合程度相对较高；西部与北部为燕山和太行山区，相对不适宜布局大规模的城镇与产业活动，土地利用综合程度相对较低。

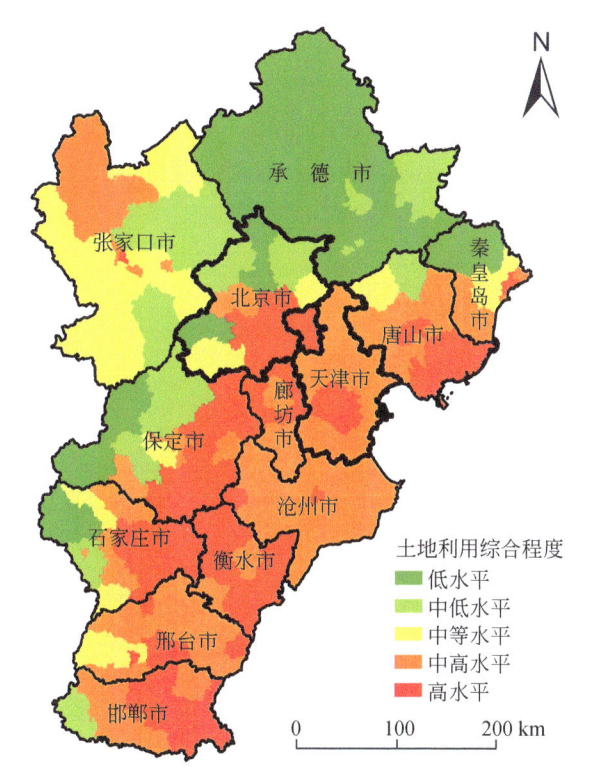

图 3-8 基于区县的京津冀地区 2015 年土地利用综合程度空间分布

具体来看，北京、天津的中心市辖区为整个京津冀地区土地利用综合程度最高区域，包括北京的东城区、西城区，以及天津的和平、河东区、河西区、南开区、红桥区，这些区域建设用地是唯一的土地利用类型，故模型测算得到的土地利用程度综合指数最高，为 400，此外河北省会城市石家庄包括桥东区[①]、桥

---

[①] 2014 年 9 月国务院批复了河北省人民政府关于石家庄市部分行政区划调整的请示，同意撤销石家庄桥东区，中山东路、阜康、建安、胜北 4 个街道和桃园镇划归石家庄长安区，东华、休门、彭后、东风、汇通 5 个街道划归石家庄桥西区。

西区在内的中心城区土地利用程度综合指数也接近或等于400。以北京、天津为中心向东、向南扩散，廊坊北部、唐山东部、保定东南部、石家庄东部均为土地利用综合程度的高值区；此外，衡水大部、邢台南部和东部局地、邯郸东部地区也为土地利用综合程度的高值区，这些区域的土地利用程度综合指数均在315～400。唐山中部、天津环中部地带、廊坊大部、沧州大部、衡水大部以及邢台和邯郸的东部大部分地区，均为土地利用综合程度的较高值区。北京东南部局部地区，秦皇岛东南部、唐山北部、北京西部和南部、天津东北部局部地区，保定、石家庄、邢台、邯郸中东部以及石家庄中部，土地利用程度综合指数均在全域整体水平以上，这些地区基本都位于土地利用综合程度高值区及较高值区的外围区域。此外，承德全部、北京北部、唐山北部、秦皇岛北部、保定西部、石家庄西部、邯郸西部局部地区等为土地利用综合程度的较低值区及低值区，土地利用程度综合指数均在250以下。

## 3.2.3 土地利用空间特征

### 3.2.3.1 方法与模型

在经济地理学特别是区域经济相关研究领域，常常会用"区位熵"这一指标来衡量某一区域要素的空间分布情况，以及某一区域在高层次区域的地位和作用。例如，在产业结构研究中，则常用区位熵来反映产业部门的专业化程度，分析区域主导专业化部门的状况。近年来，有不少学者将区位熵应用于区域土地利用结构及变化的研究中（蒙莉娜和郑新奇，2008；赵小汎，2013）。为刻画京津冀城市群不同土地利用类型的优势程度，以及相对于高层次空间的相对集聚程度，本研究引入区位熵模型，即某一地区某一土地利用类型面积占区域该土地利用类型总面积的比值与该地区土地总面积占区域土地总面积之比，进而计算京津冀地区各市的土地利用类型区位熵。计算公式为（蒙莉娜和郑新奇，2008）

$$Q_i = (a_i/A_i)/(b_i/B_i)$$

式中，$Q_i$为第$i$种土地利用类型的区位熵；$a_i$为某地区第$i$种土地利用类型面积；$A_i$为研究区第$i$种土地利用类型面积；$b_i$为某地区土地资源总面积；$B_i$为研究区土地资源总面积。$Q_i$的值越大，相应类型的用地在地区的集聚水平就越高，其越是地区的优势土地利用类型。区位熵方法简单易行，可在一定程度上反映出京津冀区域层面的土地利用类型的集聚程度。

### 3.2.3.2 结果分析

根据以往的研究成果可知，如果某土地利用类型的区位熵$Q>1$，则表明该土地利用类型在某地区的集聚程度超过了区域总体平均水平。2015 年京津冀城市群各土地利用类型区位熵计算结果见图 3-9 和表 3-4。

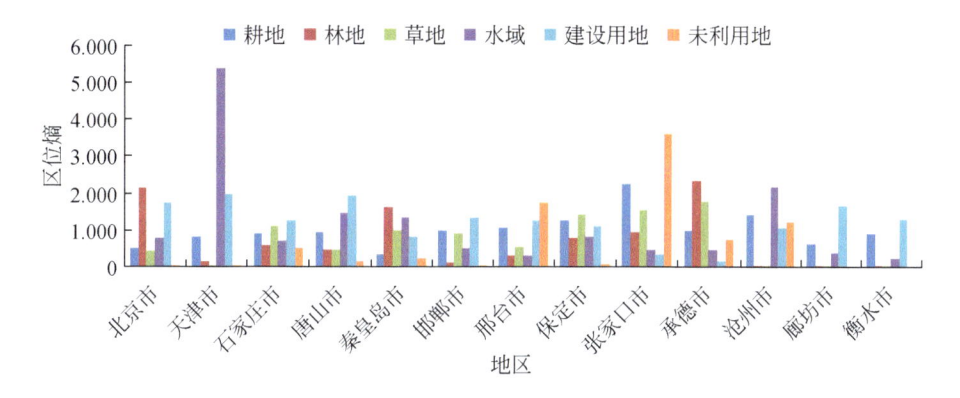

图 3-9　2015 年京津冀城市群各土地利用类型的区位熵

表 3-4　2015 年京津冀地区各土地利用类型的区位熵

| 地区 | 耕地 | 林地 | 草地 | 水域 | 建设用地 | 未利用地 |
| --- | --- | --- | --- | --- | --- | --- |
| 北京市 | 0.5047 | 2.1512 | 0.4416 | 0.7849 | 1.7554 | 0.0160 |
| 天津市 | 0.8436 | 0.1440 | 0.0547 | 5.3971 | 1.9693 | 0.0320 |
| 石家庄市 | 0.9233 | 0.6091 | 1.1307 | 0.7042 | 1.2730 | 0.5313 |
| 唐山市 | 0.9354 | 0.4665 | 0.4706 | 1.4620 | 1.9576 | 0.1731 |
| 秦皇岛市 | 0.3624 | 1.6147 | 1.0033 | 1.3315 | 0.8341 | 0.2386 |
| 邯郸市 | 1.0030 | 0.0994 | 0.9013 | 0.5032 | 1.3544 | 0.0084 |
| 邢台市 | 1.0544 | 0.3206 | 0.5743 | 0.3115 | 1.2639 | 1.7381 |
| 保定市 | 1.2800 | 0.8050 | 1.4145 | 0.8414 | 1.0962 | 0.0606 |
| 张家口市 | 2.2536 | 0.9622 | 1.5482 | 0.4769 | 0.3532 | 3.6155 |
| 承德市 | 0.9911 | 2.3420 | 1.8068 | 0.4600 | 0.1632 | 0.7636 |
| 沧州市 | 1.4271 | 0.0067 | 0.0003 | 2.1782 | 1.0720 | 1.2302 |
| 廊坊市 | 0.6262 | 0.0544 | 0.0168 | 0.3935 | 1.6542 | 0.0000 |
| 衡水市 | 0.9324 | 0.0001 | 0.0045 | 0.2500 | 1.2975 | 0.0000 |

（1）耕地区位熵大于 1 的有邯郸、邢台、保定、张家口以及沧州 5 个地区，其中张家口最大，达 2.2536，说明这些地区的耕地集聚程度高于整个京津冀地区的平均水平。耕地区位熵较小值出现在北京、秦皇岛、廊坊，这些地区的耕地集聚程度很低，显著低于京津冀地区的平均水平，一定程度上说明随着工业化、城镇化的发展，耕地被占用，耕地已不再是这些地区的优势用地

类型。

（2）林地区位熵大于2的有北京和承德两个地区，分别为2.1512和2.3420，两个地区的林地面积分别占到整个京津冀城市群林地总面积的16.37%和42.84%；而尽管秦皇岛林地面积占区域林地总面积的比重仅为5.81%，但由于其土地总面积较小，土地总面积占区域土地总面积的比重也较小，该市林地区位熵达1.6147，仅次于北京，成为当地优势用地类型。张家口的林地面积占区域林地总面积的比重尽管也超过16%，仅次于北京，但由于其土地总面积较大，占区域土地总面积的比重较大，根据公式计算得到林地并不是当地优势用地类型。

（3）草地区位熵大于1的有石家庄、秦皇岛、保定、张家口和承德5个地区，说明草地在这些地区分布较为集中，属于这些地区的优势用地类型；天津、廊坊、沧州、衡水4个地区的草地区位熵均不到0.1，说明这些地区草地资源极其不足。

（4）水域区位熵大于1的有天津、唐山、秦皇岛和沧州4个地区，说明这些地区水域用地相对丰富，具有一定的区位意义。特别是天津，水域区位熵高达5.3971，远高于其他各地区，是水域集聚程度最高的地区；其次是沧州，水域区位熵超过2，这与沧州地处海河平原、东临渤海以及地处环渤海中心地带的水域特征有关。而其他地区的水域区位熵均在1以下，分布的集聚程度并无明显差异。

（5）从建设用地区位熵来看，除秦皇岛、张家口、承德3个地区的区位熵明显小于1之外，其他地区的建设用地区位熵均大于1，其中北京、天津、唐山建设用地区位熵位列前三，最大值出现在天津，高达1.9693。建设用地在多数地区分布都较为集中，为京津冀城市群大部分地区的优势用地类型。

（6）未利用地在邢台、张家口和沧州分布呈现出一定的集聚程度，区位熵均大于1；而在其他地区分布的集聚程度均较低，未利用地区位熵整体偏小，一定程度反映出京津冀地区的后备土地资源明显不足。

## 3.3　1990~2015年土地利用变化分析

### 3.3.1　不同土地利用类型数量变化及动态度

1990~2015年京津冀地区及各市土地利用变化显著（图3-10和图3-11）。总体来看，整个区域以及所有城市建设用地面积在此期间呈持续上升趋势，总净增量为 12 681.89 km², 其中北京的净增量最多, 多达 2189.13 km², 其次是保定, 净增量为 1506.25 km², 另外 5 个净增量超过 1000 km² 的地区包括天津、石家庄、唐山、邯郸以及邢台, 净增量分别为 1155.51 km²、1241.50 km²、1233.06 km²、1096.13 km² 和 1096.94 km², 上述 7 个地区建设用地净增量占整个区域总净增量的比重超过 75%; 秦皇岛和沧州两地区的净增量在整个区域中相对最少, 均不到 500 km²。此外, 整个城市群的林地面积总体略有增加, 但不同地区的增减情况不一。除建设用地和林地外, 其他各类用地面积从整个京津冀城市群来看均呈现明显减少的趋势。其中, 耕地面积在所有土地利用类型当中净减少量最大, 从 1990 年的 112 116.32 km² 下降到 2015 年的 103 031.07 km², 净减少量超过 9000 km², 13 个地区除张家口的耕地面积略微增加了 20.60 km² 外, 其他

图 3-10　1990~2015 年京津冀地区土地利用类型面积统计

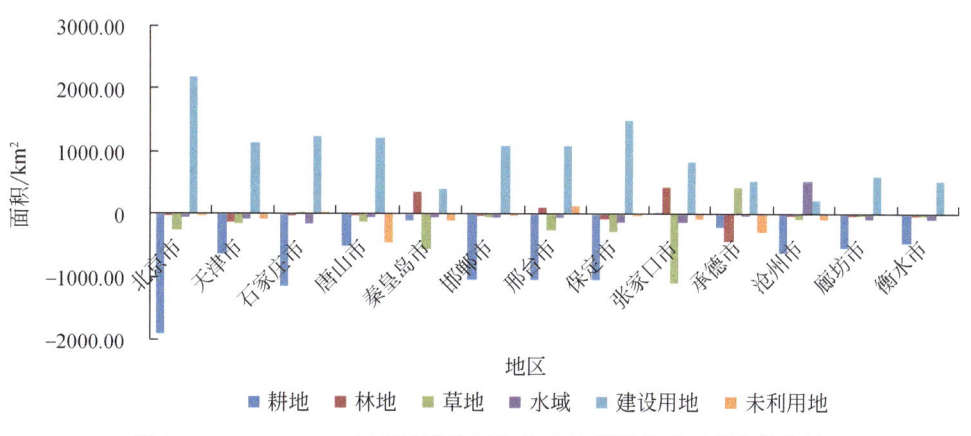

图 3-11　1990~2015 年京津冀地区各市土地利用类型面积变化统计

地区均呈减少态势，其中耕地净减少量超过 1000 km² 的地区包括北京、石家庄、邯郸、邢台以及保定，这些地区的耕地净减少量占京津冀城市群耕地总净减少量的 70% 左右；北京的耕地减少最为剧烈，净减少量为 1901.62 km²。草地是除耕地外减少幅度最大的一类用地，1990~2015 年净减少量为 2350.46 km²，除石家庄、承德有所增加外，绝大多数地区草地面积均减少，其中张家口的草地减少最为剧烈，净减少量超过 1000 km²，秦皇岛净减少量也超过 500 km²，而承德草地面积增加较多，净增量达 439.10 km²。未利用地面积减少也较为显著，净减少量为 869.56 km²，唐山未利用地面积减少最多，净减少量达 443.88 km²。水域面积从 1990 年的 6137.25 km² 减少到 2015 年的 5795.25 km²，净减少量为 342 km²。

综上所述，京津冀城市群 1990~2015 年建设用地增加剧烈，林地略有增加，其间伴随着耕地、草地、未利用地及水域的不同程度的减少，其中耕地减少规模之大、情况之严峻，不容忽视。

#### 3.3.1.1 1990~2000 年土地利用动态度分析

土地利用类型动态度可表达区域一定时间范围内某种土地利用类型的数量变化情况（刘盛和和何书金，2002）。这里引入土地利用动态度模型，分不同时段对 1990~2000 年和 2000~2015 年京津冀城市群各市各类型用地面积动态变化特征进行详细阐述，用以反映各市各类型用地动态变化的差异。其模型表达式为

$$K = \frac{U_b - U_a}{U_a} \times \frac{1}{T} \times 100\%$$

式中，$K$ 为某一研究时段某一土地利用类型的动态度；$U_a$ 为某一研究时段初期某一土地利用类型的面积；$U_b$ 为某一研究时段末期某一土地利用类型的面积；$T$ 为某一时段的长度，当 $T$ 设定为年时，$K$ 则为研究区某一土地利用类型的年平均变化率（动态度）。

1990~2000 年，京津冀城市群耕地面积总体减少，其中绝大多数城市的耕地面积都显著减少，减少量最多的城市为北京，减少 939.93 km²，年平均变化率高达 -1.60%；其次是沧州市和保定市，分别减少 450.30 km² 和 405.40 km²，年平均变化率分别为 -0.38% 和 -0.37%；此外，天津、石家庄、邯郸、邢台等城市的耕地面积减少量均在 200 km² 以上；而唐山、秦皇岛、张家口、承德等城市的耕地面积略有增加。对于林地，北京林地面积增加超过 110 km²，其余城市林地增减变化都较小。对于草地，除衡水略微增加 0.06 km² 外，其他各城市均有所减少，因此整个区域草地面积总体上有明显减少。相对于其他用地类型有增有减的情况，京津冀城市群所有城市的建设用地面积都有所增加，且增量均较为显

著，其中建设用地面积增加最多的三个城市为北京、沧州和保定，分别增加776.44 km²、557.81 km² 和 401.56 km²，年平均变化率分别为5.29%、3.33%和2.54%；石家庄的建设用地年平均变化率仅次于北京和沧州，高达2.94%。此外，水域、未利用地面积总体也呈减少趋势。

3.3.1.2  2000~2010年土地利用动态度分析

2000~2010年，从耕地变化情况来看，京津冀城市群所有城市的耕地面积在这一时期均显著减少，石家庄成为耕地面积减少幅度最大的城市，减少量达870.62 km²；而从动态度来看，北京的耕地年平均减少率仍为最大，达1.53%；邯郸、邢台的耕地面积减少也较为显著，减少量分别达到676.76 km² 和 783.50 km²，年平均减少率也较其他城市更大。不同城市的林地面积有增有减，承德、天津的林地面积减少最多，减少量分别为477.40 km² 和 111.88 km²，其中天津的林地年平均变化率达-2.41%，年平均减少率为所有城市中最大；对于草地，张家口的草地面积减少最多，减少量接近1000 km²，年平均变化率为-1.01%，而天津的草地面积减少虽然较河北多地市少，但年平均变化率高达-5.61%，秦皇岛的草地面积减少也较显著，减少量为500.81 km²，年平均变化率接近-3%，而承德的草地面积在这一时期显著增加，增量达460.10 km²。2000~2010年水域面积显著减少，其中减少面积最大的五个城市分别是北京、天津、石家庄、保定和张家口，减少量均超过100 km²。与此同时，这一时期大部分城市建设用地增加愈发剧烈，北京建设用地面积增加最多，达1163.19 km²，其次是保定和石家庄，分别为1058.88 km² 和 914.81 km²；从年平均变化率来看，河北多地市的建设用地面积增加幅度超过北京，承德和张家口的建设用地面积增加异常显著，年平均增加率分别高达18.01%和9.24%。未利用地面积总体上呈现减少趋势，减少最快的有天津、唐山、承德等。

2000~2010年与1990~2000年相比，京津冀城市群不同土地利用类型的变化趋势较前一时期均有所变化，从土地利用动态度测算结果来看，这种变化幅度显著增加。其中，耕地减少的范围更广、减少的速度普遍更快，北京、天津在这两个时期一直是耕地减少大市，后一时期河北环京津的多个城市，包括唐山、廊坊、张家口等，耕地减少量较前一时期猛增。与此同时，整个城市群建设用地增加剧烈，增量和增速都明显超过前一时期，规模上北京的增加量仍然最多，而增速上河北多个城市超过北京，显然2000~2010年除京津双核以外，河北大范围内建设用地增加迅猛。此外，水域、草地和未利用地也发生了大幅度的减少，说明后一时期京津冀大部分地区的城市、乡镇、工矿用地都在不断增加，城镇化和工业化都明显推进。综上可以看出，随着京津冀城镇化、工业化的发展，人类社会经济活动的发展依赖于建设用地大规模的开发建设，城市扩张迅速，同时也越来越多地蚕食着区域耕地以及林地、水域等生态用地，还有后备土地资源等。

#### 3.3.1.3 2010~2015 年土地利用动态度分析

2010~2015 年各城市不同地类的变化态势相较于前一时期又呈现出一定的不同。从耕地的减少情况来看，只有天津的减少速度略有增加，年平均变化率为 –0.47%，其余各市的减少速度均有所趋缓；而北京的年平均减少率仍为全域最大，动态度为 –1.01%。林地、草地、水域的增减动态变化面积和速度也有明显下降。整个城市群包括所有城市的建设用地面积仍然呈现增加态势，其中唐山、天津、北京是建设用地面积动态变化相对最为显著的前三位城市，面积增加量依次为 461.12 km²、328.76 km² 和 249.5 km²，年平均增加率分别为 3.17%、2.54% 和 1.46%，而河北其他地市的建设用地面积增加态势均显著变缓。

### 3.3.2 土地利用程度变化

根据 3.2.2 节介绍的土地利用程度综合指数模型，计算得到 1990~2015 年京津冀城市群各市的土地利用程度综合指数。根据计算结果（表 3-5 和图 3-12），分析京津冀城市群土地利用程度的变化趋势。从区域整体土地利用程度来看，1990~2015 年，京津冀城市群的土地利用程度持续增加，指数从 264.70 增加到 272.68。分地市来看，1990~2000 年，除天津的土地利用程度略微降低外，其余所有城市的土地利用程度都有一定程度的增加，但增加幅度有限；2000~2010 年，所有城市的土地利用程度较前一时期均有较为显著的增加，说明这一时期京津冀城市群整个地区的经济发展活动对土地资源开发利用的依赖程度明显增加；2010~2015 年，北京、天津、沧州的土地利用程度有小幅降低，河北其他地市的土地利用程度继续增加，整个京津冀的土地利用程度也较之前增加。京津冀城市群总体土地利用程度的持续增加很大程度上说明区域人类活动对土地资源的利用、开发强度不断增加。而不同地市土地利用程度及其变化的区域差异则一定程度上反映出土地开发强度的空间不均衡性。

表 3-5　1990~2015 年京津冀地区各市土地利用程度综合指数

| 地区 | 1990 年 | 2000 年 | 2010 年 | 2015 年 |
| --- | --- | --- | --- | --- |
| 北京市 | 253.59 | 257.33 | 269.36 | 268.69 |
| 天津市 | 292.36 | 292.11 | 308.01 | 306.62 |

续表

| 地区 | 1990 年 | 2000 年 | 2010 年 | 2015 年 |
|---|---|---|---|---|
| 石家庄市 | 274.28 | 276.86 | 283.03 | 283.51 |
| 唐山市 | 286.51 | 288.56 | 300.36 | 303.76 |
| 秦皇岛市 | 247.21 | 251.04 | 254.77 | 257.71 |
| 邯郸市 | 290.16 | 292.87 | 295.65 | 299.85 |
| 邢台市 | 289.24 | 291.10 | 295.54 | 297.54 |
| 保定市 | 264.04 | 265.83 | 269.73 | 273.03 |
| 张家口市 | 250.00 | 250.40 | 253.71 | 254.85 |
| 承德市 | 220.49 | 220.56 | 221.82 | 223.38 |
| 沧州市 | 306.62 | 311.72 | 313.33 | 306.09 |
| 廊坊市 | 307.56 | 307.25 | 315.85 | 318.56 |
| 衡水市 | 308.84 | 310.52 | 312.38 | 315.73 |
| 京津冀 | 264.70 | 266.34 | 271.44 | 272.68 |

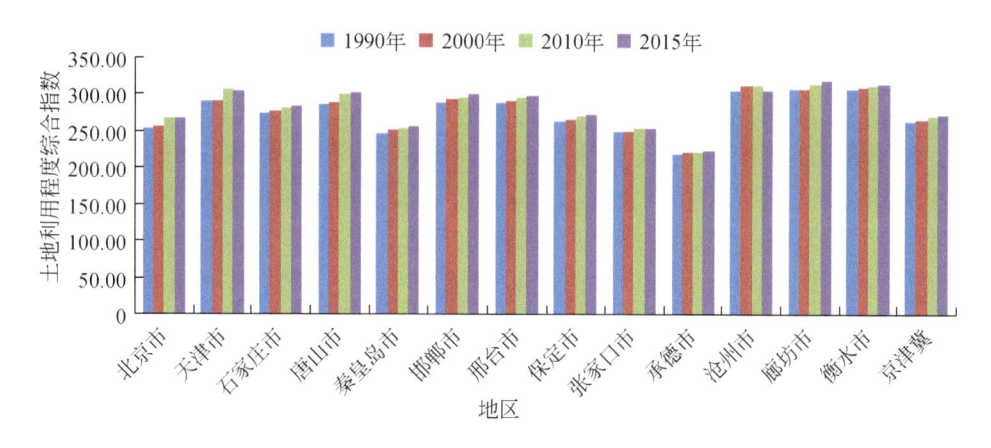

图 3-12　1990~2015 年京津冀地区各市土地利用程度综合指数变化

## 3.4　京津冀城市群建设用地变化研究

考虑到建设用地是京津冀城市群的一种非常重要且增长最为剧烈的土地利用类型，对建设用地进一步细分，可分为城镇用地、农村居民点以及工矿交通用地三类,并对其1990~2015年的变化进行分析。

## 3.4.1 建设用地增减变化及转移分析

### 3.4.1.1 建设用地的动态变化

从不同类型建设用地动态度变化来看(表3-6),1990~2015年城镇用地和工矿交通用地的动态变化最为显著,农村居民点有所扩张但相对稳定。1990~2000年,京津冀城市群大多数城市的城镇用地动态度明显大于农村居民点和工矿交通用地,说明这一时期京津冀城市群建设用地的扩张主要靠城镇建成区扩张推动,其中北京、保定、廊坊和衡水的城镇用地动态度都在10%以上,城镇用地扩张主要集中在这些城市。工矿交通用地动态度最大的城市为沧州,其次是廊坊、石家庄、邢台和北京,整体看来这一时期城市群核心城市中北京建设用地变化较为活跃,而天津的城镇用地和工矿交通用地扩张都不是很明显。2000~2010年,诸多城市的建设用地动态度呈现很明显的增大趋势,河北多地市的城镇用地扩张显著超过前一时期;而北京、保定、沧州的城镇用地动态度较上一时期减小,表明这些城市的城镇扩张进程有所减缓。这一时期另一较为显著的特征是河北大多数城市的工矿交通用地动态度急剧增大,工矿交通用地规模大幅增加。2010~2015年,北京、天津两大核心城市以及河北多地市的城镇建设用地扩张放缓,而工矿交通用地在北京、天津仍有较为明显的增加,特别是天津的工矿交通用地动态度急剧上升到11.43%,唐山的工矿交通用地动态度也上升到6.81%,而河北其余大多数地市的工矿交通用地增加速度均有不同程度的减缓,其中石家庄、邢台、张家口、承德增加速度降低幅度尤为显著。不难看出,工矿交通用地的变化在京津冀城市群显得格外活跃。

表3-6 1990~2015年京津冀地区各市不同类型建设用地动态度变化

(单位:%)

| 地区 | 1990~2000年 | | | 2000~2010年 | | | 2010~2015年 | | |
| --- | --- | --- | --- | --- | --- | --- | --- | --- | --- |
| | 城镇用地 | 农村居民点 | 工矿交通用地 | 城镇用地 | 农村居民点 | 工矿交通用地 | 城镇用地 | 农村居民点 | 工矿交通用地 |
| 北京市 | 11.30 | 1.99 | 4.18 | 6.63 | 4.78 | -0.04 | 3.50 | -1.27 | 4.02 |
| 天津市 | 1.85 | 0.01 | -0.15 | 9.36 | 2.68 | -0.77 | 2.69 | -0.55 | 11.43 |
| 石家庄市 | 8.95 | 1.64 | 7.48 | 11.93 | 4.31 | 27.05 | 0.43 | 0.08 | 0.40 |

续表

| 地区 | 1990~2000年 |  |  | 2000~2010年 |  |  | 2010~2015年 |  |  |
|---|---|---|---|---|---|---|---|---|---|
|  | 城镇用地 | 农村居民点 | 工矿交通用地 | 城镇用地 | 农村居民点 | 工矿交通用地 | 城镇用地 | 农村居民点 | 工矿交通用地 |
| 唐山市 | 2.57 | 0.09 | 0.65 | 15.59 | 2.20 | 0.57 | 3.78 | 0.50 | 6.81 |
| 秦皇岛市 | 4.54 | 0.09 | 1.00 | 12.43 | 4.31 | 12.55 | 0.64 | 0.17 | 2.48 |
| 邯郸市 | 3.25 | 3.27 | 2.52 | 21.27 | 2.28 | 28.62 | 1.33 | 0.14 | 1.00 |
| 邢台市 | 7.15 | 1.95 | 4.69 | 17.11 | 3.19 | 172.02 | 1.82 | 0.20 | 0.33 |
| 保定市 | 12.55 | 1.61 | 2.00 | 6.48 | 3.33 | 37.90 | 1.23 | -0.01 | 0.81 |
| 张家口市 | 2.91 | 0.06 | 0.86 | 11.33 | 2.93 | 339.65 | 0.72 | 0.30 | 0.63 |
| 承德市 | 0.88 | 0.05 | 1.04 | 16.00 | 11.48 | 155.28 | 0.55 | 0.07 | -0.01 |
| 沧州市 | 8.99 | 1.32 | 11.86 | 3.91 | -0.10 | -8.28 | 1.83 | 0.12 | 1.48 |
| 廊坊市 | 11.93 | 0.99 | 9.32 | 19.72 | 1.65 | 3.25 | 0.64 | 0.32 | 3.72 |
| 衡水市 | 10.51 | 0.95 | 0.61 | 11.11 | 1.67 | 57.57 | 1.11 | 0.14 | 2.64 |

本研究进一步对京津冀城市群建设用地增加的来源进行统计（表3-7），可以明显看出，耕地是建设用地增加的最主要来源，新增建设用地当中有81.80%来自耕地，可见建设用地扩张过程对耕地资源的占用现象十分严重。新增建设用地的第二大来源就是草地，1990~2015年其对建设用地增加的贡献率为5.76%，共有979.31 km² 的草地转变为建设用地。然后是水域、林地，对新增建设用地的贡献率分别为5.05%和3.60%。此外，京津冀城市群具有沿海区位条件，因此对于天津这样的沿海城市，有一部分新增建设用地来自围海造地，这部分围海造地对新增建设用地的贡献率为2.90%，超过了未利用地的0.89%。

表3-7 1990~2015年京津冀地区建设用地增加来源分析

| 指标 | 耕地 | 林地 | 草地 | 水域 | 未利用地 | 围海造地 |
|---|---|---|---|---|---|---|
| 面积/km² | 13 919.63 | 612.44 | 979.31 | 858.63 | 151.56 | 494.23 |
| 比例/% | 81.80 | 3.60 | 5.76 | 5.05 | 0.89 | 2.90 |

#### 3.4.1.2 建设用地的空间变化

本研究借助ArcGIS技术平台，对1990年和2015年两期土地利用数据进行图形运算，并对建设用地面积增加和减少的数量与空间分异特征进行分析。结果表

明（图 3-13 和图 3-14），1990～2015 年京津冀地区各市以建设用地面积的增加

图 3-13　1990～2015 年京津冀地区各市建设用地面积增减变化

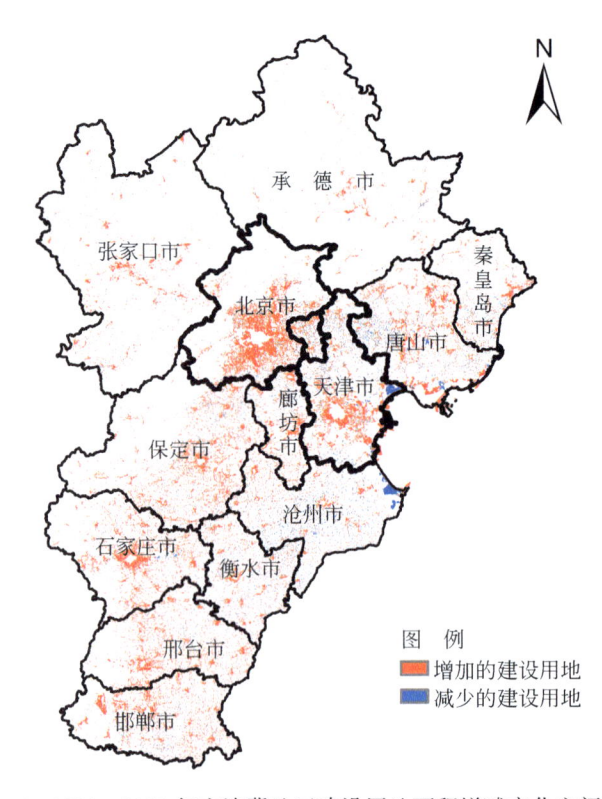

图 3-14　1990～2015 年京津冀地区建设用地面积增减变化空间分布

为主，且增加幅度远远大于减少的幅度。整体来看，除京津两个建设用地增加的"热点"之外，建设用地的增加主要集中在东南部平原地区。从空间分布特征来看，建设用地增加最多的城市是北京，面积增加多达 2389.19 km$^2$，其次是保定、天津和唐山，建设用地分别增加 1835.44 km$^2$、1682.22 km$^2$ 和 1678.20 km$^2$，这些区域是京津冀全域建设用地增加最为密集的地区；此外，建设用地增加较多的区域还包括河北的石家庄、邯郸、邢台、张家口、沧州等，这些区域的建设用地增加面积均在 1000 km$^2$ 以上；秦皇岛建设用地增加量为京津冀整个地区最少，仅有 515.69 km$^2$。这可能与河北立足区域协调发展、逐渐实施差别化供地政策有关，其中唐山、沧州、保定及石家庄等作为承接环首都经济圈产业转移的重点区域，也是土地资源优先配置的重点发展区域，因而建设用地增加较为显著。而从建设用地减少的数量空间分布来看，沧州、天津以及唐山是建设用地减少相对较多的区域，1990~2015 年分别减少 746.13 km$^2$、535.25 km$^2$ 和 451.88 km$^2$，这三个地区也为建设用地增加较为集中的区域，这与这些地区积极施行城乡建设用地增减挂钩政策，从而在满足建设发展需要的同时保证项目区内各类土地面积平衡有一定程度的关系。

## 3.4.2 建设用地变化的地域类型分析

随着建设用地扩张与社会经济发展的关系日益密切，建设用地变化成为区域土地利用转变的主导要素。当前建设用地扩张与其供给之间的矛盾日益突出，建设用地变化及其相关研究成为学术领域的热点。围绕一定区域建设用地的时空变化特征及其变化过程的影响因素与驱动力开展的研究不在少数，且研究成果已相当丰富。特别是由于建设用地时空变化很大程度上反映着社会经济的发展阶段和状况，其成为城市土地利用变化研究的基础及核心内容。已有的建设用地变化研究，通常以其数量变化趋势、变化速率、用地结构、空间扩张特征等为研究对象，采用建设用地增减绝对量、年平均变化率、信息熵、均衡度等单一指标（赵京和杨钢桥，2010；文枫等，2010），分析建设用地的变化趋势及宏观尺度上的空间分异特征，不利于反映区域内部建设用地增减变化的真实状况，也不利于从宏观尺度上对微观层面的建设用地规模演变特征进行刻画，以此为基础进行的区域建设用地变化类型的判别及划分研究较为鲜见。基于上述分析，本研究以细部刻画为出发点，以区县为基本研究单元，借鉴已有相关研究成果（乔陆印等，2015），构建和运用表征建设用地变化的综合指标，用以揭示整个京津冀区域建设用地变化的动态特征，并以此为依据划分地域变化类型，以期为更翔实地反映京津冀全域建设用地变化的时空特征、因地制宜地制定建设用地调控管理政策提供一定的参考依据。

#### 3.4.2.1 综合指标法

现有研究当中,刻画建设用地变化的常见指标包括建设用地净变化量、土地开发强度(即建设用地占区域土地总面积的比例)、土地利用动态度等。这些指标的共同点在于以考虑建设用地变化的最终结果为主,然而,根据前面以京津冀地区为代表的分析可知,一定区域一定时期内建设用地变化过程中增加和减少的情况总是同时存在的,但变化的最终结果往往都表现为建设用地的净增加。因此,若只考虑最终结果,无疑会掩盖建设用地变化过程中增减相抵的情况,从而混淆建设用地增加量大与小,以及建设用地变化活跃与不活跃的区域,因为变化的活跃程度反映的是增加和减少的数量的综合效果。从较大尺度的区域层面来看,建设用地变化地域类型多样,既有总量规模大且增加速度快的区域,也有减少速度快的区域,还有增加规模和减少规模均较大(即变化活跃)但增减相互抵消的区域(这类区域从最终结果来看往往反映为建设用地的增量并不大,因而单一指标容易掩盖变化的活跃程度)。

简要分析不同单一指标所能反映的建设用地动态变化特征:总变化率(total rate,TR)能够反映区域同时考虑到增加和减少变化因素的建设用地变化的活跃程度,有利于将建设用地增加量和减少量均较大但相互抵消情况下导致最终增减变化幅度相对较小的情况凸显出来。年均净变化率(net rate,NR)基于一定年期的初始面积与期末面积相减求得,反映的是研究期内建设用地变化的最终结果。因此,如果综合考虑建设用地的总变化率和年均净变化率,构建一个综合指标,便可同时具备两者优势,从而较大程度地消除依据单一指标划分地域类型而造成的偏差。具体研究方法如下。

(1)总变化率(TR),即研究期内建设用地增加量、减少量的绝对数量之和,与期初建设用地面积的比值。计算公式如下:

$$TR_i = \frac{I_i + D_i}{A_i} \times 100\%$$

式中,$TR_i$ 为研究单元 $i$(本研究为某区县)的建设用地总变化率(%);$I_i$ 为研究单元 $i$ 的建设用地增加量(km²);$D_i$ 为研究单元 $i$ 的建设用地减少量(km²);$A_i$ 为研究初始时期单元 $i$ 的建设用地面积(km²)。

(2)年均净变化率(NR),计算公式详见刘纪远等(2002)的研究。

(3)份额修正。所构建的建设用地变化综合指标同时具备单一指标的优点,相较之下能够更加准确地识别建设用地变化的地域类型,但未考虑空间单元的变化量占整个研究区域的份额,因而导致部分区域的总变化率和年均净变化率出现被高估或低估的现象，如在建设用地总量小的区域被高估，而在建设用地总量大且变化活跃但变化率较小的区域则可能被低估。因此，需根据区域建设用地变化量所占京津冀全域变化量的份额，对总变化率和年均净变化率进行份额修正，消除因建设用地分布差异而产生的高估或低估误差。

总变化率修正公式为

$$\mathrm{MTR}_i = \mathrm{TR}_i \cdot \frac{I_i + D_i}{\sum I + \sum D} \times 100\,000$$

年均净变化率修正公式为

当 $\mathrm{NR}_i > 0$ 时，

$$\mathrm{MNR}_i = \mathrm{NR}_i \cdot \frac{I_i}{\sum I} \times 1000$$

当 $\mathrm{NR}_i < 0$ 时，

$$\mathrm{MNR}_i = \mathrm{NR}_i \cdot \frac{D_i}{\sum D} \times 1000$$

式中，$\mathrm{MTR}_i$ 为研究单元 $i$ 的总变化率修正值（%）；$\mathrm{MNR}_i$ 为研究单元 $i$ 的年均净变化率修正值（%）；$\mathrm{NR}_i$ 为研究单元 $i$ 的年均净变化率（%）；$\sum I$ 为所有研究单元的建设用地增加量之和（km²）；$\sum D$ 为所有研究单元的建设用地减少量之和（km²）。

（4）区域类型划分。根据修正后的总变化率与年均净变化率对京津冀所有区县的建设用地变化类型进行区域划分。划分依据为：①计算京津冀全域的总变化率和年均净变化率，作为类型划分的参考临界值。②划分建设用地变化的活跃区与迟缓区，若区县的总变化率大于京津冀全域的总变化率，则认为该区县的建设用地变化活跃程度大于全域总体水平，则认定其为变化活跃型区县；反之，则把总变化率小于京津冀全域总变化率的区县划分为变化迟缓型区县。③进一步对变化活跃型区县进行细分，根据区县年均净变化率，结合 ArcGIS 当中的自然分类法，若 $\mathrm{MNR}_i \geq 20\%$，表明区县建设用地发生净增长且增速远高于京津冀全域水平，则划为建设用地增长型活跃区；若 $\mathrm{MNR}_i < 3.67\%$，则表明区县建设用地增速低于京津冀全域水平，甚至建设用地减少幅度大于增加幅度，即发生建设用地净减少（$\mathrm{MNR}_i < 0$），则划为建设用地减少型活跃区；若 $3.67\% < \mathrm{MNR}_i < 20\%$，认为区县建设用地发生增加与减少相抵消的现象，表现为高活跃型、低变化率，则划为建设用地增减平衡型活跃区，具体分类及划分标准见表 3-8。

表 3-8 京津冀建设用地变化类型及划分标准

| 类型 | 细分类型 | 划分标准 |
| --- | --- | --- |
| 变化活跃型区县 | 增长型活跃区 | MTR>103% 且 MNR≥20% |
| | 增减平衡型活跃区 | MTR>103% 且 3.67<MNR<20% |
| | 减少型活跃区 | MTR>103% 且 MNR<3.67% |
| 变化迟缓型区县 | 变化迟缓型区 | MTR≤103% |

注：103% 为京津冀全域建设用地总变化率，3.67% 为京津冀全域建设用地年均净变化率，研究期为 1990~2015 年。

### 3.4.2.2 地域类型划分及基本特征

通过对建设用地总变化率和年均净变化率两个指标的意义进行分析，结合两者各自的优势，构建综合指标法，基于 ArcGIS 技术平台的栅格计算统计工具模块，计算并统计分析京津冀全域及各区县建设用地变化的时空特征，并划分地域类型。统计结果表明，1990~2015 年，京津冀全域包括增加量和减少量在内的建设用地总变化量为 15 061.12 km²，净变化量为 10 273.63 km²。不同地域类型的建设用地变化基本统计特征见表 3-9，空间分布格局如图 3-15 所示。

表 3-9 基于综合指标法的京津冀建设用地变化地域类型

| 类型 | 区县个数 | 变化量/km² 总变化量 | 变化量/km² 净变化量 |
| --- | --- | --- | --- |
| 增长型活跃区 | 75 | 9058.31 | 7674.94 |
| 增减平衡型活跃区 | 71 | 4087.25 | 2045.25 |
| 减少型活跃区 | 28 | 1532.25 | 278.00 |
| 变化迟缓型区 | 30 | 383.31 | 275.44 |

（1）增长型活跃区。该类型区共包含 75 个区县，占京津冀地区区县总数的 36.76%，地域范围最为广阔。1990~2015 年，建设用地的总变化量为 9058.31 km²，净变化量为 7674.94 km²，是整个研究区建设用地增长的主要区域，从这些区县的空间分布格局来看，该类型区域集中分布在北京绝大部分区县，唐山、天津、沧州三地沿海地带，张家口、保定、石家庄也是建设用地增长变化的活跃区，此外，秦皇岛北部、承德东南部、邢台西南部以及邯郸北部的部分区县也属于建设用地增长型活跃区。

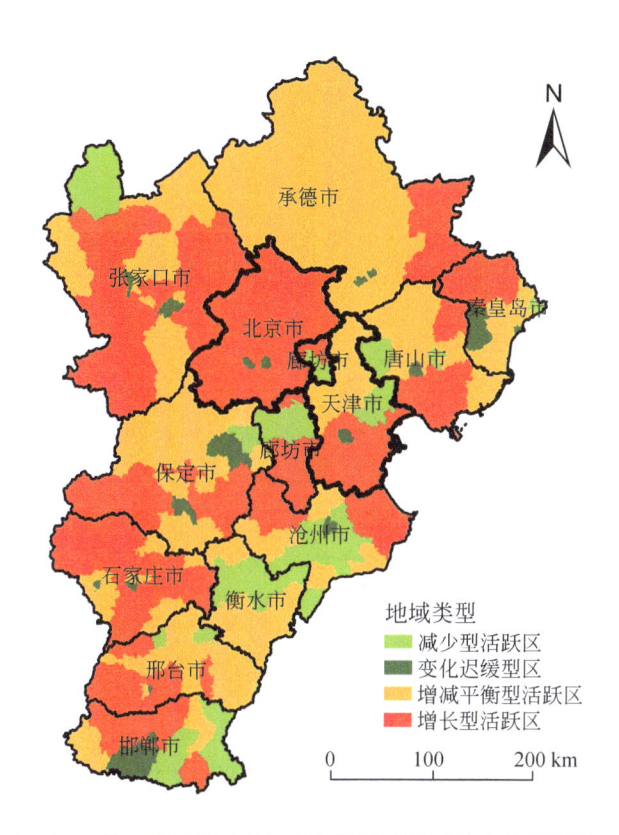

图 3-15 基于区县单元划分的京津冀建设用地变化类型区

（2）增减平衡型活跃区。该类型区共包含 71 个区县，数量仅次于增长型活跃区，占京津冀地区区县总数的 34.80%。1990~2015 年，建设用地的总变化量为 4087.25 km²，净变化量为 2045.25 km²。空间上，主要分布在环京津的周边地带，包括承德大部、唐山东部、秦皇岛东南部、天津北部、保定北部等，此外，衡水和邢台也集中分布有一定数量的该类型区县，张家口中部及沧州有少量该类型区县分布。该类型区的建设用地在研究期内变动活跃，但从净变化量不难看出建设用地的减少量已经对增加量起到一定的抵消作用，从而影响着建设用地变化的最终结果。

（3）减少型活跃区。该类型区仅包含 28 个区县，占京津冀地区区县总数的 13.73%。1990~2015 年，建设用地的总变化量为 1532.25 km²，净变化量为278.00 km²。该类型区建设用地增加水平不及京津冀全域总水平，甚至包含了一定数量的建设用地在期末发生净减少的地区，包括古冶区、大田县、大名县、馆陶县、康保县、南皮县、吴桥县、泊头市 8 个地区，空间分布上较为零散。

(4) 变化迟缓型区。该类型区包含 30 个区县，占京津冀地区区县总数的 14.71%。1990~2015 年，建设用地的总变化量仅为 383.31 km²，远远小于变化活跃区，净变化量为 275.44 km²，总变化量和净变化量均较小。空间分布上具有一个共同特征，就是基本分布在城市较为核心的范围内，如北京的石景山区、东城区。这些地区城镇化水平已经达到一定高度，建设用地数量已接近饱和，增减变化活跃程度弱，且增加的潜力已经很小，因此呈现出变化迟缓的特点。

## 3.5 小　　结

本章首先通过搜集京津冀城市群社会经济方面的统计数据和资料，分析城市群社会经济发展的格局和特征，指出京津冀作为中国三大城市群之一，人口和经济呈现高度集聚态势；随着城市体系的不断发育，城市边界不断蔓延扩张，且这种态势未来仍会持续；从产业发展来看，北京、天津凭着雄厚的经济技术基础和高端的产业层次水平，门户地位突出，相较之下河北产业竞争力相对较弱，却具备了建设成为京津产业转移承接地的产业条件。其次对京津冀城市群发展过程的特殊性进行分析总结，在二元经济结构的客观背景下，区域内城镇化发展水平的区域不均衡现象显著，产业发展类型及布局的区域不均衡性也较为突出，土地利用的效率和空间问题也同时存在，一些工业城市的产城布局亟待优化。总体来看，京津冀城市群发展过程中最大的一个问题之一就是区域差异明显，传导至空间层面则易于引发一系列土地利用问题。因而有必要从土地利用的角度提出各类经济要素布局的空间引导性政策，促进区域形成协同、科学的经济发展空间格局。

围绕京津冀城市群的土地利用变化问题展开研究。以京津冀城市群 1990 年、2000 年、2010 年和 2015 年四期土地利用数据为基础，采用土地利用程度综合指数、土地利用类型区位熵等量化指标，测算并分析研究区的土地利用现状构成，刻画土地利用规模、类型、利用程度等的变化态势。分析表明，整个城市群建设用地数量在 1990~2015 年呈持续增加趋势，总计净增加 12 681.89 km²；其他各类用地数量总体上均呈现持续减少的趋势，其中耕地面积是所有土地利用类型当中减少最显著的类型。与此同时，京津冀城市群土地利用结构的区域差异显著，整个地区土地利用程度总体处于中等偏上的水平，空间上呈现东部、南部的土地利用程度高于西部和北部的格局。

考虑到建设用地作为京津冀城市群一种非常重要且变化较为显著的土地类型，本章以建设用地为研究对象，分析包括城镇用地、农村居民点、工矿交通用地在内的建设用地的动态变化趋势，可知建设用地的增加主要集中在京津双核城市，并指出耕地、草地及围海造地是新增建设用地的重要来源。为进一步刻画建设用地变化的空间分异规律，以区县为单元，采用"综合指标法"测算了建设用地增减变化的活跃程度，并据此将京津冀城市群划分为建设用地增长型活跃区、增减平衡型活跃区、减少型活跃区以及变化迟缓型区四种地域类型，其中增长型活跃区主要集中在北京绝大部分区县，唐山、天津、沧州三地沿海地带，张家口、保定、石家庄也是建设用地增长型活跃区；此外，秦皇岛北部、承德东南部、邢台西南部以及邯郸北部的部分区县也属于建设用地增长型活跃区。

# 第 4 章 京津冀城市群土地利用变化驱动因素

在梳理了京津冀城市群土地利用变化,特别是建设用地的时空变化特征之后,有必要对驱动该区域土地利用变化的动因进行探讨。本章为阐明总体上京津冀城市群土地利用变化的影响因素及驱动力,试图按照理论分析—量化方法—研究区实证分析的思路建立分析框架,下面对这个过程中每一步的目标进行简要介绍。

理论分析:结合经验认知和前人研究成果,筛选不同方面的影响因素,从理论出发,定性地分析这些因素怎样影响土地利用变化。例如,详细分析自然地理因素、社会经济因素、政策制度因素等如何作用于土地利用进而引起土地利用变化,找出各影响因素与用地变化的关系,从而回答在这些因素的驱动作用下城市群城镇空间如何演化的问题。本章理论分析的主要目的是通过定性地阐释对土地利用变化的驱动因素形成一种预判,为后面的指标选取、量化研究奠定一定的理论基础。

量化方法:对土地利用变化驱动因素的定性分析不足以从不同的时间、空间角度把握其驱动作用,也就不足以指导后续"因地制宜"施行土地利用的调控优化。城市群是由若干个城市通过社会经济方面的联系形成的综合地域空间,与单体城市相比,空间异质性更强。那么不同的土地利用变化驱动因素在不同的阶段、对不同的空间起到的影响如何,将是本研究量化研究的重点。

研究区实证分析:就是把前面土地利用变化影响因素的理论分析和量化方法结合起来,落实到不同的区域空间。本研究选择京津冀城市群为研究区域,以县域为研究单元,以建设用地为研究主体,根据研究区实际,结合影响因素的理论分析和定性阐释,选取适用于研究区的土地利用变化的影响因素指标,继而运用量化方法对研究区土地利用变化的驱动因素进行具体深入的分析。通过实证分析,可以为研究区的土地合理开发利用提供实践上的指导,还可以深化对城市群地区土地利用变化驱动力分析思路的掌握。

## 4.1 建设用地变化驱动因素的定性分析

土地利用变化驱动力分析研究隶属土地利用变化动力学研究范畴,是土地科学研究的最基本的内容，对于揭示土地利用时空演变的原因、过程、变化趋势预测以及制定管理对策十分重要。纵观大量已有研究成果，土地利用变化驱动力总体上包括两方面，分别是自然条件驱动力和社会经济驱动力。自然条件驱动力往往涉及气候、地形地貌、土壤、水文、资源禀赋等（荣燕美，2010；姚静林和杨小雄，2012），该驱动力的影响一般体现在土地利用演变初期，特别是农业经济主导时期，此时期土地利用变化特别是城镇空间往往趋于向自然条件优越、资源丰富的空间方向发展演变。与基本处于传统自然经济状态的农业经济主导时期相对应的是市场经济得到充分发展的时期，"土地利用"作为一个综合概念，其本身所包含的人类活动的属性和因素越来越凸显，因此人类活动主导的社会经济驱动力日益成为推动土地利用变化的主导力量。土地是一切社会经济活动的空间载体，土地利用的变化过程实质反映的就是土地所在区域的社会经济演化过程，社会经济演化过程往往又是在社会经济驱动力的作用下进行的，而社会经济驱动力的产生源于各类社会经济要素的时空分布差异，这些时空分布差异映射到空间上则表现为土地利用的时空变化。

总之，土地利用变化驱动因素的种类有很多。一定区域的土地利用变化究竟受到何种因素的影响？哪些是较为关键的主导因素？这些因素对土地利用变化的影响在时空上有何差异？这些都是土地利用变化驱动因素分析需要解决的关键性问题。综合来看，区域土地利用变化可能受到经济因素、社会因素和自然环境因素的影响，是多种因素综合作用的结果。鉴于自然环境因素对土地利用变化的影响相对较弱，且在有限年期内其影响也并不是很明显，本研究着重选择土地利用变化的社会经济驱动因素进行分析。

## 4.1.1 城镇化水平与人口

城镇化是人类社会进步和经济社会发展的必然趋势。城镇化过程伴随着人口的非农化以及城镇地域空间的扩张，引致大量的土地需求。土地作为人类活动的场所，为城镇发展提供物质基础和承载空间，其利用和变化与城镇化之间有着密切关系（张迪和郭文华，2010）。可以说，城镇化的推进依托于土地，无论是人口迁移集聚、产业布局及其结构调整，还是道路、市政工程等公共基础设施建设，都需要通过土地的占用、配置和调整来实现（王秀英，2014）。

从城镇地域空间扩张的角度来看，在城镇化发展初期，人口向城镇迅速迁移集聚以及城镇产业急剧膨胀，导致建设用地以大规模外延扩张为主；当城镇化步入快速发展期，城镇用地扩张的同时会大量挤占其他土地类型，城镇化与土地利用的矛盾就会较为突出。有学者（张迪和郭文华，2010）对中国城镇化进入快速发展阶段后土地利用变化呈现出的特点进行了研究分析，表明随着我国城镇化水平的不断提高，城镇土地规模持续扩大，城镇、独立工矿、公路、民用机场、港口码头等建设用地的增幅尤为显著。而建设用地的扩张势必会引起土地利用结构的转变，引起耕地、林地、草地流向建设用地。与此同时，由于城镇化水平存在区域差异，土地利用变化的特征必然也会存在空间差异。可见，城镇化对一个区域的土地利用规模、土地利用结构以及土地利用变化的区域特征均存在影响。

人口城镇化是城镇化过程的基本内容。可以说人口作为城镇化进程中最活跃的要素之一，人的主观能动性使其对土地利用变化的影响最具活力。一方面，人的主观能动性能够决定土地利用初始阶段的方式、类型、方向等属性；另一方面，人口的流动和转移，带来不同地域上人口分布格局的改变，从而对原有用地需求的数量以及用地类型的格局产生影响，使土地利用方式、土地利用结构发生相应变化。具体来看，人口的自然增长或人口向城镇的流动，都需要大量的空间来满足需求；因此，随人口数量变化，供人类生存和生活所需的土地资源数量不断发生变化，同时供人类居住和生产的村镇聚落用地以及与之配套的基础设施建设用地也会发生变化，土地利用结构及程度会相应变化。

## 4.1.2 工业化与产业结构

前面阐释了城镇化对土地利用变化的影响。然而，城镇化是工业化发展的产物和结果，工业化是城镇化的动力源泉。因为生产成本和规模效应，工业产业有着强烈的城市区位指向，其发展需要大量的劳动力和企业集聚，而城市的发展为工业经济提供载体和发展环境，因此工业化发展、工业生产规模的扩大带来人口、经济和社会活动的空间集聚，使城镇建设用地的需求大规模增加，因此工业化直接影响的是以城镇用地为主的建设用地的发展演变。研究认为（高辉娜等，2014），工业经济带动原有城市的规模扩大，为城市提供大量就业岗位，对第一产业和第三产业产生作用，带动其他各项事业（如教育科研、生产性服务、社会稳定等）的发展，影响城市结构、空间布局、城市生态环境等。此为从城市发展角度对工业化影响下的以城市土地利用为核心的土地利用变化进行的分析探讨。

从工业化背景下宏观层面的土地利用变化来看，工业用地既是人类进行工业生产活动的载体，也是工业生产过程投入的生产要素之一（高辉娜等，2014），一旦工业用地、工业园区确认选址后，将开启一系列的基础设施配套建设，如修建设施通廊、专门通道、专用网线、专用场站、码头岸线等，这些都会使建设用地规模和布局发生变化。此外，城市工业产业的外迁，会引致城镇郊区及周围地区的城镇化，从而引发建设用地空间的扩展变迁，若涉及对其他类型用地的挤占，还会导致其他地类流向建设用地，即土地利用结构的变化。

与工业化发展相生相伴的一个关键要素——产业结构，也是影响土地利用变化的重要因素。工业化是经济发展的一个特定阶段，该阶段一个重要特征就是伴随着产业升级、结构调整及企业重组。可以说产业结构调整在推动工业化发展、加速经济增长方面起核心作用。随着经济的发展，产业结构的变化呈现第一产业为主到第二产业为主再到第三产业为主的递次升级的规律。而以不同产业为主导的经济发展阶段，土地利用变化呈现出的特征也不尽相同。一般情况下，第一产业增长为主的经济发展初级阶段，土地利用变化及类型转移主要发生在以耕地、林地等为代表的农用地与生态环境用地之间，表现为农用地比重增加，城市建设用地规模基本保持稳定，生态环境用地由于转向农用地而不断减少；在第一产业比重降低，第二、第三产业比重上升的经济快速发展阶段，土地利用变化则取决于农用地内部之间以及建设用地和其他土地利用类型的竞争，具体可能表现为农用地内部耕地面积减少，林地、草地等环境用地面积增加，建设用地也不断增加；在以第二、第三产业增长为主导的经济加速发展阶段，土地利用变化主要由建设用地与环境用地之间的相互竞争引发，该阶段建设用地大幅扩张、规模大幅增加，而对于生态环境的保护需求也会导致环境用地面积呈现一定程度的增加，农用地面积则快速下降（孔祥斌等，2005）。

## 4.1.3 交通与区位条件

基础设施的发展和完善为社会经济发展提供了基础性保障，而在基础设施建设发展过程中一项非常重要的内容就是交通设施建设。世界上很多国家或地区，包括我国很多城市，都是以交通的发展和完善为基础，以交通发展产生的便利性带动社会经济的蓬勃发展的。土地是交通基础设施建设的载体，交通基础设施建设也能反映城镇化、工业化进程和状态。交通因素也是对土地利用变化，特别是城市土地利用有显著驱动作用的因素之一，两者之间存在着紧密的相互作用、相互影响的互动关系（张兵等，2005；曹小曙等，2007）。

区位理论可作为研究交通和土地利用关系的基础理论。交通条件则是构成一地区位条件最基本也最重要的内容。交通对土地利用变化的影响主要是通过增强区域的可达性，从而改变区域的区位条件来实现。从微观层面来看，不同功能用地的区位与交通建设相关，如有研究表明，城市中连接主干道及到铁路货运站通常方便的地点是工业区开发热门地点；交通条件的改善使城市居民出行更方便、活动范围更广，相同时间内可以到达更远的地方，对城市空间扩展具有促进作用，引导城市空间急剧扩大。从宏观层面来看，交通建设发展通过提高一定区域的空间可达性，吸引人口、经济、生产等要素的集聚或重新分配，从而能够显著促进交通沿线的土地利用不断发展、土地开发强度不断提高，改变相应范围内的土地利用类型及分布现状，形成沿交通线路的土地利用空间分异现象，这也是交通线路廊道效应的体现；同时交通建设也能改变土地区位，增强区域与区域之间的可达性，促进人口、资本等经济要素在区域之间的流动，引起经济活动的扩张，进一步引起经济的集聚和分工的发展，从而带动更大尺度区域范围内土地利用发生重构和变化。

此外，交通对土地利用变化的影响还表现在对经济效益的影响。交通的发展和区位条件的改善会提升土地的经济价值，也会影响到土地利用主体的用地决策，引起土地利用方式发生改变。

## 4.1.4　政策调控与规划管理

在土地利用变化的影响及驱动因素当中，政府调控力也是一项较为重要的因素。政府调控力就是政府通过实施一些政府行为、传达政府意志来对土地利用主体及其行为进行管理或调控，从资源配置层面对土地利用产生的影响力。其中政府政策、部门规划是两种较为有效的管控途径。

政策调控是区域土地利用演变的间接动力，它是政治的外在表现，往往通过对区域经济与社会环境的影响而间接作用于土地空间。其导向直接决定了经济社会的发展方向，从而影响土地资源的可得性以及利用格局的演变方向（秦祯，2013）。例如，20世纪90年代以来我国出台很多关于耕地保护的政策、法规，较为典型的包括1997年《中华人民共和国刑法》中增设"破坏耕地罪""非法批地罪""非法转让土地罪"等，1999年开始执行的最新修订《中华人民共和国土地管理法》等，都明显地对耕地减少趋势产生了遏制作用；还有"退耕还林还草"政策的施行，对耕地向林地、草地的转移起到了促进作用。另外，有关区域发展的相关政策，通过对区域定位及未来发展方向给予指明，会引导相关社会经济要素向相应区域的集聚，以此形成区域空间扩张的动力。

规划是另一种典型的通过人们主动、有意识地干扰与引导空间生长的一种理性决策过程，对土地利用空间演化具有直接的指导和调控作用，如区域土地利用规划、城市规划、主体功能区规划等，都是为了防止土地利用的无序演变、缓解土地利用与社会经济之间的矛盾而提出的区域宏观发展策略，在很大程度上修正或改变土地利用或国土空间演化的原有轨迹，目的是优化区域土地利用及国土空间结构，实现土地可持续利用、经济社会可持续发展。

## 4.2 京津冀城市群建设用地变化驱动因素的定量分析

土地利用变化驱动因素的定性分析对可能影响到土地利用变化的较为关键的因素进行了理论上的阐释，但并未对这些因素具体的影响程度实现定量的刻画。鉴于此，有必要通过定量分析对定性分析的结果及其合理性进行检验和佐证，用量化的方式探究具体因素的影响程度，必要时纳入地理学的空间概念，从空间上刻画出这种影响程度的差异。作为我国三大城市群之一以及中国经济发展的第三极，京津冀表现出战略地位、功能及区域结构的特殊性，快速的城镇化、工业化进程难免带来区域内部发展失衡、资源环境与经济发展之间的矛盾加剧的问题，甚至影响到区域的可持续发展。土地资源利用就是不可忽视的问题之一。本章以京津冀城市群为例，对影响区域土地利用变化的驱动因素进行定量分析。

考虑到自然地理因素在研究年限内的变化并不显著，所以不对这方面因素进行进一步分析；此外，政策与规划因素不容易直接量化，本研究将在后面单独对这方面因素对京津冀地区土地利用变化的影响进行分析。当前，京津冀地区处于社会经济蓬勃发展的历史时期，诸多社会经济驱动因素对其土地利用空间演化的影响尤为深刻，是京津冀地区土地利用变化的主导驱动力量。鉴于此，本研究重点筛选若干影响因子对京津冀地区土地利用变化的驱动因素进行定量分析和刻画。

### 4.2.1 地理加权回归模型概述

在地学空间分析中，$n$ 组观测数据通常是在 $n$ 个不同地理位置上获取的样本数据，按照一般的回归模型中回归参数与样本的地理位置无关，或者说整个研究区域内保持一致的假定，在 $n$ 个不同地理位置上获取的样本数据，就等同于在同一个地理位置上获取的 $n$ 个样本数据。而在实际问题研究中，往往也是这样的情况，即回归参数在不同地理位置上表现会有差异，也就是说回归参数会随地理位置发生变化。这时如果仍采用一般的回归模型，得到的回归参数估计将是整个研究区域内的平均值，不能反映回归参数的真实空间特征（唐志鹏，2012）。例如，在研究多个驱动因素土地利用变化影响时，若采用一般的回归模型，如多元线性回归模型、Logistic 回归模型、普通最小二乘法回归模型等，因为它们的本质属于全局空间回归模型，前提假定是整个空间研究区域内保持稳定一致，得到的结论都是驱动因素对于整个研究区域土地利用变化的影响程度，而未考虑驱动因素影响的空间不稳定性，忽略了因素作用的空间分异特征，无法反映因素对区域不同空间地理位置上的影响有何不同。

在地理学研究领域，所观测的数据一般都与空间地理位置有关，这主要是由于地理位置间的邻近性会使数据具有空间相关性，称之为数据的"空间依赖性"，而一般的回归分析模型在处理与地理位置相关的数据时，在获取数据的空间依赖性方面存在不足。相较之下，英国学者Fotheringham提出的GWR模型是用于探索空间关系的一种新方法，它是将数据的空间结构嵌入到回归过程中，使回归参数变成观测点地理位置的函数（Brunsdon et al., 1996；Fotheringham et al., 2002；覃文忠，2007），是对传统回归分析的扩展，引入局部而非全局的参数估计，通过附加地理位置引发的空间对象本身的相关性和异质性的变化参数，反映数据样本对回归方程贡献在空间上的分异，使回归结果更加符合真实情况、更加可信（邵一希等，2010）。

GWR模型作为一种探索性空间数据分析方法，其优势在于对空间数据具有较强的局部分析能力，目前已被学界应用于很多实际的空间问题研究中（Gao and Li, 2011），从而很好地解决模型空间非平稳性问题，获得较高的模型拟合优度（马宗文等，2011；Liu et al., 2014）。土地利用变化事实上就是一个空间非平稳过程，不同地域空间、地理位置上其自然环境、社会经济特征各不相同，因此某一驱动因素在不同空间位置对土地利用变化的影响程度是有差异的。近年来，应用GWR模型分析土地利用变化驱动因素空间异质性，尤其是对于京津冀这样的大区域来说，目前涉猎的研究者较少；与此同时，对于京津冀土地利用格局演变问题的相关研究成果较多，但对于其影响因素的空间分异性研究却尚为鲜见。本研究在学习和参考前人研究的基础上，应用GWR模型，考虑驱动土地利用变化的社会经济影响因素，对京津冀地区土地利用空间演变的影响因素及其空间异质性变化进行探讨，得到研究区不同空间范围各影响因素的变化特征。

GWR模型建立在一般回归模型的基础上，引入了变量之间的空间关系，将数据的地理位置嵌入到回归参数中，其数学表达式为（Fotheringham et al., 2000）

$$y_i = \beta_0(\mu_i, \nu_i) + \sum_{k=1}^{p} \beta_k(\mu_i, \nu_i) x_{ik} + \varepsilon_i \quad i = 1, 2, \cdots, n$$

式中，$y_i$为第$i$个采样点的因变量；$x_{ik}$为第$k$个自变量在第$i$点的值，$k$为自变量记数，$i$为样本点记数；$(\mu_i, \nu_i)$为第$i$个采样点的地理坐标；$\beta_k(\mu_i, \nu_i)$为连续函数$\beta_k(\mu, \nu)$在第$i$个采样点的观测值；$\varepsilon_i$为第$i$个采样点的随机误差，满足零均值、同方差、相互独立的球形扰动假定。

## 4.2.2 变量选取与数据来源

### 4.2.2.1 变量选取与指标设定

本研究以京津冀地区各区县建设用地面积比重为研究对象。影响建设用地变化的指标选取参考前人的大量研究成果，综合考虑研究区的社会经济发展水平，遵照数据可获性原则，从城镇化、工业化、交通及区位条件等方面遴选若干驱动因素，针对它们对京津冀地区土地利用变化的影响程度进行定量化研究。所选取的因素分为两大类，一类是随时间变化的因素，另一类是随空间变化的因素。其中，随时间变化的因素主要筛选了 GDP、人口密度、城镇化水平（城镇化率）、工业化水平（第二产业增加值比重）、产业结构（第二第三产业增加值之比）和路网密度六个变量，随空间变化的因素主要包括距港口距离和距地级市距离两项。具体影响因素见表 4-1。

表 4-1 京津冀地区建设用地变化驱动因素

| 因素集合 | 具体指标 | 单位 | 变量 | 预期影响方向 |
| --- | --- | --- | --- | --- |
| 被解释变量 | 建设用地面积比重 | % | 县域建设用地面积占县级行政区总面积的比重 | 无 |
| 经济社会发展 | GDP | 亿元 | 各区县地区生产总值 | + |
|  | 人口密度 | 人/km² | 总人口与县域行政区总面积的比值 | + |
| 城镇化水平 | 城镇化率 | % | 县域城镇人口占总人口的比重 | + |
| 工业化水平 | 第二产业增加值比重 | % | 第二产业增加值占地区生产总值的比重 | + |
| 产业结构 | 第二第三产业增加值之比 | % | 第二产业增加值与第三产业增加值的比值 | ? |
| 交通区位条件 | 路网密度 | km/km² | 道路总长度与行政区总面积的比值 | + |
|  | 距地级市距离 | km | 到最近的地级市距离 | − |
|  | 距港口距离 | km | 到最近的港口距离 | − |

### 4.2.2.2 数据来源与处理

以下主要从行政区划调整、土地利用及社会经济数据来源与处理等方面介绍京津冀地区相关数据及驱动因素的基本情况。土地利用数据来源和前面章节一致，这里不再赘述；社会经济数据主要通过中国经济与社会发展统计数据库、网络共享等在线获取。

## 1) 京津冀县级行政区划处理

历史上我国市县行政区划出现过多次变更。从本研究的时间段来看，京津冀地区的市县行政区划也经历过一定的变更。就京津冀行政区划变更情况来看，主要包括两类：一类是单纯的行政区划属性变化（如县变为区或县级市），这种变化情况并不涉及区域面积和辖区人口的调整，此类地区在变化前后视为同一，即研究时序内为连续的相同区域；另一类则是涉及若干区或县的重组或合并，如现今的北京西城区由原西城区和原宣武区合并而来，东城区由原东城区和原崇文区合并而来，天津滨海新区由原塘沽区、原汉沽区和原大港区三个完整的行政区合并而来，这种变化情况会导致区域面积、人口等一系列社会经济数据统计口径的变化。

表4-2 京津冀地区中心城区合并情况

| 代码 | 简称 | 所属中心城区 | 代码 | 简称 | 所属中心城区 |
| --- | --- | --- | --- | --- | --- |
| 110101 | 东城 | 北京市中心城区 | 130402 | 邯山 | 邯郸市中心城区 |
| 110102 | 西城 | | 130403 | 丛台 | |
| 110105 | 朝阳 | | 130404 | 复兴 | |
| 110106 | 丰台 | | 130406 | 峰峰 | |
| 110107 | 石景山 | | 130502 | 桥东 | 邢台市中心城区 |
| 110108 | 海淀 | | 130503 | 桥西 | |
| 120101 | 和平 | 天津市中心城区 | 130602 | 新市 | 保定市中心城区 |
| 120102 | 河东 | | 130603 | 北市 | |
| 120103 | 河西 | | 130604 | 南市 | |
| 120104 | 南开 | | 130702 | 桥东 | 张家口市中心城区 |
| 120105 | 河北 | | 130703 | 桥西 | |
| 120106 | 红桥 | | 130802 | 双桥 | 承德市中心城区 |
| 130102 | 长安 | 石家庄市中心城区 | 130803 | 双滦 | |
| 130103 | 桥东 | | 130902 | 新华 | 沧州市中心城区 |
| 130104 | 桥西 | | 130903 | 运河 | |
| 130105 | 新华 | | 131002 | 安次 | 廊坊市中心城区 |
| 130202 | 路南 | 唐山市中心城区 | 131003 | 广阳 | |
| 130203 | 路北+古冶+开平 | | | | |
| 130302 | 海港 | 秦皇岛市中心城区 | | | |
| 130303 | 山海关 | | | | |
| 130304 | 北戴河 | | | | |

鉴于京津冀总体上县级行政区变化较小，本研究以2010年京津冀地区县级

行政区划为基础，共包括 204 个县域单元。与此同时，考虑到数据的可得性，同时保证所搜集的社会经济方面数据的完整性，本研究对京津冀地区 13 市的难以获取完整数据资料的中心城区空间单元进行合理的合并，见表 4-2，最终确定本研究的 178 个区县空间单元。

**2）社会经济数据来源与处理**

京津冀县域社会经济数据主要来源于《中国县域统计年鉴》（2001～2018年）、《河北经济年鉴》（1991～2018年）。1990年和2000年部分区县的数据较难获取，则缺失数据通过《中国区域经济统计年鉴》（2001～2011年）、《中国县（市）社会经济统计年鉴》（2001～2011年）、《中国城市统计年鉴》（1991年）、《新中国六十年统计资料汇编》、《新河北五十年》（1949～1999年）等统计年鉴和资料获取，同时辅以市级经济统计年鉴予以补齐；对于中心城区存在数据缺失情况的，通过用市级的指标值减去其他各区县相应指标值得到。最终构建1990年、2000年和2017年京津冀区县社会经济数据库。

从具体数据指标来看，GDP 来源于统计年鉴；人口数据（包括总人口、城镇人口）分别来源于第四、第五、第六次人口普查资料，城镇化水平用城镇化率即城镇人口占总人口比重表征；人口密度数据通过总人口数量除以县域面积数据（来源于 2017 年京津冀县级行政区矢量图，由 ArcGIS 计算）得到；工业化水平数据用第二产业增加值比重来表征；产业结构数据用第二第三产业增加值之比表征。

**3）交通区位数据**

交通数据主要通过搜集 1990 年、2000 年和 2017 年京津冀地区的道路矢量数据，借助 ArcGIS 的空间数据处理功能，计算得到县域的道路总长度，再除以行政区面积，从而获得京津冀县域路网密度。

距地级市距离和距港口距离都通过 ArcGIS 的距离计算工具测算得到。这里要说明的是，研究选取的港口除了秦皇岛港、京津港、曹妃甸港、天津港、黄骅港之外，还包括天津港对内修建的多个内陆"无水港"，包括北京朝阳陆港、平谷国际陆港、石家庄内陆港、张家口无水港、保定国际陆港以及邯郸国际陆港。

## 4.2.3 方法与过程

本研究选取 1990 年、2000 年、2017 年三个时间截面，以京津冀的区县行政区域为研究单元。模型应用过程中，以建设用地面积比重为被解释变量，以表 4-1 中所给出的各项社会经济因子为解释变量，运用 GWR 模型对京津冀土地利用变化的驱动因素进行研究分析。分析过程中对数据的检验与处理主要选用 SPSS 18.0 和 ArcGIS 10.1 空间数据分析的相关模块。

#### 4.2.3.1 空间自相关检验

GWR 模型分析的一个重要前提条件是变量存在空间自相关的特性（周晓艳等，2016），因此在建立模型和分析之前应该对被解释变量的数据进行预检验。空间自相关分析即用于检验某种现象是否存在空间集聚特征，描述的是该现象在研究区域内的空间分布情况，常见的方法有 Moran's $I$ 法和 Geary's $C$ 指数法。本研究运用最常用的 Moran's $I$ 来检验被解释变量在研究区域内相邻地区是否具有空间正相关性（相似）、空间负相关性（相异），还是随机分布（相互独立）（张耀军和任正委，2012；庞瑞秋等，2014），用以反映研究对象的空间不平稳性。其计算公式如下：

$$I = \frac{n \sum_{i=1}^{n} \sum_{j=1}^{n} W_{ij}(X_i - \bar{X})(X_j - \bar{X})}{\sum_{i=1}^{n} \sum_{j=1}^{n} W_{ij} \sum_{i=1}^{n} (X_i - \bar{X})^2}$$

式中，$W_{ij}$ 为空间权重函数，若相邻则值为 1，不相邻则值为 0；$X_i$、$X_j$ 为 $X$ 在相应空间单元 $i$ 和 $j$ 上的取值；$\bar{X}$ 为 $X$ 的平均值；$n$ 为空间单元总数；$i$、$j$ 为所在空间单元。

$I$ 值区间为 [-1, 1]，若为 (0, 1]，则表示正相关及变量趋于空间集聚，即相似的属性集聚在一起，高值与高值相邻、低值与低值相邻；若为 [-1, 0)，则表示负相关及变量趋于空间分散，即相异的属性集聚在一起，高值与低值相邻、低值与高值相邻；若为 0，则表示空间单元属性呈随机分布，不存在空间自相关性。值越趋近于 1 或 -1，表明空间分布差异性越大。

本研究利用 ArcGIS 空间数据分析模块对京津冀县域建设用地占总面积比重进行空间相关性预检验，根据上述公式计算得到 1990 年、2000 年、2017 年县域建设用地面积比重的 Moran's $I$ 值分别为 0.1423、0.1313 和 0.2090，正态统计量 $Z$ 值分别为 5.4316、4.8321 和 7.3581，其结果均大于正态函数在 1% 显著水平时的临界值 2.58（表 4-3 和图 4-1），表明各区县建设用地面积比重之间存在空间自相关性和空间异质性，建设用地分布的高值区与高值区空间相邻，低值区与低值区空间相邻，因此运用 GWR 模型对京津冀地区建设用地变化影响因素进行分析具有必要性和可行性。

表 4-3　1990 年、2000 年、2017 年建设用地面积比重的空间自相关检验结果

| 项目 | 1990 年 | 2000 年 | 2017 年 |
| --- | --- | --- | --- |
| Moran's $I$ 值 | 0.142 3 | 0.131 3 | 0.209 0 |
| $Z$ 值 | 5.431 6 | 4.832 1 | 7.358 1 |

续表

| 项目 | 1990 年 | 2000 年 | 2017 年 |
| --- | --- | --- | --- |
| $P$ 值 | 0.000 000 | 0.000 001 | 0.000 000 |

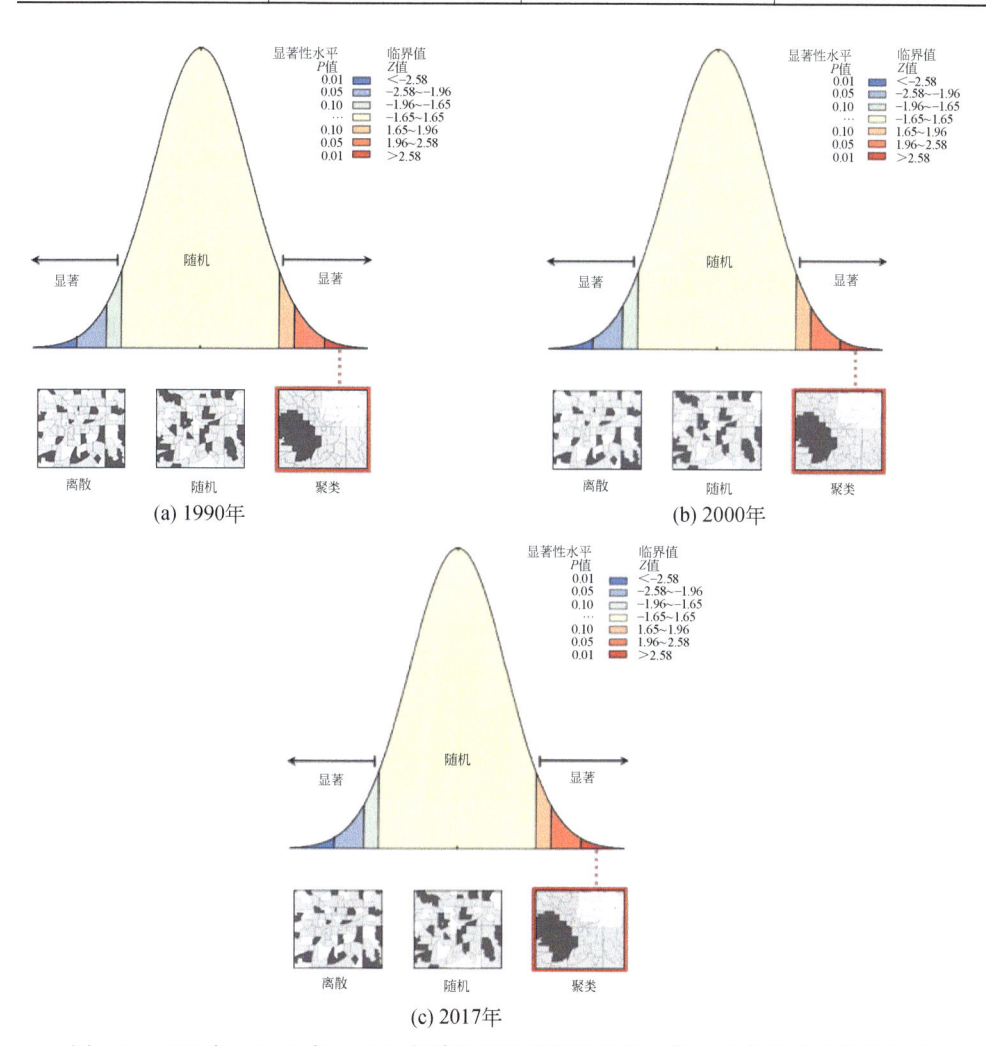

(a) 1990年

(b) 2000年

(c) 2017年

图 4-1　1990 年、2000 年、2017 年建设用地面积比重的空间自相关检验结果报告图

#### 4.2.3.2　相关性检验

GWR 本质上仍是一种回归模型，依托于被解释变量和解释变量之间存在相关性。因此应用 GWR 模型之前的另一个重要环节是对变量进行相关性预检验。本研究采用 Pearson 相关系数对变量之间的相关性进行检验。Pearson 相关系数是

对定距变量的数据进行计算（孙逸敏，2007），公式为

$$r = \frac{\sum_{i=1}^{n}(X_i - \bar{X})(Y_i - \bar{Y})}{\sqrt{\sum_{i=1}^{n}(X_i - \bar{X})^2 \sum_{i=1}^{n}(Y_i - \bar{Y})^2}}$$

式中，$r$ 为相关系数；$\bar{X}$、$\bar{Y}$ 分别为变量 $X$、$Y$ 的平均值；$X_i$、$Y_i$ 分别为变量 $X$、$Y$ 的第 $i$ 个观测值。Pearson 相关系数也是 SPSS 软件系统默认的相关分析方法。

表 4-4 为应用 SPSS 关键的相关分析功能，统计得到的京津冀地区建设用地面积比重与各驱动因素之间的 Pearson 相关系数。其中，GDP、人口密度、城镇化率以及路网密度均与建设用地面积比重表现出显著的正相关性；距地级市距离和距港口距离则与建设用地面积比重表现出显著的负相关性。而第二产业增加值比重和第二第三产业增加值之比与建设用地面积比重之间的正负性质和相关程度的显著性则随时间推移发生变化，但由于两者与建设用地面积比重在研究时段内均表现出过显著的正相关性或负相关性，两者和其余指标均在各时段都纳入驱动因素体系，构建多变量 GWR 模型。

表 4-4 建设用地面积比重变化与各驱动因素的相关性分析

| 解释变量 | 1990 年 | 2000 年 | 2017 年 |
| --- | --- | --- | --- |
| GDP | 0.3776** | 0.4116** | 0.4706** |
| 人口密度 | 0.7030** | 0.8103** | 0.7433** |
| 城镇化率 | 0.5136** | 0.5845** | 0.7240** |
| 第二产业增加值比重 | 0.1495* | -0.0776 | -0.0428 |
| 第二第三产业增加值之比 | 0.0102 | -0.0861 | -0.1828* |
| 路网密度 | 0.4618** | 0.5702** | 0.7708** |
| 距地级市距离 | -0.4268** | -0.4485** | -0.5297** |
| 距港口距离 | -0.2550** | -0.3111** | -0.4063** |

**表示在 0.05 水平上显著，*表示在 0.1 水平上显著。

## 4.2.4 结果分析

### 4.2.4.1 GWR 模型拟合结果的统计性描述

通过构建 GWR 模型，对京津冀地区以区县为单元的建设用地变化的驱动因素进行区域性分析。各变量的数量级和量纲有所不同，为了消除此方面的影响，

并使参数之间更具有可比性，基于 SPSS 软件采用 Z-score 标准化方法对所有模型的变量数据进行标准化处理，之后再进行 GWR 模型拟合。

回归模型在 ArcGIS 10.1 软件中应用 GWR 模型实现，其中模型带宽的计算运用 AICc 的方法，不同年份的模型拟合结果见表 4-5。1990 年、2000 年、2017 年 GWR 模型的拟合优度分别为 0.7919、0.8341 和 0.8547，拟合结果较优。

表 4-5　1990~2017 年 GWR 模型参数估计及检验结果

| 模型参数 | 1990 年 | 2000 年 | 2017 年 |
| --- | --- | --- | --- |
| Neighbors | 113 | 101 | 93 |
| Residual Squares | 29.8325 | 23.1033 | 19.4017 |
| Effective Number | 34.6097 | 38.7639 | 44.4312 |
| Sigma | 0.4561 | 0.4073 | 0.3811 |
| AICc | 256.6821 | 220.1264 | 201.9005 |
| $R^2$ | 0.8315 | 0.8695 | 0.8904 |
| $R^2$ Adjusted | 0.7919 | 0.8341 | 0.8547 |

在 GWR 模型中，每一个地理空间单元都对应着特定的标准化回归系数。表 4-6 对各解释变量进行了描述性统计分析，得到平均值、极大值、极小值、上四分位值、下四分位值和中位值，结果表明，大多数解释变量的回归系数在空间上较为稳定，个别解释变量的回归系数则呈现出一定的正负变动幅度，反映了不同解释变量的回归系数具有明显的空间变异。1990 年，GDP、人口密度、城镇化率以及路网密度的回归系数均为正值，第二产业增加值比重、第二和第三产业增加值之比、距地级市距离和距港口距离的回归系数均为负值，说明 1990 年从整体上看 GDP、人口密度、城镇化率以及路网密度对建设用地面积比重存在正影响，GDP 越高、人口密度越大、城镇化率越高的地区建设用地面积比重也越大；其余解释变量对建设用地面积则表现为负影响。2000 年，第二和第三产业增加值之比对建设用地比重的影响由负变为正，说明随着工业化的快速发展，第二产业对建设用地扩张的推动作用加剧，第二产业发达的地区建设用地扩张相对更为显著。2017 年，GDP 对某些地区建设用地面积比重的影响由正变负，第二产业增加值比重的影响由负变正，第二和第三产业增加值之比的影响由正变负，一定程度上表明工业化进程的加剧对建设用地扩张的驱动作用进一步凸显，与此同时，第三产业的发展对建设用地变化的驱动作用较之前有所增加。

表4-6 1990~2017年各解释变量GWR模型回归系数的描述性统计

| 年份 | 驱动因素 | 极大值 | 极小值 | 平均值 | 上四分位值 | 下四分位值 | 中位值 |
|---|---|---|---|---|---|---|---|
| 1990 | GDP | 0.7598 | 0.0243 | 0.3324 | 0.0798 | 0.7224 | 0.1358 |
| | 人口密度 | 0.7824 | -0.0140 | 0.4139 | 0.0418 | 0.6551 | 0.5191 |
| | 城镇化率 | 0.3978 | 0.0118 | 0.2479 | 0.1623 | 0.3507 | 0.2713 |
| | 第二产业增加值比重 | 0.0256 | -0.3393 | -0.1294 | -0.2011 | -0.0387 | -0.1386 |
| | 第二和第三产业增加值之比 | 0.1570 | -0.1709 | -0.0138 | -0.0963 | 0.0843 | -0.0460 |
| | 路网密度 | 0.2705 | -0.1604 | 0.0901 | 0.0123 | 0.1764 | 0.1072 |
| | 距地级市距离 | -0.0290 | -0.2611 | -0.1243 | -0.1684 | -0.0742 | -0.1166 |
| | 距港口距离 | 0.1263 | -0.2982 | -0.0520 | -0.1500 | 0.0596 | 0.0198 |
| 2000 | GDP | 0.3759 | -0.4266 | 0.0193 | -0.0943 | 0.1126 | 0.0805 |
| | 人口密度 | 1.4873 | 0.5189 | 0.8885 | 0.5646 | 1.3153 | 0.6586 |
| | 城镇化率 | 0.2497 | -0.1409 | 0.0494 | 0.0057 | 0.1004 | 0.0548 |
| | 第二产业增加值比重 | 0.0385 | -0.3103 | -0.1349 | -0.1829 | -0.0875 | -0.1183 |
| | 第二和第三产业增加值之比 | 0.5338 | -0.1907 | 0.1045 | 0.0484 | 0.1548 | 0.0990 |
| | 路网密度 | 0.4669 | -0.0412 | 0.1346 | 0.0001 | 0.2329 | 0.0993 |
| | 距地级市距离 | 0.0692 | -0.2173 | -0.0549 | -0.0888 | -0.0030 | -0.0298 |
| | 距港口距离 | 0.0587 | -0.3198 | -0.0922 | -0.1951 | 0.0338 | -0.0737 |
| 2017 | GDP | 0.1639 | -1.5128 | -0.4169 | -1.1532 | 0.0876 | 0.0013 |
| | 人口密度 | 1.4501 | 0.2424 | 0.7638 | 0.3081 | 1.2412 | 0.5002 |
| | 城镇化率 | 0.4387 | -0.1139 | 0.1293 | -0.0339 | 0.2616 | 0.1320 |
| | 第二产业增加值比重 | 0.2715 | -0.1198 | 0.0930 | 0.0111 | 0.1580 | 0.1133 |
| | 第二和第三产业增加值之比 | 0.0199 | -0.1800 | -0.0718 | -0.0886 | -0.0540 | -0.0705 |
| | 路网密度 | 0.4568 | -0.0505 | 0.1646 | 0.0362 | 0.2757 | 0.1775 |
| | 距地级市距离 | 0.0631 | -0.2813 | -0.0686 | -0.1041 | -0.0071 | -0.0536 |
| | 距港口距离 | -0.0118 | -0.3501 | -0.1711 | -0.2325 | -0.1105 | -0.1643 |

## 4.2.4.2 各驱动因素的空间异质性分析

### 1) 总体经济发展水平影响的空间分异

如图 4-2 所示，1990~2017 年 GDP 回归系数由正值变为负值，且表现出明显的时空差异。从时间角度来看，GDP 回归系数取值范围，1990 年是 0.0243~0.7598，2000 年是 -0.4266~0.3759，2017 年是 -1.5128~0.1639。从系数正负角度分析，1990 年、2000 年 GDP 回归系数均值均为正，整体上 GDP 与建设用地面积比重存在正相关关系，即此阶段社会经济的发展总体上引发了建设用地的扩张。2017 年，京津冀地区 GDP 与建设用地面积比重存在负相关关系，一定程度上与区域社会经济的发展促进了建设用地的节约、集约利用，从而抑制了建设用地的扩张有关。从空间角度来看，京津冀地区南部包括邢台、廊坊、石家庄、衡水等市的部分区县，其 GDP 对建设用地面积比重的影响表现出由正相关向负相关发展，而保定北部和沧州北部及其以北地区的多数区县 GDP 对建设用地比重的影响则一直呈现正相关且相关程度增强的趋势，说明近年来随着经济的快速发展，社会经济的发展对京津冀城市群中部及以北地区建设用地扩张的正向驱动作用日渐强于南部地区，经济增长日趋成为京津冀城市群中部和偏北地区建设用地扩张的重要驱动力量。

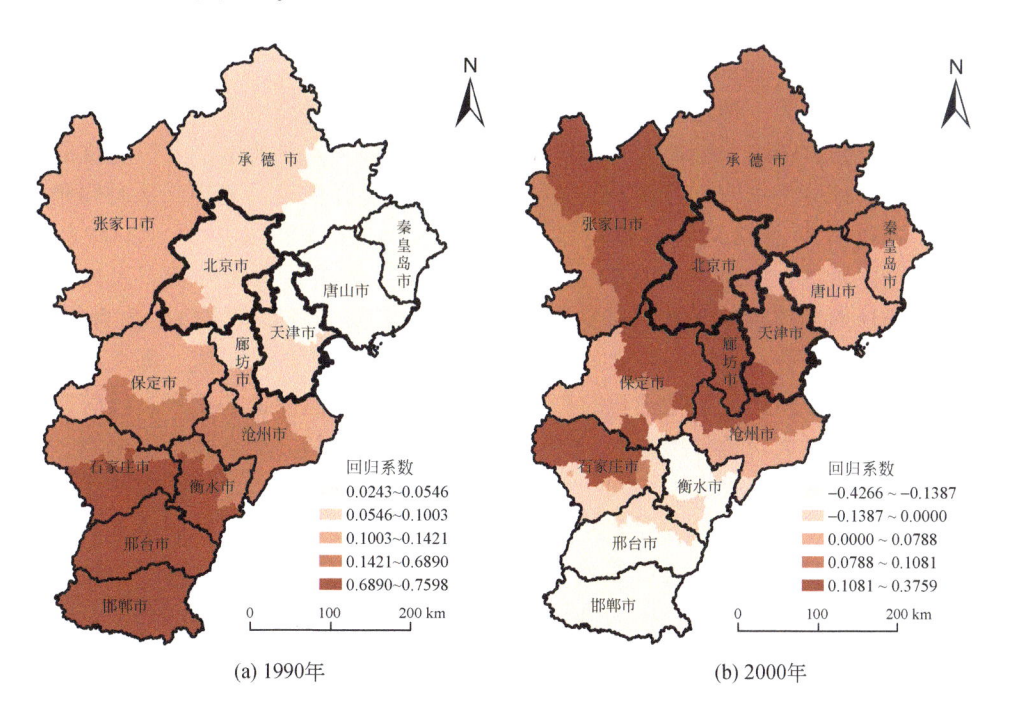

(a) 1990年  (b) 2000年

(c) 2017年

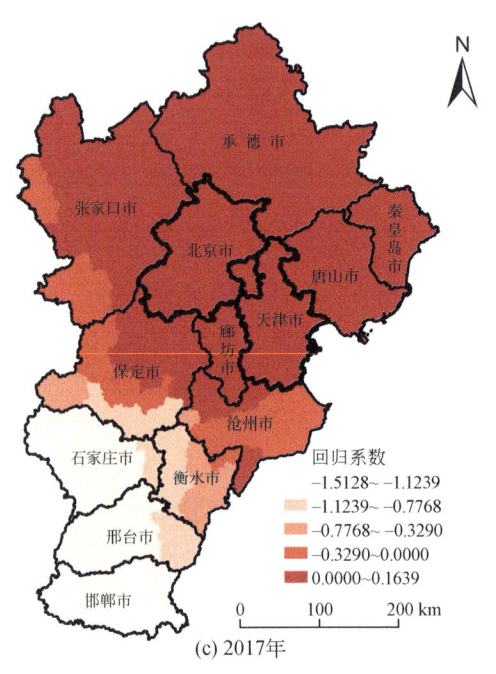

图 4-2 京津冀城市群 1990 年、2000 年、2017 年 GWR 模型 GDP 回归系数空间分布

### 2) 人口密度影响的空间分异

人口增长作为一种普遍的社会现象，对京津冀地区建设用地变化也具有重要影响，人口密度的增大会加大对建设用地的需求。如图 4-3 所示，人口密度的回归系数绝大部分为正值，但系数值的空间分布及变化存在较大差异。从时间角度来看，人口密度回归系数取值范围，1990 年是 −0.0140 ~ 0.7824，2000 年是 0.5189 ~ 1.4873，2017 年是 0.2424 ~ 1.4501。从系数正负角度分析，人口密度与建设用地面积比重主要呈正相关关系，仅 1990 年南部局部区域的系数为负值，大部分区域以及往后的时间京津冀地区人口密度回归系数均为正值，即人口密度的增大会明显驱使建设用地面积的扩张，且回归系数值范围也在扩大，反映出整体上人口密度增大对建设用地面积的正驱动效应是增强的。从空间角度来看，人口密度增大对建设用地面积比重增加的驱动影响，在北京、天津、廊坊、张家口、唐山、承德、秦皇岛等大部分北方地区的影响程度有所减弱；而南部的影响程度则增强，且部分区县由负相关发展为正相关。近年来人口密度变动对中部、南部建设用地变化的驱动作用较西北部大，因为京津冀城市群西北部特别是张家口、承德、保定的山地丘陵区为人口的主要流出区，而中部、南部的大城市则为人口的主要流入区，人口的流入与集聚会引起建设用地的规模性扩张，反映出不

同地区人口增长对建设用地面积影响的差异性。

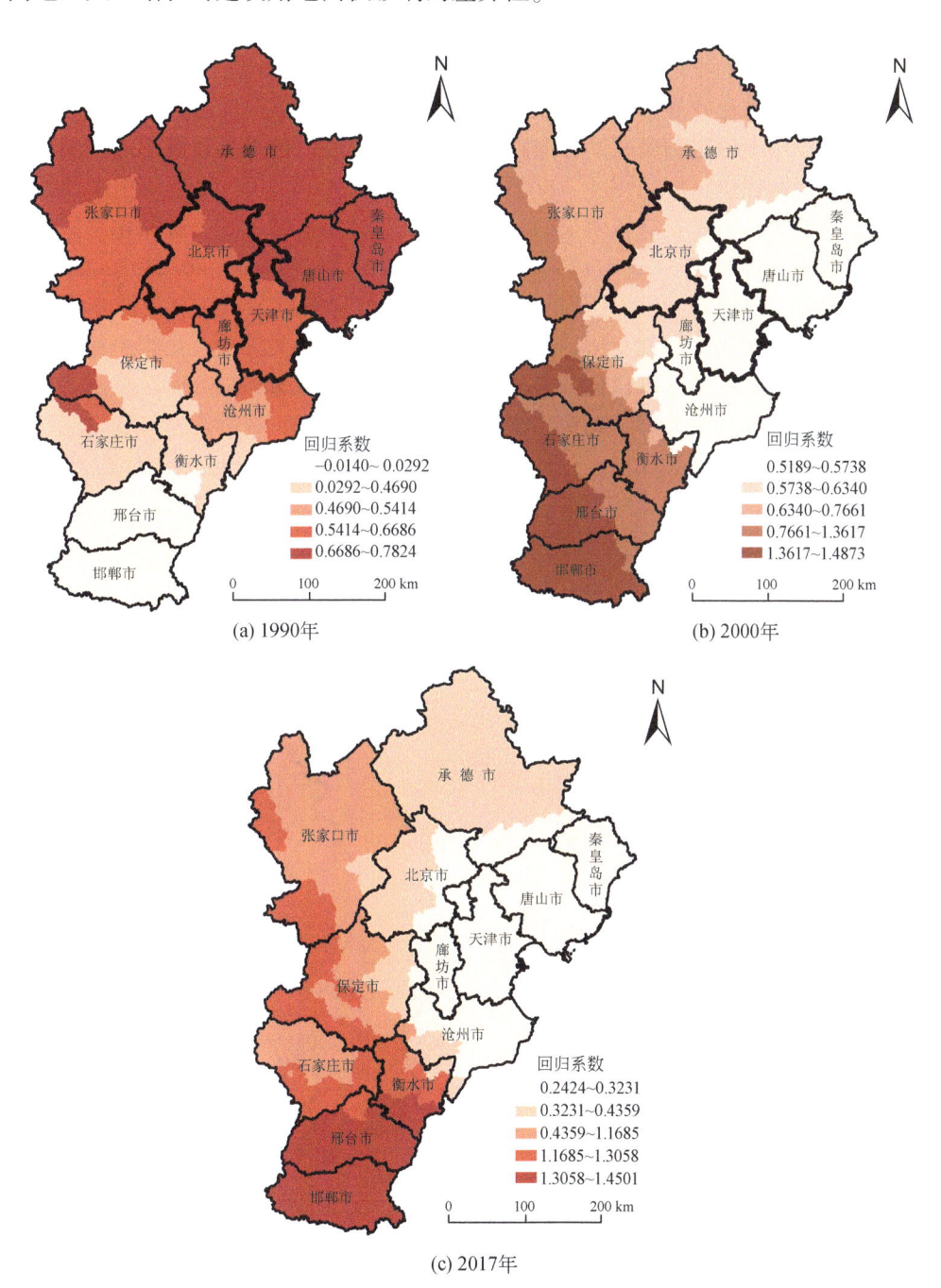

图 4-3　京津冀城市群 1990 年、2000 年、2017 年 GWR 模型人口密度回归系数空间分布

### 3）城镇化水平影响的空间分异

一般而言，城镇化水平与建设用地变化表现出一定的对立统一关系。一方面，城镇化进程的推进必然导致对建设用地空间需求的增加，进而导致其扩张；另一方面，城镇化发展又会促进建设用地集约利用。就京津冀地区而言，城镇化水平对建设用地的影响及驱动方向因时因地而异。城镇化率对建设用地影响的回归系数始终为正值，但从图 4-4 来看，部分区域 1990～2017 年城镇化率回归系数从正值变为负值，具有较明显的时空差异。从时间角度来看，城镇化率回归系数取值范围，1990 年是 0.0118～0.3978，2000 年是 −0.1409～0.2497，2017 年是 −0.1139～0.4387。从系数正负及其空间分布差异角度分析，京津冀东部大部地区各年份城镇化率与建设用地面积比重始终呈现正相关关系，且相关程度也有所增大，表明这些地区城镇化的发展始终带来建设用地的扩张；而以北京为中心包括北京在内的天津北部、廊坊、张家口、承德等地区，城镇化率与建设用地面积比重由正相关变为负相关，说明随着城镇化的发展，城镇化的集约效应增强，这些地区城镇化水平的提高不再进一步引起建设用地的扩张，同时也与京津多地建设用地扩张已趋近饱和有关。

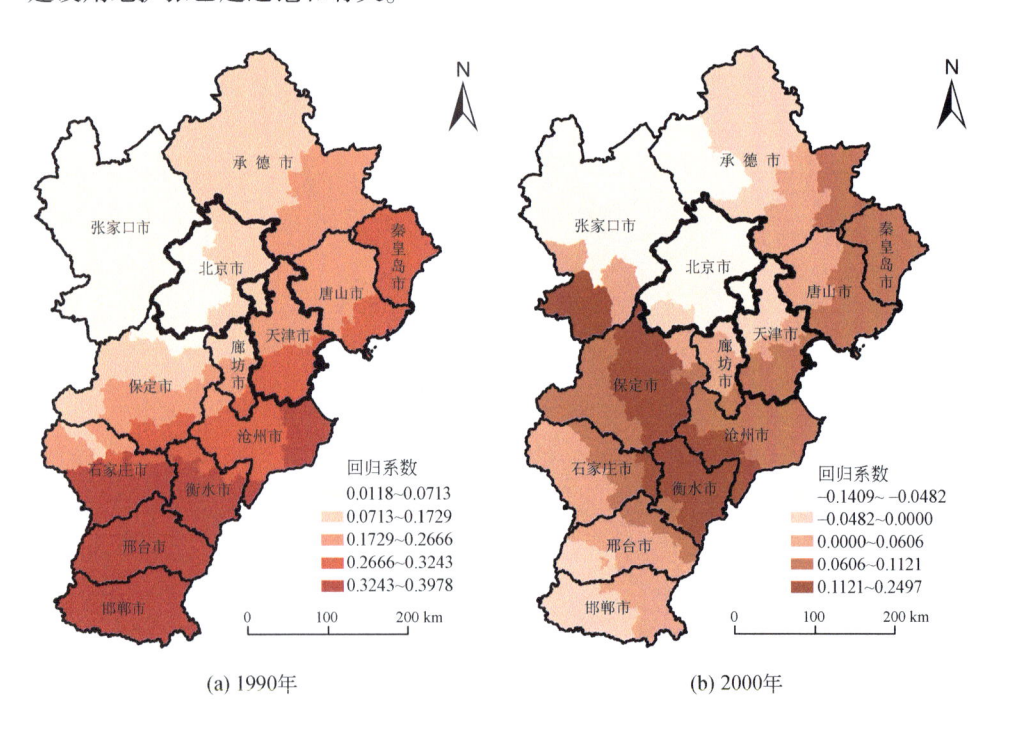

(a) 1990年　　　　　　　　　　(b) 2000年

(c) 2017年

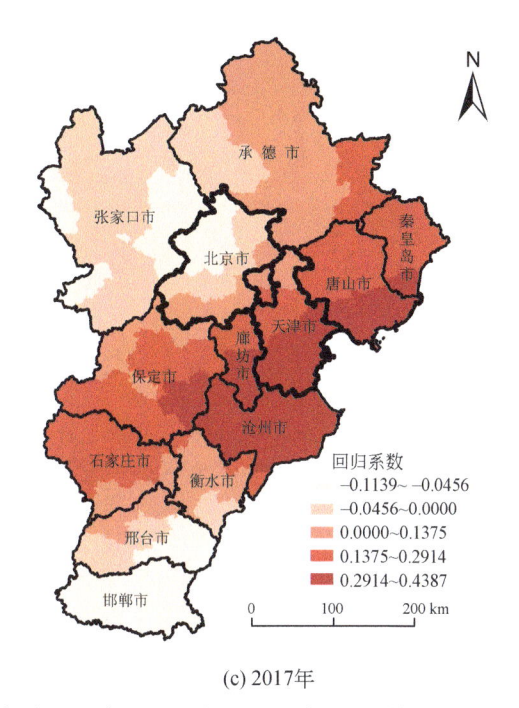

图 4-4 京津冀城市群 1990 年、2000 年、2017 年 GWR 模型城镇化率回归系数空间分布

**4）工业化水平影响的空间分异**

各产业的发展最终均要落实到土地空间上。一般而言，工业产业发展对建设用地的依赖程度最大，第三产业次之，第一产业则对农用地的依赖程度最大。因此，工业化发展势头越强劲的地区用于承载工业产业的建设用地就越多。对京津冀地区，工业增加值作为第二产业增加值最主要的组成部分，其第二产业增加值比重的变化一定程度上反映着工业化水平，其差异导致建设用地在数量及空间布局上产生差异。如图 4-5 所示，期初第二产业增加值比重的回归系数在全局主要是负值，而近年来则发展为以正值为主，回归系数的时空变化异质性较强。从时间角度来看，第二产业增加值比重回归系数取值范围，1990 年是 $-0.3393 \sim 0.0256$，2000 年是 $-0.3103 \sim 0.0385$，2017 年是 $-0.1198 \sim 0.2715$。从系数正负角度分析，到 2017 年第二产业增加值比重与建设用地面积比重才呈现正相关，说明 2000 年之后京津冀地区的工业化发展进入突飞猛进的阶段，由此引发的以工业为主的第二产业成为建设用地扩张的主要因素，该因素对建设用地变化的正向驱动作用是逐渐增强的，特别是近年来得到凸显。从空间角度来看，1990 年北京北部、秦皇岛北部及张家口、承德的部分区县回归系数为正值，2000 年沧州部分地区出现正值，而其他大部分区域为负值，到 2017 年，京津冀中部及西部大部分地区回归系数均为正值且较前期明显增大，表明工业化水平对建设用地

的正向驱动影响在近年来整体上呈现出"异军突起"增强之势。

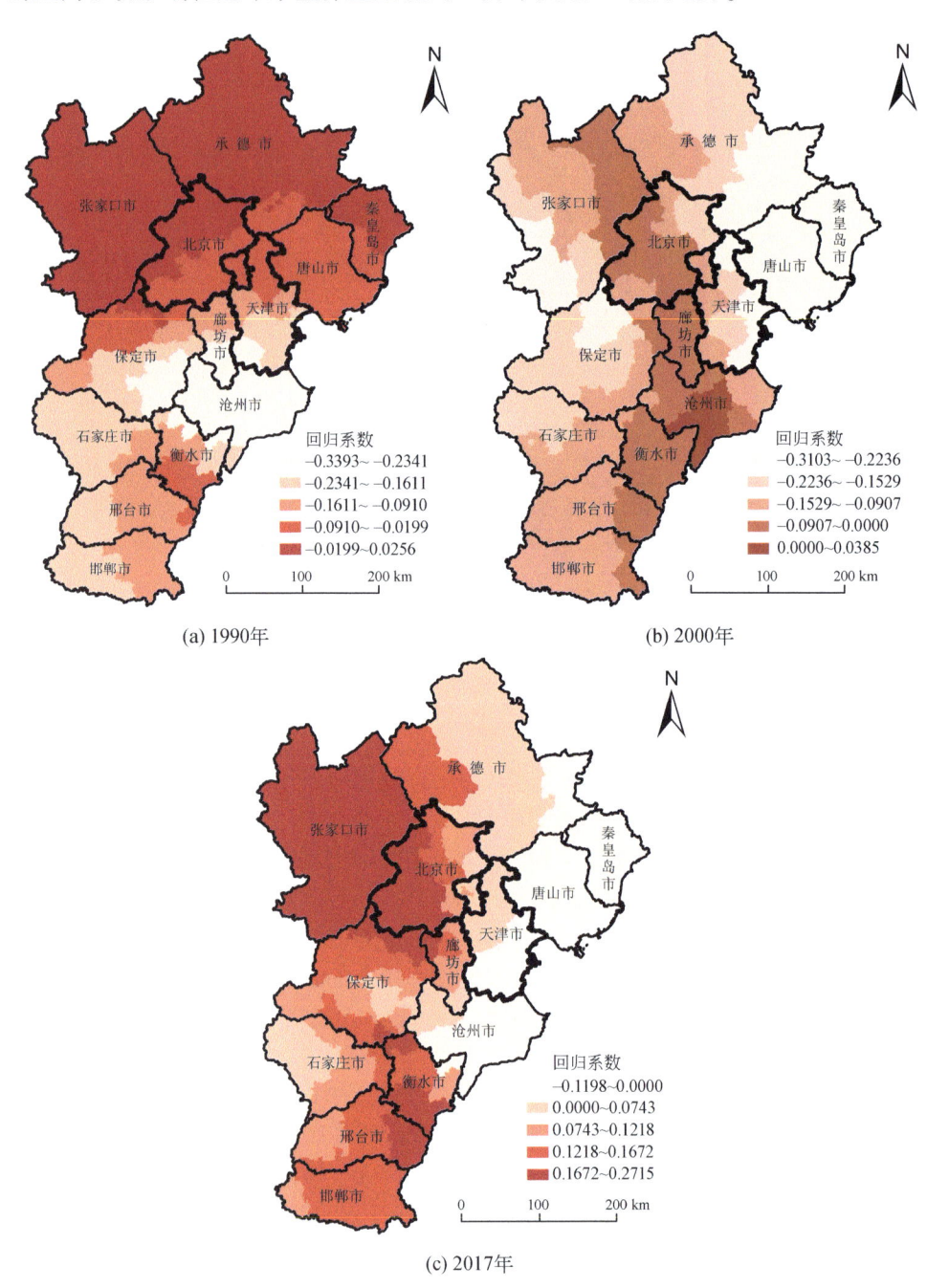

(a) 1990年

(b) 2000年

(c) 2017年

图 4-5　京津冀城市群 1990 年、2000 年、2017 年 GWR 模型第二产业增加值比重回归系数空间分布

## 5）产业结构影响的空间分异

第二、第三产业的发展与城市用地规模有十分密切的联系（何春阳等，2002）。本研究利用第二第三产业增加值之比作为衡量产业结构的量化指标。如图 4-6 所示，结合表 4-6 该指标回归系数统计结果来看，第二第三产业增加值之比回归系数全局均值由负值变为正值，2017 年又变为负值，时空变异性较强。从时间角度来看，第二第三产业增加值之比的回归系数取值范围，1990 年是 $-0.1709 \sim 0.1570$，2000 年是 $-0.1907 \sim 0.5338$，2017 年是 $-0.1800 \sim 0.0199$。从系数正负角度分析，1990 年京津冀地区大部分区县第二第三产业增加值之比与建设用地之间是负相关关系，说明在工业化起步阶段，以工业为主要构成的第二产业对建设用地扩张的驱动作用还未有力显现；2000 年绝大部分区县的回归系数变为正值，表明工业化进程进入迅猛发展时期，大部分地区呈现第二产业为主导的产业结构，占地需求大，对建设用地扩张的驱动作用增强，使得第二第三产业增加值之比对建设用地的影响呈现正效应；2017 年不少地区第二第三产业增加值之比与建设用地面积比重呈现负相关，表明第三产业的发展对建设用地扩张的驱动作用超过第二产业，以商业、服务业为代表的第三产业用地效益更高，成为建设用地扩张的主要方向。从空间角度来看，北京、天津、唐山、秦皇岛、承德、张家口以北等地区第二第三产业增加值之比对建设用地的影响在正负相关之

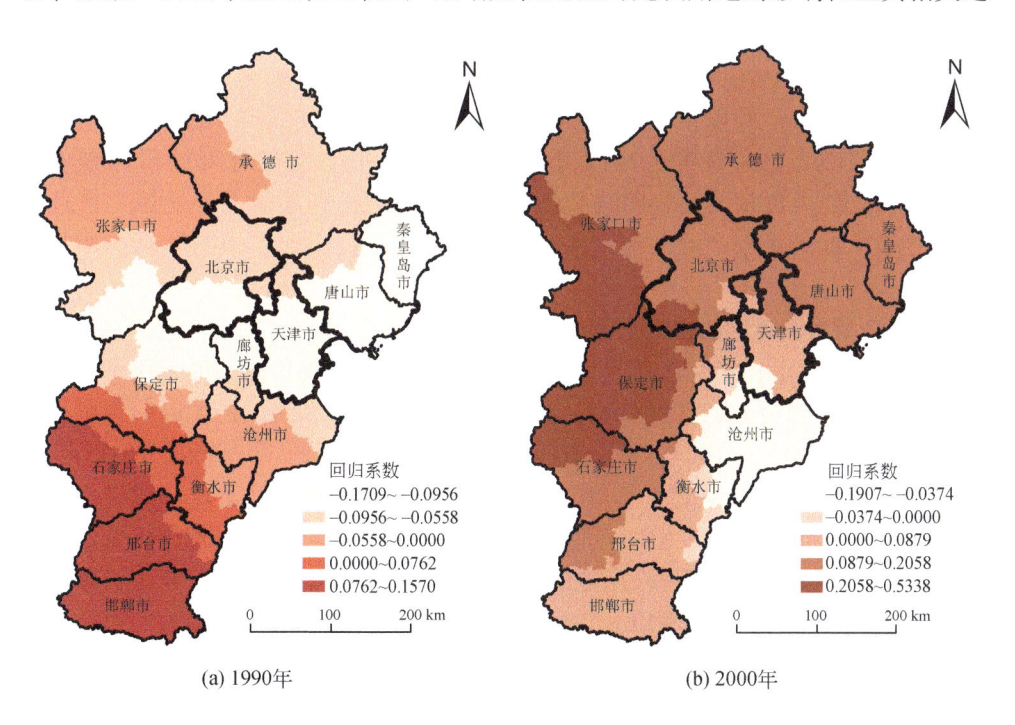

(a) 1990年    (b) 2000年

(c) 2017年

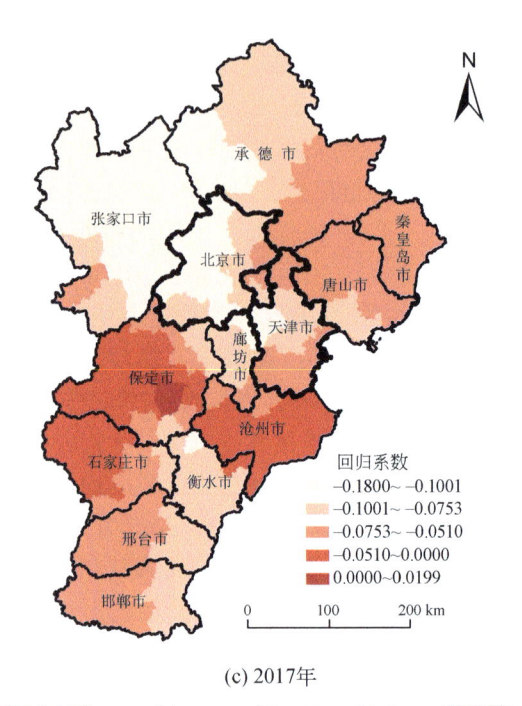

图 4-6　京津冀城市群 1990 年、2000 年、2017 年 GWR 模型第二和第三产业
增加值之比回归系数空间分布

间转变，反映出不同阶段产业结构的变化对这些地区的建设用地影响较为显著；京津冀南部地区 1990~2017 年第二第三产业增加值之比对建设用地的影响由正相关变为负相关，表明这些地区建设用地的扩张起初主要受第二产业的发展驱动，近年来随产业结构调整，第三产业对建设用地扩张的驱动作用日益凸显。

**6）路网密度影响的空间分异**

如图 4-7 所示，路网密度回归系数仅有个别区县出现负值，说明路网密度对建设用地整体上均呈现正向驱动效应。从时间角度来看，路网密度回归系数取值范围，1990 年是 -0.1604~0.2705，2000 年是 -0.412~0.4669，2017 年是 -0.0505~0.4568。从系数正负角度分析，1990~2017 年路网密度与建设用地面积比重之间以正相关关系为主，即路网密度的增加带来了建设用地的扩张。从空间角度来看，路网密度对建设用地的影响程度在京津以南地区略有减小，而在北部大部分地区影响程度不断增大，且局部区域由负相关发展为正相关。整体上北部地区路网密度对建设用地面积比重的影响较南部大，反映出不同地区路网密度影响的差异性。

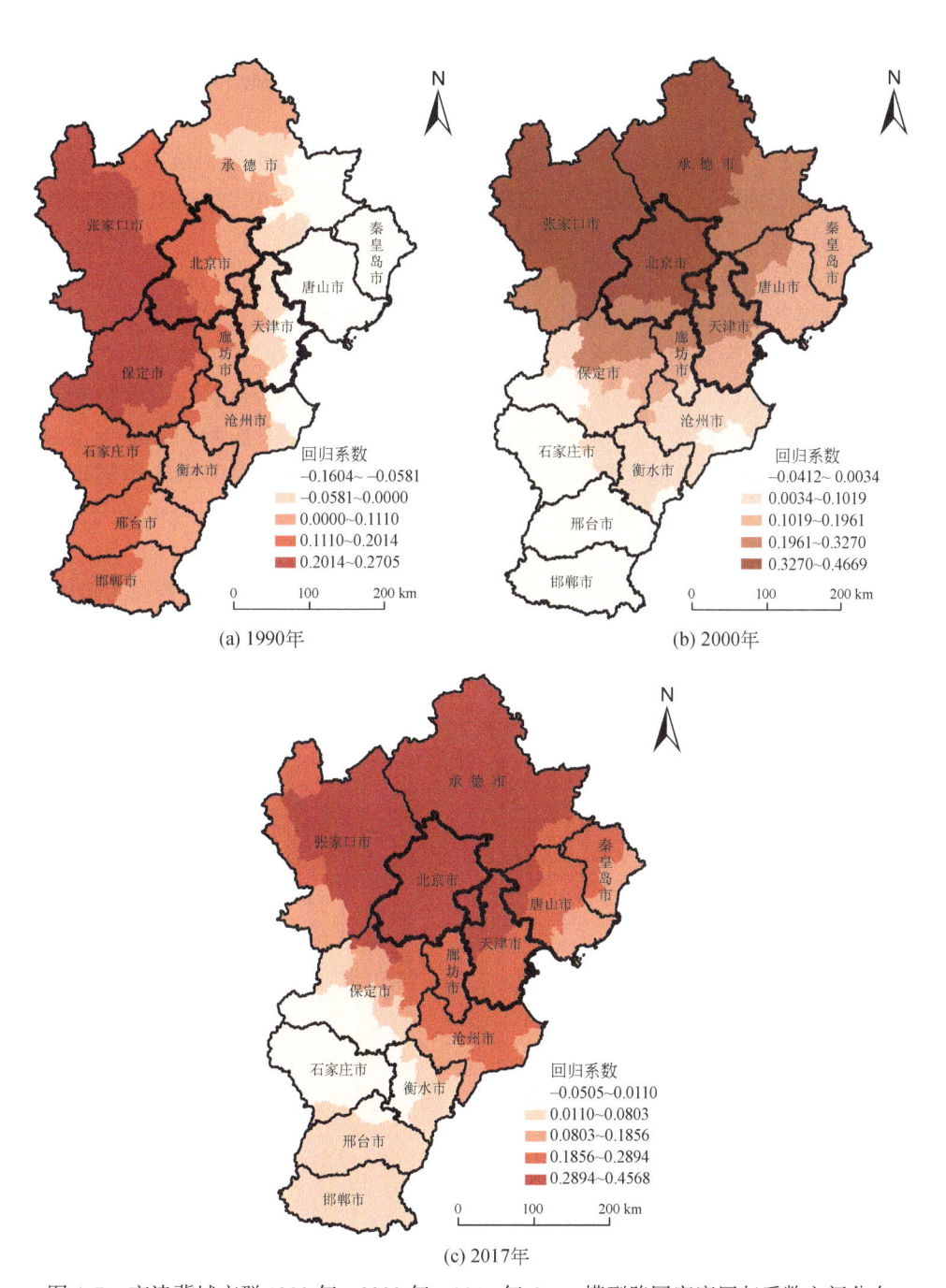

图 4-7 京津冀城市群 1990 年、2000 年、2017 年 GWR 模型路网密度回归系数空间分布

### 7) 交通区位影响的空间分异

本研究中选择距地级市距离和距港口距离两个因素来刻画与分析交通区位对建设用地变化的影响。

如图 4-8 所示，从时间角度来看，距地级市距离回归系数取值范围，1990 年是 −0.2611 ~ −0.0290，2000 年是 −0.2173 ~ 0.0692，2017 年是 −0.2813 ~ 0.0631。从系数正负角度分析，距地级市距离的回归系数大部分为负值，说明该因素与建设用地面积比重整体呈负相关，即距离地级市越近的区域，建设用地面积比重越大，扩张也越显著；负值系数的范围 1990 ~ 2017 年先有所扩大，后又缩小，反映出近年来距地级市距离对建设用地的负效应有所减弱。从空间角度来看，距地级市距离对建设用地面积比重的影响，北部的张家口、承德部分区县以及南部的石家庄、衡水、邢台、邯郸等地区，负向影响程度到 2000 年有所减弱，甚至发展为正相关，而到 2017 年又基本恢复负相关，说明这些地区中距离地级市越近的区域建设用地扩张越显著；京津唐、廊坊及秦皇岛等地区始终表现为负相关，这些地区是京津冀地区的"发展级"，距离地级市越近，建设用地规模越大。

如图 4-9 所示，整体上距港口距离对建设用地面积比重的影响表现为负效应，且从全局回归系数的均值来看，这种负效应有逐渐增强的趋势。从时间角度来看，距港口距离回归系数取值范围，1990 年是 −0.2982 ~ 0.1263，2000 年是 −0.3198 ~

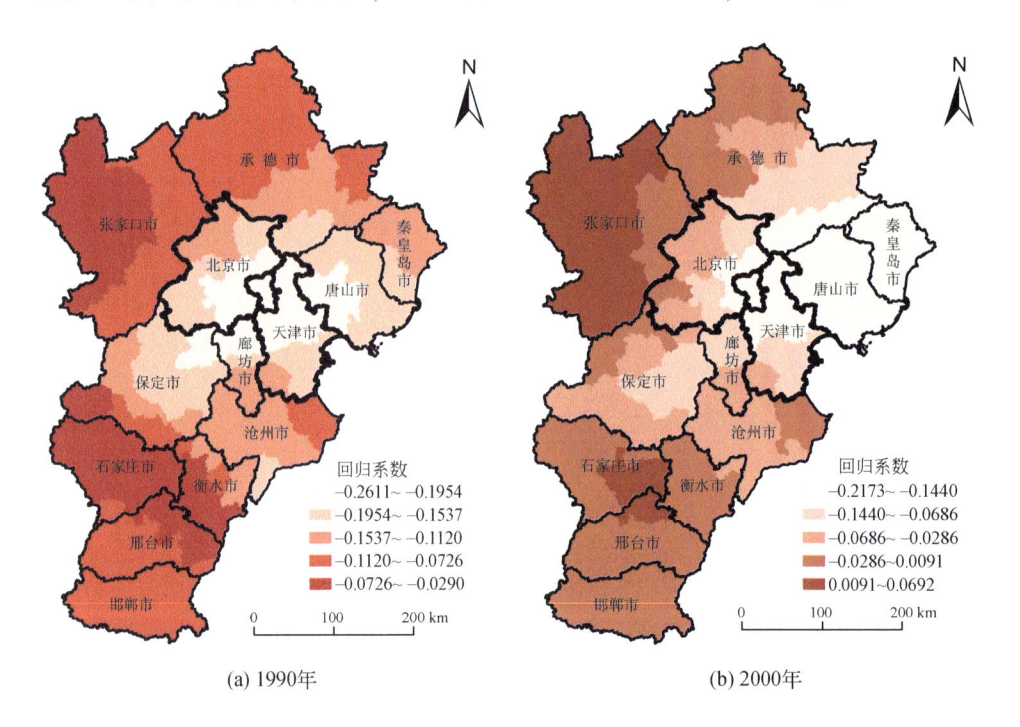

(a) 1990年　　　　　　　　　　　　　　　(b) 2000年

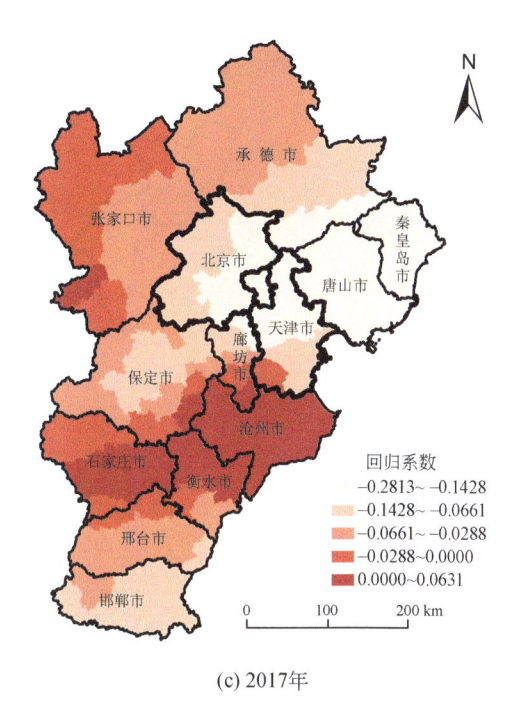

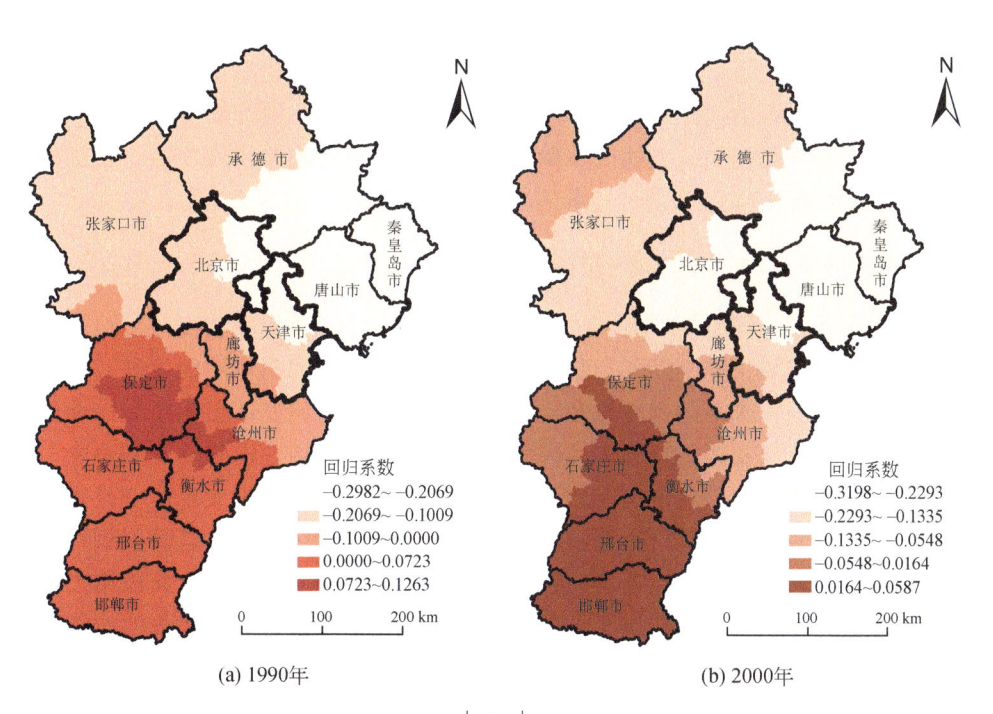

第4章 | 京津冀城市群土地利用变化驱动因素

(c) 2017年

图 4-8 京津冀城市群 1990 年、2000 年、2017 年 GWR 模型距地级市距离回归系数空间分布

(a) 1990年      (b) 2000年

(c) 2017年

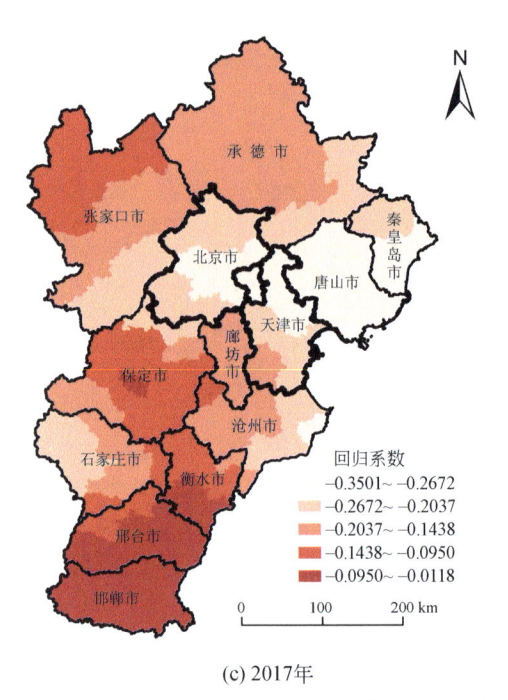

图4-9 京津冀城市群1990年、2000年、2017年GWR模型距港口距离回归系数空间分布

0.0587，2017年是-0.3501~-0.0118。从系数正负角度分析，距港口距离与建设用地面积比重主要呈负相关，即距离港口越近的地区，建设用地规模越大。从空间角度来看，距港口距离对建设用地面积比重的影响，南部部分区县影响程度由正相关发展为负相关；其他区域始终为负相关，且负相关程度增加，特别是京津东部、承德东南部以及唐山、秦皇岛影响程度较大。

#### 4.2.4.3 驱动因素综合分析

总体来看，不同时期GDP、人口密度、城镇化率以及路网密度对京津冀城市群建设用地扩张的正向驱动作用是显著且较为稳定的，说明经济的发展、人口密度的增加、城镇化水平的提高以及交通的发展都能较为明显地引起建设用地的扩张。距地级市距离和距港口距离在内的区位因素对建设用地扩张的影响也十分稳定，距离地级市或港口越近的区域建设用地扩张越明显，这很大程度上是由于较好的区位条件对于社会经济活动、要素具有较强的吸引作用，一旦吸引到社会经济活动的集聚，必然会产生新增用地需求而引起建设用地的扩张。而以第二产业增加值比重为代表的工业化水平和以第二第三产业增加值之比为代表的产业结构对建设用地扩张的影响，则随工业化的推进及产业结构的变化表现出时间上的分异。

进一步分时段并结合各驱动因素影响作用的空间异质性来看，2000年以前，京津冀城市群大部分城市仍处于工业化中后期，经济发展水平和城镇化的推进是该区域建设用地扩张的主要驱动力量，特别是GDP、人口密度、城镇化水平、交通基础设施建设水平，尤其对于北京、天津以及河北东南部一些经济发达城市，驱动作用是增强的，对经济发展的追求传导至空间上就表现为促使建设用地空间蔓延扩张；在此期间工业化发展和产业结构对于建设用地变化的驱动较为有限。2000年之后，进入到城镇化和工业化加速发展的时期，除城镇化水平以外，京津冀城市群建设用地扩张的产业驱动效应日益显著，工业的发展以及产业结构的调整都会引起土地要素流向效益更高的部门，无论是从农业流向非农业部门，还是从第二产业流向用地效益更高的第三产业，特别是在工业化加速阶段，都会明显地刺激第二、第三产业用地扩张，从而引发建设用地的整体扩张，且这种驱动作用由开始的在经济发达的热点区明显，逐渐扩散到热点城市周边的经济欠发达地区。

## 4.3 小　　结

本章核心是探讨影响京津冀城市群建设用地扩张变化的驱动因素及其影响的时空分异特征。在简要介绍了本章研究的分析框架之后，首先从一般意义层面定性阐释了城镇化水平与人口、工业化与产业结构、交通与区位条件以及政策调控与规划管理等因素对于建设用地变化产生的影响，然后基于理论以及前人已有研究的指导，从经济社会发展、城镇化水平、工业化水平、产业结构以及交通区位条件等方面选取若干影响因子，以区县为单元，采用地理加权回归模型定量刻画和分析了各因子对京津冀城市群建设用地变化影响的时空分异特征。通过对模型运行结果的分析可知，不同时期经济的发展、人口密度的增加、城镇化水平的提高以及交通的发展都能较为明显地引起建设用地的扩张；而工业化水平和产业结构则随着工业化的推进而逐渐成为建设用地扩张的重要驱动力量。此外，距离地级市或港口越近的区域建设用地扩张越明显。

纵观京津冀城市群土地利用变化的诸多影响因素及其影响效果，归纳起来都属于城镇化和工业化两大驱动力量的具体表现形式，不难看出这两种力量对于建设用地的影响均十分显著，不断推动着建设用地发生剧烈演变。城镇化指的是人口、经济活动等要素不断向城镇集聚，从而使城镇规模不断扩大、城镇数量不断增加的历史过程（姜爱林，2004），城市空间扩张就成为必然结果。工业化首先推动工业经济的演进，反映到土地利用层面最直观的表现就是引起产业空间的变迁。因此，有必要对建设用地进一步细分，来反映城镇化、工业化驱动作用下不同类型建设用地的演变规律。本研究在接下来的章节中将分别以建设用地当中受工业化和城镇化影响最为直接的两类——产业园区和建成区为对象，研究以两者为代表的产业空间和城市空间演变规律，进一步刻画工业化和城镇化对京津冀城市群土地利用变化的驱动过程与机制。

# 第 5 章 京津冀城市群产业园区用地演变

第 4 章建设用地演变的驱动因素分析表明,工业化进程是驱动京津冀城市群土地利用变化,特别是建设用地时空演变的重要力量,而且这种驱动作用随着工业化的推进呈现出增强的趋势。自进入 20 世纪 90 年代之后,产业园区成为全国范围内生产落实、产业布局的主要空间载体,园区经济越来越成为拉动经济发展的重要引擎。在京津冀地区也是如此,产业园区在三地产业经济发展一体化进程中扮演着越来越重要的角色,以产业园区为代表的工业生产空间的变化也尤为显著。对其用地格局与演变进行分析可以清晰地揭示京津冀城市群工业化进程对土地利用的影响。

产业园区作为获得国家政策支持、享受一系列政策优惠的特殊类型经济区域,已逐渐成为我国国民经济和区域经济的重要增长极。从 1984 年第一个国家级经济开发区——大连经济技术开发区在我国正式设立开始,全国各地产业园区、开发区相继建立,各级产业园区、开发区的数量不断增加。截至 2014 年,我国国家级经济技术开发区以及高新技术开发区的数量已分别达到 215 个和 114 个。凭借优越的区位条件、优惠的土地及产业发展政策,以及良好的投资环境,产业园区成为促进区域经济发展、吸引外资和先进技术等方面的核心。产业园建设的机理及其对地区经济发展、空间结构的影响研究成为学术界关注的热点。国外关于产业园区的研究侧重于理论层面,外部经济、区位选择、产业集群、增长极及空间布局等相关理论都奠定了产业园区形成的理论基础(Howard,1976;Phillips,1987;Bristow,1989;Bloom,2001;Justin,2006);多从微观角度对产业园区的形成与发展进行机理性的分析和研究(Sargent and Matthews,2004;Cling et al.,2005;Jenkings,2006)。在国内,对于产业园区的研究,一方面是基于政策管理的视角,从区域经济、产业经济的层面出发,围绕园区产业定位、组织管理、优化与转型、发展模式与战略、可持续发展等问题进行理论或实证研究(刘志亭,2004;洪音,2008;李国武,2009;冯章献等,2010);另一方面是基于空间的视角,刻画园区自身的空间演变特征,分析研究园区发展与城市地域空间演变关系,旨在探讨产业园区发展带来的空间效应,以及在园区发展带动下城市空间结构演变的特征与规律,为园区在空间上的规划与发展提供一定科学依据（李小云，2005；王慧敏，2007；张艳，2007；陈任君，2009）；此外，还有较多学者基于产业园区的构成要素，开展了大量园区评价研究（孙欣和余华银，2006；郦文凯，2007；朱立龙等，2010）。

产业园区在产业和经济发展中的作用主要是提供土地资源与投资环境等"产品和服务"（张文庆，2015）。土地资源作为园区建设发展的重要空间载体，一方面，其建设过程中必然会出现耕地减少现象；另一方面，其建设发展很大程度上实现了对土地资源积极有效的开发，通过路、水、热、电、气等多通一平的基础设施建设，将大量的零散用地转变为规划指导下的建设用地，提高了土地价值（汪长根和王新华，1995）。映射到空间上，除了自身所处核心区域由于产业空间扩张调整而推动土地开发之外，产业园区所在城市与周边的产业经济联系和辐射作用，还会引起一定地域范围内土地利用规模、结构及空间形态的变化（屠定敏等，2012）。受用地政策及规划的管控，单一园区在地域空间上不能无限制扩张，因此当它发展到一定阶段，有限的空间无法满足更多投资者的需求时，周边县市地区就会出于实现产业联动开发的目的而建立具有协作配套或承接作用的新园区（张小平和陆大道，2002）。这样，在相关政策导向下优先建设的开发区周边一定范围内，就必然会出现土地性质改变、土地类型转移、土地空间结构调整等一系列土地利用空间效应。众多学者围绕开发区的土地利用问题开展了大量研究，如开发区土地利用演变（王峰玉和李瑞霞，2008；杨俊等，2015）、土地集约利用评价研究等（王成新等，2014），为开发区土地资源的合理配置和有效利用提供了参考依据。

20世纪90年代以来，京津冀地区城镇化、工业化进程加速，目前已成为我国城镇化速度最快的地区之一。快速的城镇化和工业化必然会带来空间的"冒进"发展，从而引发一系列亟待摸清和解决的空间问题（海贝贝，2014）。其中，受工业化发展的驱动，京津冀城市群工业生产空间是城市空间扩张中规模变化和速度变化都极为明显的部分，而开发区作为工业生产空间的重要载体，在城镇化和工业化发展的压力之下，面临并经历着剧烈的空间演化和现代转型。随着国家"致力于发展高新技术产业"新要求的提出，产业园区的建设发展越来越受到科技成果产业化需求的驱动（刘志亭，2004），产业发展逐渐从低端走向高端。我国开发区在土地利用和空间发展上却普遍存在一些问题，如用地结构不合理、规模偏大、布局分散等（刘畅，2015），京津冀产业园区的发展亦如此。例如，北京远郊区开发区建设用地增长迅猛，占用了大量耕地和其他农用地，加剧了农用地和建设用地之间的矛盾；天津开发区建设则面临着可供开发的土地资源越来越少的问题，势必会成为开发区今后发展的最大制约；河北的产业园区在数量和空间上虽已达到一定规模，但存在明显的布局分散、土地利用效率低等问题。

产业园区对区域经济发展贡献巨大，同时对地理空间产生较强的影响力。与此同时，在城市群地区，其地域空间范围内产业园区用地发展演变会受到核心城市的辐射影响，其自身的空间演化很大程度上具有与其他类型区域的产业园区空间不一样的规律。鉴于此，本章以京津冀城市群地区为主要研究区域，围绕京津双核划定其影响下的多个圈层，从数量和空间上分析并对比不同圈层1990～2010年产业园区用地的时空变化特征，展示和刻画作为区域经济增长极的京津冀城市群地区主要产业园区用地的时间演化规律与空间分异特征。

## 5.1 京津冀产业园区用地演变研究方法

### 5.1.1 主要产业园区识别及空间数据获取

本研究采用的主要产业园区空间分布矢量数据通过对遥感影像进行目视解译矢量化而来，共收集覆盖京津冀地区13个市级行政区涉及3个时期（1990年、2000年、2010年）的Landsat TM/ETM+遥感影像，影像数据来源于美国地质勘探局（United States Geological Survey，USGS），分辨率为30m。为了更清晰地显示城镇地物，在影响选择上均选取云量在10%以下、质量较高的数据，如果影像受云量影响较大，则选择同一年相邻月份或同区域前后两年较清晰的高质量影像。数据的具体时相及轨道号信息见表5-1。

表5-1 遥感影像条带及时相信息

| Path | Row | 1990 年 | 2000 年 | 2010 年 |
| --- | --- | --- | --- | --- |
| 121 | 31 | 1989 年 7 月 | 2000 年 9 月 | 2010 年 8 月 |
| 121 | 32 | 1990 年 8 月 | 2000 年 9 月 | 2010 年 9 月 |
| 121 | 33 | 1989 年 7 月 | 2000 年 9 月 | 2010 年 9 月 |
| 122 | 30 | 1989 年 8 月 | 2000 年 9 月 | 2010 年 8 月 |
| 122 | 31 | 1989 年 8 月 | 2000 年 9 月 | 2010 年 8 月 |
| 122 | 32 | 1990 年 5 月 | 2000 年 9 月 | 2010 年 10 月 |
| 122 | 33 | 1990 年 9 月 | 2000 年 9 月 | 2010 年 10 月 |
| 122 | 34 | 1990 年 4 月 | 2000 年 5 月 | 2010 年 5 月 |
| 123 | 30 | 1991 年 8 月 | 2000 年 6 月 | 2010 年 8 月 |
| 123 | 31 | 1990 年 9 月 | 2000 年 6 月 | 2010 年 8 月 |
| 123 | 32 | 1990 年 9 月 | 1999 年 8 月 | 2010 年 6 月 |

续表

| Path | Row | 1990 年 | 2000 年 | 2010 年 |
|---|---|---|---|---|
| 123 | 33 | 1990 年 9 月 | 2000 年 5 月 | 2010 年 5 月 |
| 123 | 34 | 1990 年 9 月 | 2000 年 9 月 | 2009 年 9 月 |
| 123 | 35 | 1990 年 9 月 | 2000 年 8 月 | 2009 年 9 月 |
| 124 | 31 | 1990 年 8 月 | 2001 年 8 月 | 2010 年 7 月 |
| 124 | 32 | 1989 年 9 月 | 2001 年 8 月 | 2009 年 8 月 |
| 124 | 33 | 1989 年 10 月 | 2001 年 8 月 | 2009 年 8 月 |
| 124 | 34 | 1991 年 4 月 | 2001 年 8 月 | 2010 年 8 月 |
| 124 | 35 | 1988 年 5 月 | 2001 年 10 月 | 2010 年 10 月 |
| 125 | 32 | 1991 年 8 月 | 2000 年 7 月 | 2010 年 7 月 |

结合京津冀区域省级以上开发区的经纬度坐标，利用 GIS 和 RS 技术，基于 ENVI 5.1 采用波段 5（红）、波段 4（绿）、波段 3（蓝）的组合得到假彩色合成图像，参照相应区域高分辨率的 Google Earth 卫星影像地图和部分园区的规划图等非遥感信息，运用 ArcGIS 10.0 平台的数据编辑工具，通过计算机屏幕人工判读和目视解译的方法，完成了京津冀城市群地区 1990 年、2000 年、2010 年和 2015 年的主要产业园区空间分布的矢量化工作（图 5-1），为京津冀城市群产业园区用地的时空演变分析提供了核心数据支撑。

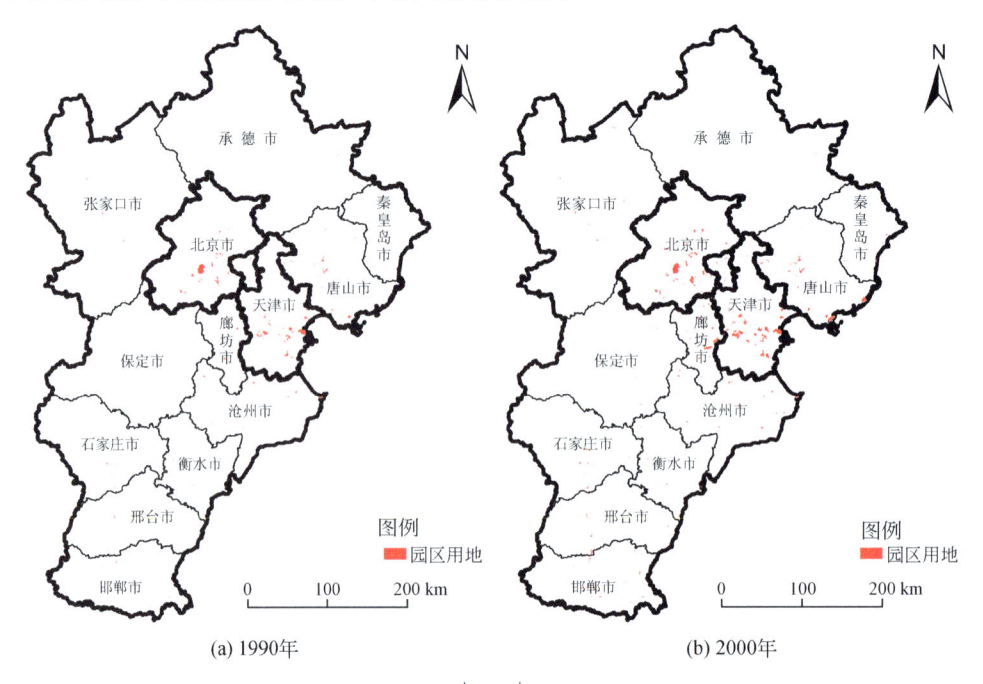

(a) 1990年　　　　　　　　　　(b) 2000年

(c) 2010年　　　　　　　　　　　　　　　(d) 2015年

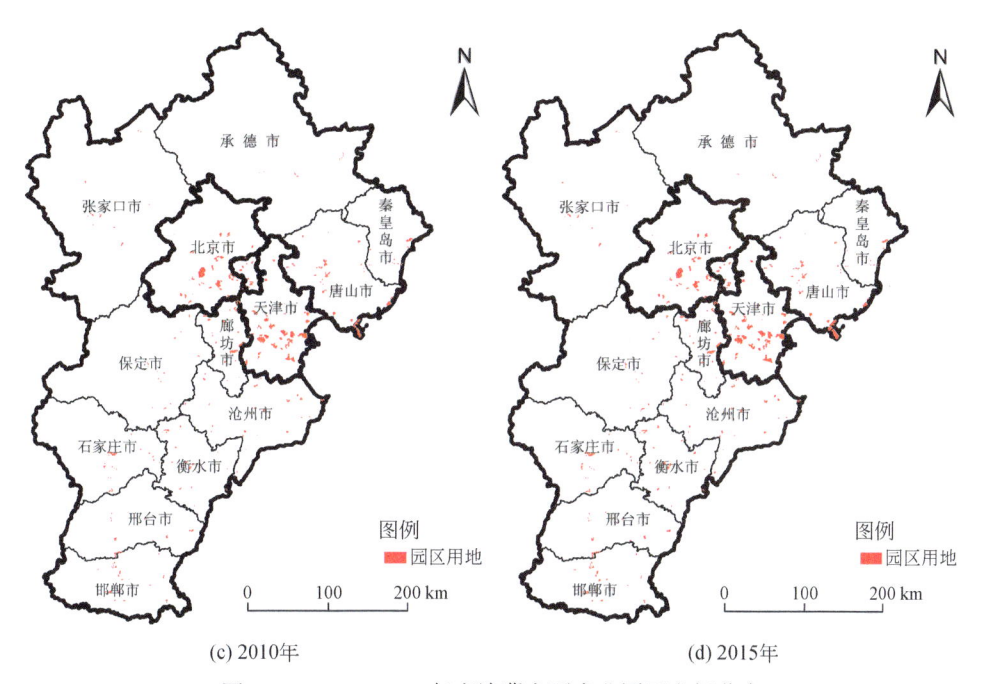

图 5-1　1990~2015 年京津冀主要产业园区空间分布

## 5.1.2　产业园区用地扩张变化的缓冲带分析法

缓冲区分析是基于 ArcGIS 的邻域分析功能，以点或线为中心，以一定的半径 r 生成 n 个圈层的多元缓冲方法。根据本书研究目标，以京津冀城市群的京津两市为双核心，向外建立一系列等距的缓冲区，将各缓冲环作为刻画产业园区用地扩张空间分异的基本单元，用以计算有关数量或空间指标，并通过不同时期的对比反映京津冀城市群工业化过程所体现出来的时空分异特征。

具体做法是以北京、天津两市人民政府所在地的经纬度坐标为中心，10 km 为距离公差，逐渐向外生成多环缓冲区，共计缓冲 40 个等距离圈层，直至涵盖京津冀本研究获取的所有主要产业园区用地。基于 1990 年、2000 年、2010 年和 2015 年的产业园区空间分布数据，运用 ArcGIS 的分区统计工具，统计各缓冲带内的产业园区用地规模，计算各缓冲带的产业园区用地密度，计算公式如下：

$$D_{i,t} = \frac{A_{i,t}}{TA_i} \times 100$$

式中，$D_{i,t}$ 为第 $i$ 个缓冲圈层在 $t$ 时期的产业园区用地密度；$A_{i,t}$ 为 $t$ 时期第 $i$ 个缓冲圈层内的产业园区用地面积；$TA_i$ 为第 $i$ 个缓冲圈层的土地总面积。

上述产业园区用地密度是一个静态指标。此外，为了从动态角度反映京津冀产业园区用地在时序上的扩张变化特征，进一步计算各缓冲带的园区用地扩张强度指数，即某一缓冲圈层在单位时间内产业园区用地扩张面积占相应缓冲圈层土地总面积的比重，实质上是用各缓冲带的土地总面积来对其年平均扩张速度进行标准化处理，从而使不同圈层以及各个圈层不同时期产业园区扩张程度具有可比性，该指数的计算公式为

$$I_{i,t\sim t+n} = \frac{A_{i,t+n} - A_{i,t}}{TA_i} \times \frac{1}{n} \times 100$$

式中，$I_{i,t\sim t+n}$ 为第 $i$ 个缓冲圈层在 $t \sim t+n$ 时间段内产业园区用地扩张强度指数；$A_{i,t+n}$、$A_{i,t}$ 为在 $t+n$ 时期和 $t$ 时期的产业园区用地面积；$TA_i$ 为第 $i$ 个缓冲圈层的土地总面积。

## 5.1.3 核密度估计法

地理学第一定律（Tobler's first law）告诉我们，地理事物及其属性在空间分布上是具有关联性的，且距离越近的事物关系越紧密。核密度估计法正是基于这一定律的计算方法，本质上是通过离散的地理事物进行内插的过程，是一种以"距离衰减效应"为空间特征的密度分布模式，并且在 ArcGIS 等软件的支持下将其可视化，可以形象直观地表征出地理事物及其属性随距核心要素距离远近不同，其分布密度呈现的空间变化。本研究运用核密度估计法反演和表征京津冀城市群产业园区分布的数量特征及其扩散趋势。核密度计算公式如下：

$$f(x,y) = \frac{1}{nh^2} \sum_{i=1}^{n} k\left(\frac{d_i}{h}\right)$$

式中，$f(x, y)$ 为位于（$x$, $y$）位置的密度估计；$k\left(\frac{d_i}{h}\right)$ 为核密度函数，其中 $d_i$ 为位置（$x$, $y$）距第 $i$ 个观测点位的距离，$h$ 为距离衰减阈值；$n$ 为阈值范围内观测到的要素点个数。该函数的几何意义在于，在每个要素所处位置密度值最大，随着距要素距离的逐渐增加，密度值会逐渐减小，在到达距离衰减阈值 $h$ 处时减小到 0（傅伯杰等，2001；闫庆武等，2011）。在核密度估计中，距离衰减阈值 $h$ 是一个重要的参量（蔡雪娇等，2012）。$h$ 的设置主要与分析尺度以及地理事物及其属性特征有关。较小的距离衰减阈值可以使密度分布结果中出现较多的高值或低值区域，适合于揭示密度分布的局部特征，而较大的距离衰减阈值可以在更大尺度乃至全局尺度下使高密度区域表征得更加明显。另外，距离衰减值应与观测点的离散程度呈正相关，对于稀疏型的观测点分布应采用较大的距离衰减阈值，而对于密集型的观测点则应考虑设置较小的距离衰减阈值（Yu et al.,

2015)。

核密度估计法可用于对点要素或线要素进行核密度分析，鉴于本章的研究对象是矢量化得到的产业园区面数据，首先基于 ArcGIS 10.1 的 Feature to Point 工具将面要素转换为点要素，继而运用 ArcGIS 空间分析工具中的 Kernel Density 工具进行核密度估算。

## 5.1.4 分形特征定量分析法

自然界许多客体在局部与整体、局部与局部之间存在形态、结构、功能和信息方面的相似性，而总体上又呈现不规则的、破碎的几何特征，分形理论就是被用于描述具有复杂和不规则形状对象的（陈彦光，2008），从而探究那些表面上看似凌乱无规则的自然或人文现象当中蕴藏的自然规律，是一种基于迭代原理的空间形态特征研究方法。分形理论应用背景下，描述其不规则性和自相似性的主要特征量就是分形维数（白新萍，2011）。土地利用系统就是这样一个具有不规则性、非线性、变化复杂的巨系统，分形理论恰好可以为具有较高复杂性的土地利用类型的空间格局特征研究提供有力的工具。当前，分形理论较多地应用于城市土地利用空间格局的分维研究当中（Batty，1988；White and Engelen，1993；Frankhauser，1994；焦世泰和王世金，2011；李保杰等，2013）。

产业园区用地是城市土地利用的重要组成部分，其空间演变情况一定程度上能够反映城市建设用地空间形态变化的特征。鉴于此，本研究引入分形理论模型来定量分析京津冀产业园区用地的形态及其演变特征，计算公式为（郭付友等，2014）：

$$\ln A(t) = \frac{2}{D}\ln P(t) + C$$

式中，$D$ 为产业园区用地分形维数；$A(t)$ 为 $t$ 时期产业园区用地的斑块面积；$P(t)$ 为 $t$ 时期产业园区用地斑块的周长；$C$ 为截距。$D$ 的理论值为 1~2，$D=1$ 表示形状最简单的正方形斑块，$D=2$ 表示形状最复杂的斑块，$D$ 值越大表示斑块形状越复杂，边界越不规则，反之亦然。这是一种根据斑块周长和面积之间的关系来计算的分形维数（杨涵等，2009），既能反映图斑边界形状的复杂程度，还能反映土地利用的破碎程度和图形的空间填充能力（王青，2002；丁俊和王开泳，2016）。$D$ 值变大，可以反映出产业园区用地以外部扩展为主；$D$ 值变小，可以反映出产业园区用地以内部填充为主；$D$ 值稳定，说明产业园区进入相对稳定的发展阶段。

## 5.2 京津冀城市群产业园区空间演化与分异特征

### 5.2.1 产业园区用地的总体空间格局及演变

本研究首先提取京津冀城市群1990年、2000年、2010年和2015年四个时期产业园区各图斑的重心；经过多次试计算，最终选定距离衰减阈值 $h$ 为20 km；选择图斑面积为权重指标，对产业园区用地进行核密度分析，并采用自然断点（natural breaks）法将计算结果划分为产业园区空间分布的低密度区、中低密度区、中密度区、中高密度区和高密度区，从而得到京津冀城市群地区各时期的产业园区用地空间核密度分布图（图5-2）。

根据四个时期的产业园区用地空间核密度分析结果，可以很直观地看出，1990~2015年，京津冀城市群主要产业园区用地分布格局呈现出不断的动态变化，产业园区用地呈现集聚与扩散并存的特征。20世纪90年代初，京津冀产业园区用地分布整体上较为分散，整个区域以低密度区为主，仅在北京、天津形成小范围的高密度区，以及围绕高密度区分布有小范围的中低密度区；唐山城区周边形成密度较高于周边地区的中密度区，外围则以中低密度区和低密度区为主；其他各市仅形成零散分布的产业园区用地低密度区。与1990年相比，2000年就整个京津冀地区来看，产业园区密度在多地市均有所上升。最为明显的是以北京、天津为核心的产业园区高密度区显著扩张，其中，北京原先的高密度区表现出向顺义、通州扩张的趋势，形成两个明显的中高密度区，同时北部的怀柔、西南部的房山出现中密度区；天津1990年就形成的两个高密度区经过扩张连成一体，并在滨海新区又形成一个高密度区。同时，与京津紧密连接的河北廊坊也出现了产业园区用地的高密度区。此外，唐山的曹妃甸形成一个高密度区，乐亭的产业园区高密度区也初步显现。到2010年，北京的产业园区进一步得到开发和发展，高密度区继续向顺义、通州扩展，天津的产业园区用地高密度区进一步呈集中连片式发展，形成以中心城区为核心，包括北辰、东丽、津南、西青以及滨海新区在内的大范围高密度区；河北继唐山、廊坊之后，秦皇岛、沧州、石家庄、衡水以及邯郸等市也形成若干中密度区和中高密度区。到2015年，河北唐山以曹妃甸为中心的高密度区有一定范围的扩张，石家庄、邯郸局部出现高密度区，衡水的中密度区有所扩张，并出现以中心城区为中心的中高密度区。除此之外，河北其他地市的产业园区用地分布仍较为分散，而京津两地的产业园区用地密度较2010年未发生空间上的明显扩张。

| 第 5 章 | 京津冀城市群产业园区用地演变

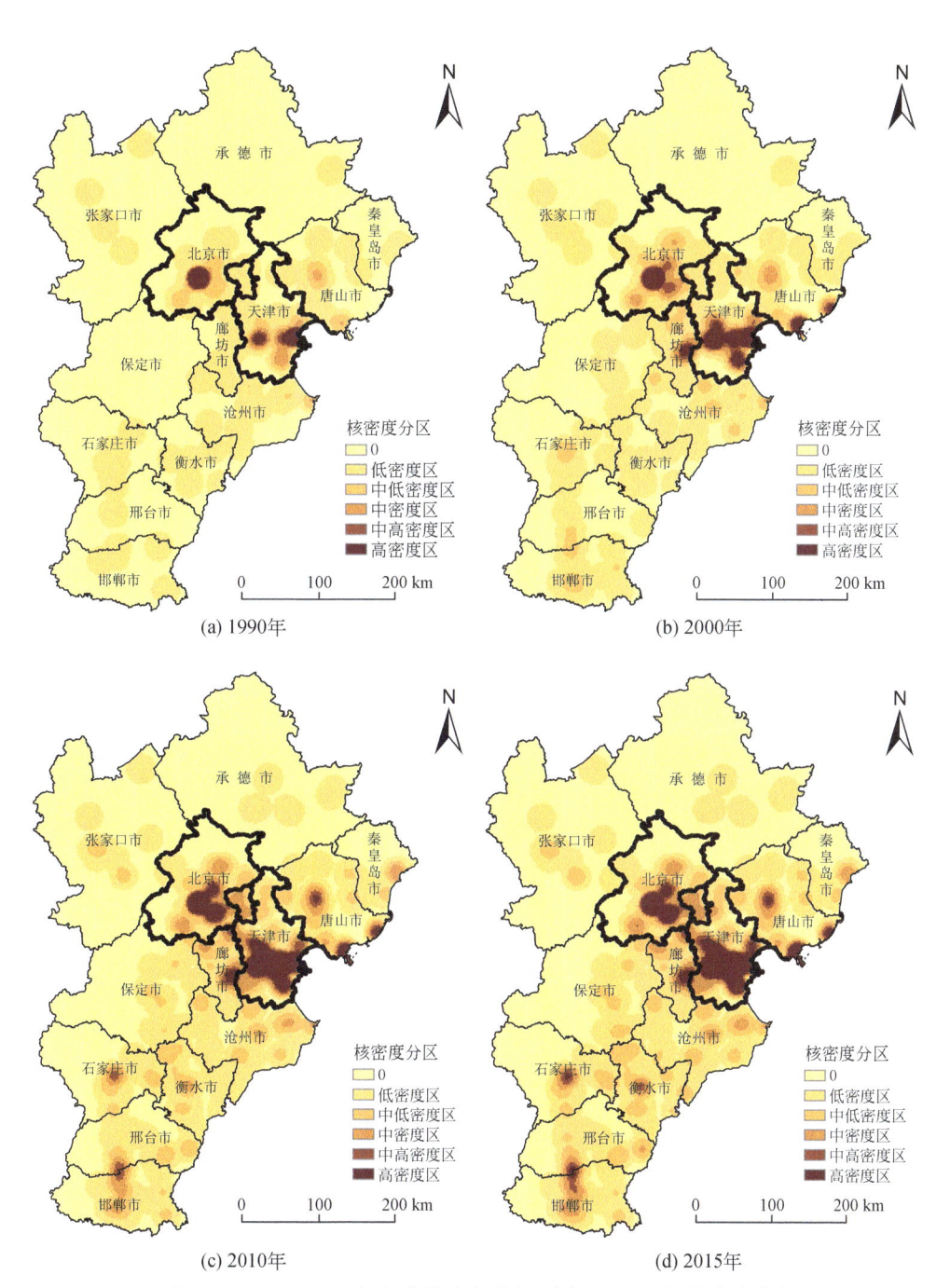

(a) 1990年

(b) 2000年

(c) 2010年

(d) 2015年

图 5-2  1990~2015 年京津冀城市群产业园区用地空间核密度分析

总体来看，京津冀城市群产业园区用地空间呈现"局部单中心—全局多中心"的演变态势。北京、天津在核密度图中始终为产业园区用地高密度集聚区，经过几十年的发展数量和规模上都加以扩张并依然保持着高密度级别，且呈现显著的趋于集中连片的发展态势；河北各地产业园区密度也有所增加，"飞地式"的跳跃式园区增加态势显著，且东部、南部增加相对明显，北部的张家口、承德以及保定的产业园区仍呈现较零散分布，因此为低密度区及中低密度区所覆盖。

## 5.2.2 产业园区用地的数量规模演变分析

### 5.2.2.1 总体演变特征

可以说，在京津冀的工业化进程中，各类产业园区的建立和发展形成了承载京津冀城市群产业发展、转型的空间载体，以及促进区域经济发展的一股不可或缺的力量。对 1990~2015 年的产业园区用地空间规模进行统计可以得到（图 5-3），从总量来看，京津冀的主要产业园区用地面积持续增加。根据各时期的产业园区用地矢量数据统计可知，1990 年主要产业园区用地面积为 262.24 km$^2$，仅占京津冀土地总面积的 0.12%；2000 年面积增加到 564.18 km$^2$，占京津冀土地总面积的 0.26%，较 1990 年增加了一倍多；2010 年面积突破 1000 km$^2$，达到 1024.96 km$^2$，2015 年面积增加至 1198.32 km$^2$。1990~2015 年京津冀主要产业园区用地面积增加了 3 倍多。从增长速度来看，1990~2000 年主要产业园区用地

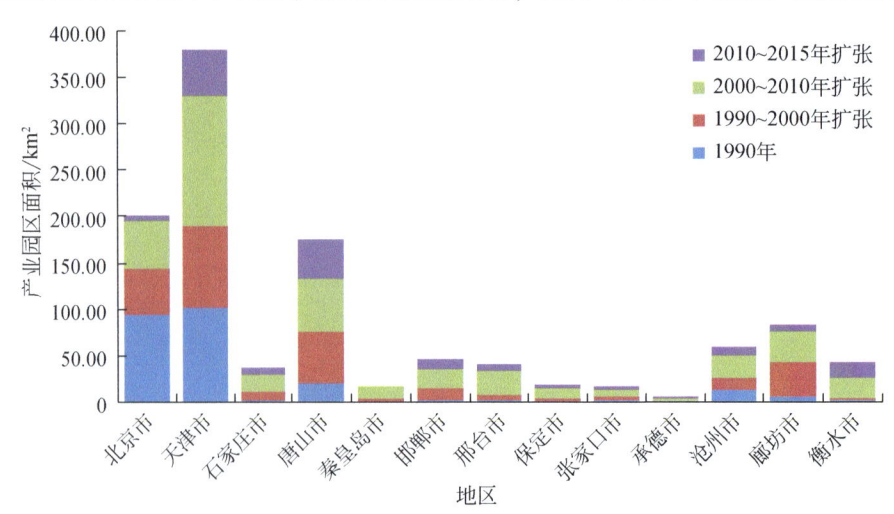

图 5-3 1990~2015 年京津冀城市群各市产业园区用地面积及其扩张规模统计

年均增加约 30.2 km², 年平均增长 11.51%; 2000~2010 年年均增加约 46.08 km², 年平均增长 8.17%; 2010~2015 年年平均增长 3.38%, 可以看出, 京津冀城市群主要产业园区用地规模在不断拓展的同时, 其增长速度却有所放缓, 一定程度上表明随着城镇化、工业化进程的继续推进, 未来产业园区空间必将向着更集约、更高效的方向演变。

从各市的扩张规模来看（表 5-2）, 1990~2000 年扩张规模最大的是天津, 扩张面积达 89.23 km²; 其次是唐山和北京, 扩张面积分别为 55.60 km² 和 49.30 km², 这三个城市对整个京津冀城市群主要产业园区用地空间扩张的贡献率分别为 31.68%、19.74% 和 17.50%; 廊坊的产业园区用地也呈现出较明显的扩张规模, 扩张面积为 35.81 km², 对京津冀扩张总规模的贡献率为 12.71%。2000~2010 年京津冀城市群产业园区用地扩张规模较 20 世纪 90 年代有明显增加, 贡献率超过 10% 的城市包括北京、天津和唐山, 其中贡献率最大的仍为天津, 达 32.34%, 唐山的贡献率超过北京, 达到 13.32%, 北京的贡献率为 11.93%; 与此同时, 北京、唐山、廊坊三个城市产业园区用地规模扩张的贡献率均较前一个时期有所下降, 其余各市的贡献率在这一时期均有不同程度的上升。2010~2015 年对整个京津冀产业园区用地规模扩张贡献率较大的前三个城市为天津、唐山和衡水, 其贡献率分别为 31.06%、26.49% 和 10.21%, 合计达 67.76%, 其余十个市的贡献率合计仅为 32.24%, 特别是北京, 其产业园区用地规模扩张对整个地区扩张的贡献率下降最为显著, 仅为 3.56%。

表 5-2 1990~2015 年京津冀城市群各市产业园区用地扩张情况

（单位：km²）

| 地区 | 1990 年 | 1990~2000 年 | 2000~2010 年 | 2010~2015 年 |
| --- | --- | --- | --- | --- |
| 北京市 | 93.98 | 49.30 | 51.42 | 5.78 |
| 天津市 | 101.26 | 89.23 | 139.38 | 50.39 |
| 石家庄市 | 2.59 | 8.67 | 18.35 | 6.73 |
| 唐山市 | 19.86 | 55.60 | 57.43 | 42.98 |
| 秦皇岛市 | 0.61 | 2.75 | 12.99 | 0.16 |
| 邯郸市 | 1.13 | 12.88 | 21.44 | 11.19 |
| 邢台市 | 1.53 | 5.70 | 26.71 | 6.49 |
| 保定市 | 0.00 | 2.94 | 11.21 | 4.74 |
| 张家口市 | 1.96 | 3.81 | 7.97 | 2.52 |
| 承德市 | 0.26 | 0.00 | 3.60 | 0.88 |

续表

| 地区 | 1990年 | 1990~2000年 | 2000~2010年 | 2010~2015年 |
|---|---|---|---|---|
| 沧州市 | 13.58 | 13.14 | 23.56 | 7.86 |
| 廊坊市 | 5.91 | 35.81 | 34.74 | 5.94 |
| 衡水市 | 2.05 | 1.84 | 22.18 | 16.56 |

进一步计算各市产业园区用地的扩张强度（表5-3），即各市域单元在单位时间内产业园区用地的扩张面积占该市域土地总面积的比值。从各市主要产业园区用地扩张强度来看，京津冀城市群整体的产业园区用地扩张强度呈现先升后降的变化趋势，其中2000~2010年是扩张强度最大的时期。1990~2000年，主要产业园区用地扩张强度由高到低的前四位城市包括天津、廊坊、唐山和北京，分别为0.081、0.059、0.044和0.032。2000年之后，除唐山、衡水两市的扩张强度持续增大外，其余各市的产业园区用地扩张强度在2000~2010年达到最大之后便有所降低或保持稳定。具体来看，2000~2010年和2010~2015年主要产业园区用地扩张强度最大的城市均为天津，两个时期分别为0.127和0.092，后一时期较前一时期有明显下降，但仍然显著高于同时期的其他各市；这两个时期产业园区用地扩张强度变化较明显的城市有北京和廊坊，分别从0.034和0.058下降到0.008和0.020。而在各时期产业园区用地扩张强度最小的城市均为张家口和承德。

表5-3 1990~2015年京津冀城市群产业园区用地扩张强度

| 地区 | 1990~2000年 | 2000~2010年 | 2010~2015年 |
|---|---|---|---|
| 北京市 | 0.032 | 0.034 | 0.008 |
| 天津市 | 0.081 | 0.127 | 0.092 |
| 石家庄市 | 0.007 | 0.014 | 0.010 |
| 唐山市 | 0.044 | 0.045 | 0.067 |
| 秦皇岛市 | 0.004 | 0.018 | 0.000 |
| 邯郸市 | 0.011 | 0.019 | 0.019 |
| 邢台市 | 0.005 | 0.023 | 0.011 |
| 保定市 | 0.001 | 0.005 | 0.005 |
| 张家口市 | 0.001 | 0.002 | 0.001 |
| 承德市 | 0.000 | 0.001 | 0.000 |
| 沧州市 | 0.010 | 0.018 | 0.012 |

续表

| 地区 | 1990~2000 年 | 2000~2010 年 | 2010~2015 年 |
| --- | --- | --- | --- |
| 廊坊市 | 0.059 | 0.058 | 0.020 |
| 衡水市 | 0.002 | 0.027 | 0.040 |

#### 5.2.2.2 基于圈层的产业园区用地扩张空间特征分析

本研究应用缓冲带分析法是为了较为直观地刻画核心城市中心不同距离区域的主要产业园区用地扩张特征，探讨围绕京津两大核心城市的周边不同规模、不同等级的城市其产业园区用地是否存在一定的圈层分异规律。计算京津冀城市群围绕京津双核心的各缓冲圈层1990年、2000年、2010年和2015年的产业园区用地密度，以及各圈层的产业园区用地扩张强度，并分别做出它们随距京津核心距离变化的趋势图。

从用地密度来看（图5-4），产业园区用地密度整体上呈现出随距京津核心距离的衰减变化趋势，但衰减过程中在一定的距离范围又会出现波动性上升的峰值点。从空间角度分析，用地密度曲线从峰值陡然下降的突变点所处距离范围往往是产业园区用地集中分布的区域。

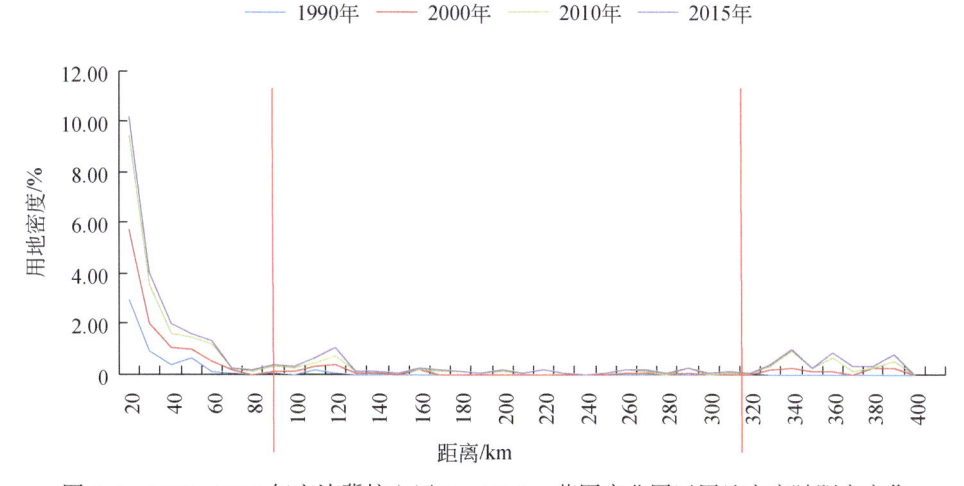

图 5-4 1990~2015 年京津冀核心区 0~400 km 范围产业园区用地密度随距离变化

根据1990年曲线的变动趋势，可以大致将京津冀城市群划分为三个不同的空间层级来探讨产业园区用地密度的变化特征，首先是围绕京津双核90 km 范围内，该范围基本覆盖了京津两市，故该范围内的产业园区用地分布最为集中且密度的圈层变化特征也最为显著，产业园区用地密度随距中心距离的增加急剧减小，其中10 km范围内是京津两地的核心区，从早期开始便是区域经济发展、产业布局的重点地带，产业园区用地分布自然最为集中；一直到40 km处，用地密度开始趋于稳定，40~90 km则在稳定中略有减小，表明产业园区基本呈随机分散分布，因为这个范围属于京津两地的边缘区，相较于核心区已成为产业空间布局的冷点地带，产业园区用地以小规模、零散分布为主。随着距京津核心距离的增大，在约110 km范围处再度出现一个园区用地密度峰值，从京津冀主要产业园区用地的空间分布来看，这个圈层范围产业园区用地主要在唐山中心城区有较为集中的分布。总体来看，1990年，京津冀城市群产业园区用地空间分布整体上呈现出京津唐核心区高集聚、其余地域范围内零散分布的空间格局。

到2000年，产业园区用地密度整体增加，但其随距离变化的趋势则变化不大。京津唐三地作为产业园区高密度集中分布区的格局依然保持，其中北京、天津的产业园区用地仍呈蔓延式扩张，唐山的曹妃甸工业区较之前有了显著的扩张，同时与京津相邻的廊坊产业园区用地也发生显著扩张。进一步从曲线波动变化情况来看，与1990年相比，在距离京津双核160 km、340 km和380 km处出现新的峰值，这些圈层范围产业园区用地分布趋于集聚，这主要归因于唐山乐亭临港工业聚集区的兴建，以及邯郸多个工业园区，如河北邯郸工业园区、临漳工业园区、河北永年工业园区等产业园区的扩张。

到2010年和2015年，各圈层产业园区用地密度继续增大。其中，90 km范围内产业园区用地密度的新峰值位于20 km左右的圈层范围内，较之前的10 km有所外扩，表明京津两市的产业用地开发高密度集中区的重心有向外迁移的趋势。京津核心区外围的第二个产业园区用地密度峰值从原先的110 km外移至120 km，主要是唐山的曹妃甸工业区持续扩张，同时沧州的产业园区数量和规模显著增加；与此同时，与2000年相比，在京津双核外围220~270 km圈层连续出现几个产业园区用地密度峰值，主要是此范围内的衡水、石家庄的产业园区用地相较之前有较为明显的扩张。第三个较大的密度峰值出现在340~390 km圈层，这主要是由于南部邢台、邯郸的产业园区用地数量和规模都显著增加（图5-5和图5-6）。

分析了产业园区用地密度随距离变化趋势之后，再从各时间段、各圈层的产业园区用地扩张强度变化曲线来看，峰值下降越剧烈，表明产业园区用地扩张越集中，曲线变动平缓则表明产业园区用地扩张比较分散。1990~2000年，仅在距离京津双核心20 km处出现扩张强度峰值，其余圈层范围均未出现较高峰值，说明20世纪90年代北京、天津核心圈层的产业园区用地扩张最为集中；此外，其他圈层在120 km处、160 km处、340 km处均有小的峰值出现，其余地市及其所在圈层产业园区用地扩张都较为零散。2000~2010年，大部分圈层的产业园

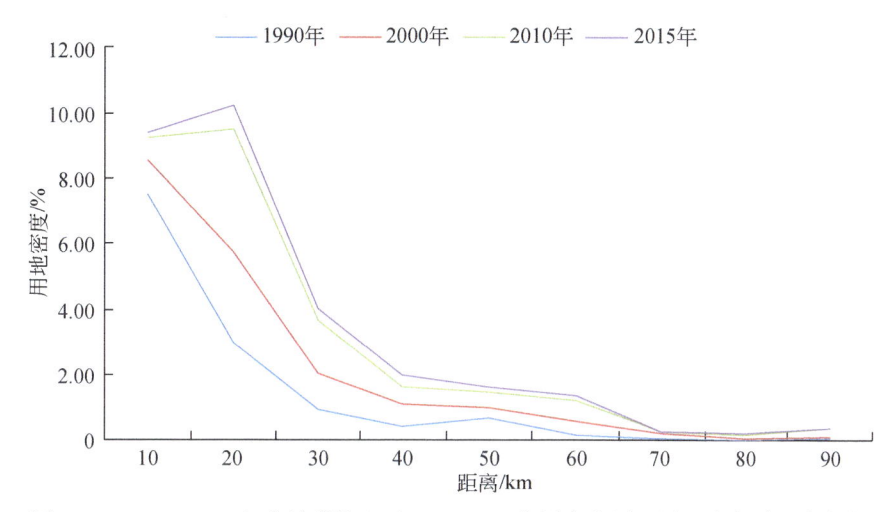

图 5-5　1990～2015 年京津冀核心区 0～90 km 范围产业园区用地密度随距离变化

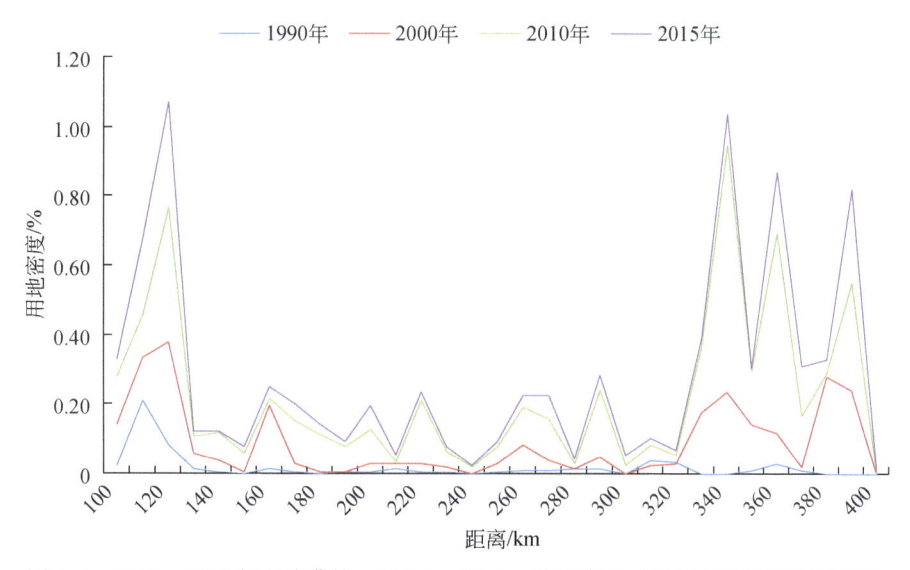

图 5-6　1990～2015 年京津冀核心区 90～400 km 范围产业园区用地密度随距离变化

区用地扩张强度都进一步增大，京津核心区、90 km 处、120 km 仍表现出较为集中的扩张，但核心区的边缘地带也成为产业园区用地扩张活跃的区域，如距离核心 220 km 处、290 km 处、340～360 km 处产业园区扩张强度的增加幅度更大，这些圈层涵盖了包括衡水、石家庄、邢台、邯郸等市在内的京津冀城市群外围区域，其产业园区用地扩张势头甚至超越了核心圈层。2010～2015 年，京津冀城市群产业园区用地扩张整体趋缓，90 km 范围内核心圈层的产业园区用地扩张强度显著减小，达到 1990~2015 年最小，且下降也趋于平缓，扩张的集中程度降低；但 120 km 处圈层的园区扩张强度进一步显著增大，主要是唐山、沧州等市的产业园区呈现出较快的发展扩张势头；除此之外，邯郸所处的 330~390 km 圈层范围产业园区用地进一步表现出较为明显的扩张。结合产业园区空间分布图看，京津冀整体上产业园区用地扩张活跃区域表现出向外推移的态势，往南的沧州、衡水、邢台、邯郸等市的产业园区 1990~2015 年发展迅速，而北部的张家口、承德的产业园区扩张一直相对缓慢，且整个区域多中心、分散扩张的空间格局越来越明显（图 5-7~图 5-9）。

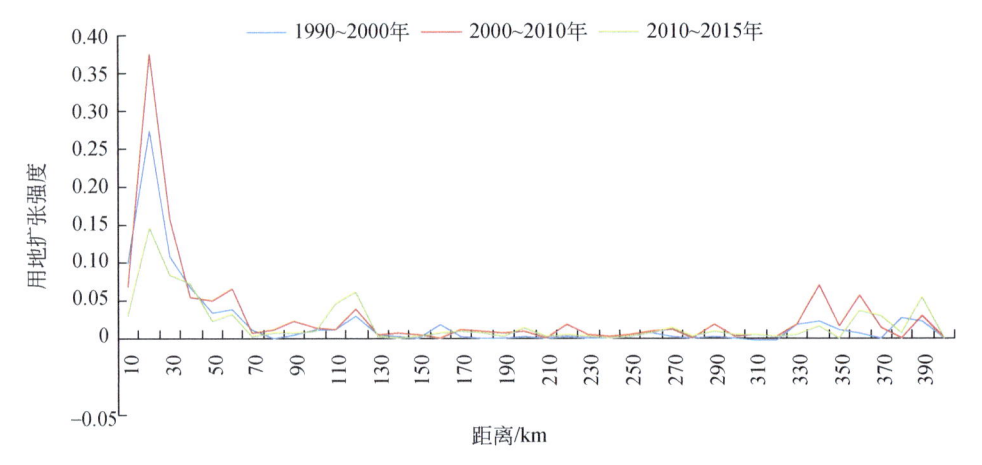

图 5-7 1990~2015 年不同时段京津冀核心区 0~400 km 范围产业园区用地扩张强度随距离变化

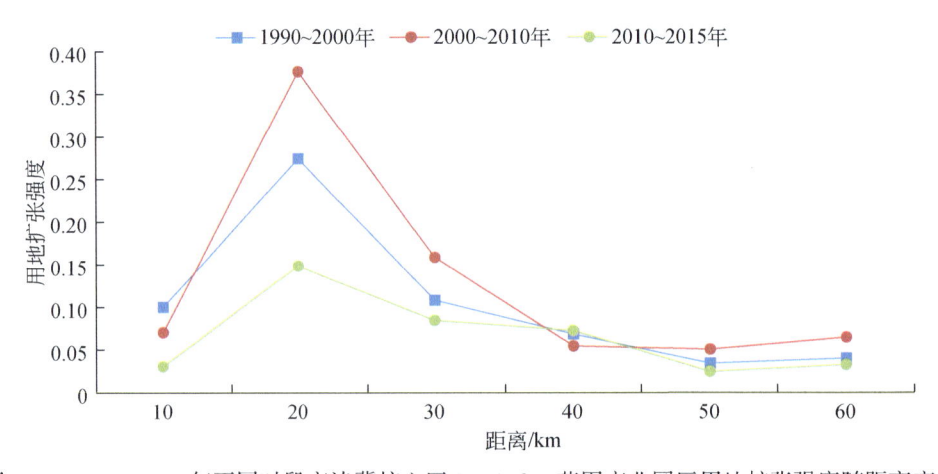

图 5-8 1990~2015 年不同时段京津冀核心区 0~60 km 范围产业园区用地扩张强度随距离变化

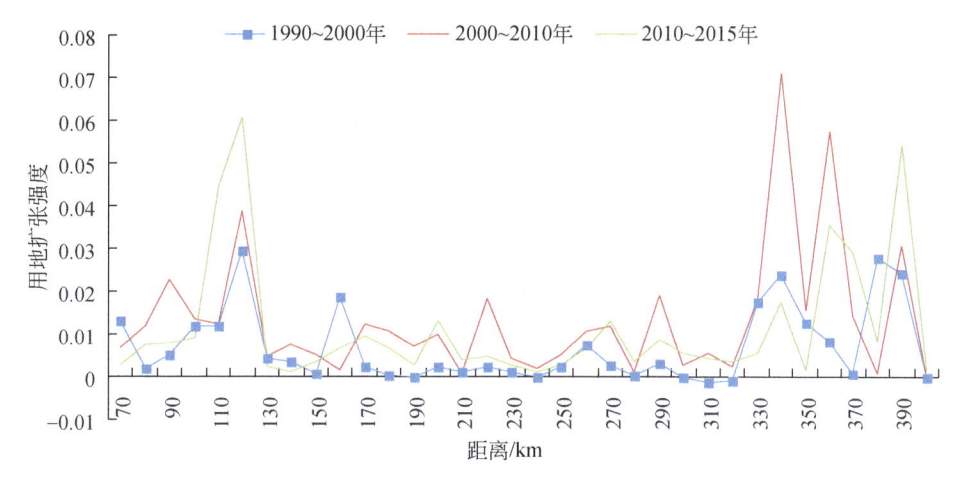

图 5-9　1990~2015 年不同时段京津冀核心区 60~400 km 范围产业园区用地扩张强度随距离变化

## 5.2.3　产业园区用地的扩张方式及空间形态特征

利用 ArcGIS 统计分析工具提取京津冀城市群 1990 年、2000 年、2010 年和 2015 年主要产业园区用地的斑块面积（$A$）与周长（$P$）的属性值，对其分别取对数得到 $\ln A$、$\ln P$ 两个变量，并做出这两个变量的散点图，再对其进行线性拟合，获得线性回归方程。对照分形理论模型表达式，通过回归方程的一次项系数即可求算得到主要产业园区用地的分形维数。图 5-10 即线性拟合结果，京津冀主要产业园区用地斑块面积和周长取对数后具有较高的相关性，$R^2$ 均在 0.95 左右，全部通过显著性检验，表明研究对象具有较显著的分形特征。按照同样的过程，对市级行政区统计并拟合得到 $P$-$A$ 关系模型，从而获取京津冀 13 个城市 1990~2015 年的产业园区用地分形维数。

从京津冀城市群主要产业园区用地整体的分形维数计算结果及其时序变化来看（表 5-4），1990~2000 年的分形维数增大，产业园区用地的形态结构总体上趋于不规则，斑块的空间破碎化程度在增加，说明这一时期京津冀城市群产业园区用地集中扩张的区域以外部扩展为主，且扩张呈现出无序、不规则的特点，空间整合性较低，形状趋于不稳定。2000 年之后分形维数则逐渐减小，由 2000 年的 1.163 下降到 2010 年的 1.154，到 2015 年下降到 1.105，下降幅度更大，表明 2000 年之后京津冀城市群主要产业园区用地的扩张逐渐转变成以内部填充式为主，园区斑块的形态总体上日趋规则和整齐，空间形状的整合性和稳定性不断增加，从而也反映出随着工业化水平的提高和土地利用规划管理的加强，京津冀产业园区建设日益规范，园区用地日趋紧凑集约。

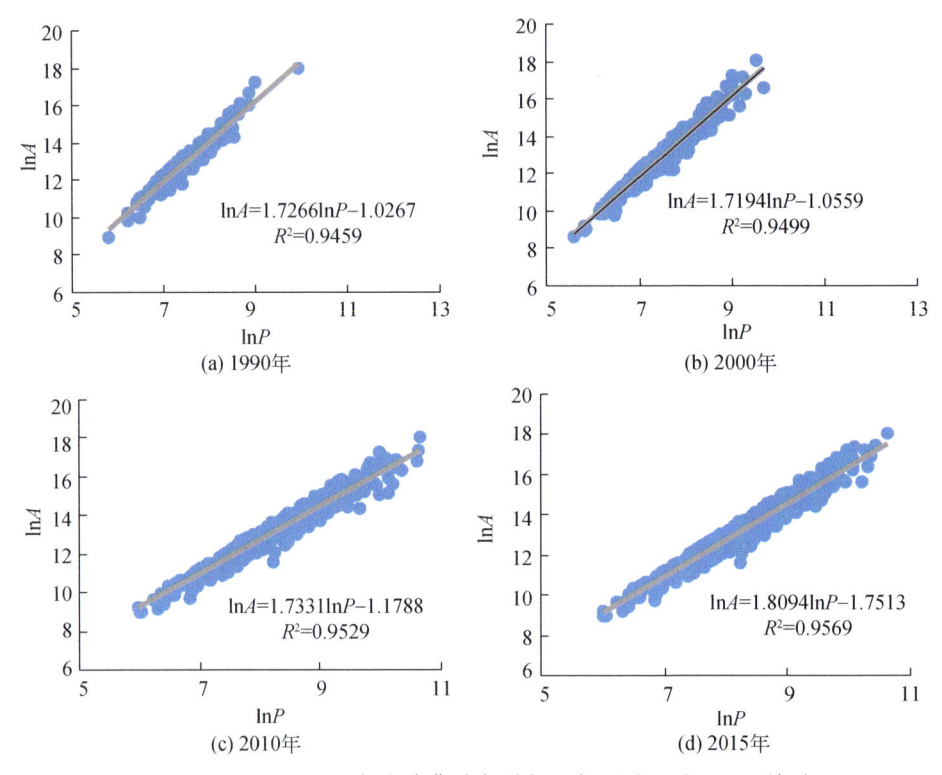

**(a) 1990年**: $\ln A = 1.7266\ln P - 1.0267$, $R^2 = 0.9459$

**(b) 2000年**: $\ln A = 1.7194\ln P - 1.0559$, $R^2 = 0.9499$

**(c) 2010年**: $\ln A = 1.7331\ln P - 1.1788$, $R^2 = 0.9529$

**(d) 2015年**: $\ln A = 1.8094\ln P - 1.7513$, $R^2 = 0.9569$

图 5-10　1990~2015 年京津冀城市群主要产业园区用地 $P$-$A$ 关系

表 5-4　1990~2015 年京津冀主要产业园区用地空间的分形维数

| 年份 | 1990 年 | 2000 年 | 2010 年 | 2015 年 |
| --- | --- | --- | --- | --- |
| 分形维数 $D$ | 1.158 | 1.163 | 1.154 | 1.105 |

从京津冀各市的主要产业园区用地空间的分形维数及其变化情况来看（表5-5），其与京津冀城市群整体的空间分形特征总体上一致，但阶段性变化又具有不一样的规律。1990~2000 年，大多数城市的分形维数有所减小，主要因为 1990 年是各地产业园区发展建设的最初期，且尚未形成一定规模和集聚度，园区的布局处于极度分散的状态，空间上呈现无序的特点，故各市的产业园区用地空间的分形维数都较大，斑块形状复杂、边界不规则。发展到 2000 年，除天津、邢台、衡水产业园区用地分形维数有所增大外，其余各市的分形维数均有所减小，表明这三个城市的产业园区用地依然以外部扩展为主，其他多数城市的产业园区通过自身填充式扩张，已经形成一定的规模和集聚度，因此空间形状的复杂性和破碎

度会较1990年有所降低，分形维数便有所减小。2000~2010年，唐山、廊坊、邯郸及邢台等市的产业园区用地分形维数均有所增大，说明这一时期是这些城市产业园区产业发展与园区建设的蓬勃期，园区用地进一步向外部扩展，斑块的结构形态又趋于复杂化；同一时期其他城市的分形维数都没有增加，斑块镶嵌结构形态趋于稳定，也说明这一时期产业园区的空间布局同时存在集聚与分散的动态变化。2010年之后，京津冀所有城市的产业园区用地分形维数均减小，表明这一时期的产业园区已进入稳定发展期，受到土地资源数量的限制和规划管控的约束，各城市产业园区的扩张均以内部或边缘填充式为主，整个京津冀主要产业园区用地的空间结构形态更加规则，园区整合度提高。

表5-5　1990~2015年京津冀城市群各市产业园区用地分形维数

| 地区 | 1990年 | 2000年 | 2010年 | 2015年 |
| --- | --- | --- | --- | --- |
| 北京市 | 1.2397 | 1.1960 | 1.1180 | 1.0891 |
| 天津市 | 1.1377 | 1.1423 | 1.1101 | 1.0652 |
| 石家庄市 | 1.3033 | 1.2286 | 1.2186 | 1.1652 |
| 唐山市 | 1.1176 | 1.0331 | 1.1023 | 1.0645 |
| 秦皇岛市 | 1.7562 | 1.3102 | 1.2642 | 1.2642 |
| 邯郸市 | 1.3770 | 1.0412 | 1.2008 | 1.1106 |
| 邢台市 | 1.1348 | 1.2356 | 1.2565 | 1.2440 |
| 保定市 | — | 1.5274 | 1.3481 | 1.2258 |
| 张家口市 | 1.1202 | 1.1393 | 1.1430 | 1.0175 |
| 承德市 | — | — | 1.2507 | 1.1531 |
| 沧州市 | 1.1719 | 1.1719 | 1.1668 | 1.1571 |
| 廊坊市 | 1.3533 | 1.1967 | 1.2028 | 1.1704 |
| 衡水市 | 1.2649 | 1.6470 | 1.2467 | 1.1461 |

## 5.3　京津冀产业园区用地演变的影响因素分析

### 5.3.1　自然本底条件的影响

自然条件为区域发展构筑了本底层面的基础，可以直接影响经济要素的布局和落地，也是产业发展的基础，为产业空间的形成及扩张提供空间载体，因此会影响产业园区用地的空间演变，且其基础性作用不会随社会经济条件的提升和改善而消失。

自然条件是资源禀赋条件最为基础的组成部分,如地形、地貌、水土资源等影响了产业园区扩张和演变的基本格局,也影响了园区选址及开发次序(叶玉瑶等,2010)。从地形地貌来看,京津冀城市群由西北向的燕山—太行山山系构造向东南地形逐步变缓过渡为平原地带,由西部和北部山地区、坝上高原区以及东南部平原区组成,整体呈现西北高、东南低的地势特征,沿渤海地带多滩涂、湿地。受地形地势条件的影响,京津冀城市群的主要产业园区基本都处于地形较低且平坦的平原地区,包括地处山前平原的北京和以平原、洼地为主的天津,以及位于东南方向平原延伸地带的河北各市,从而这些地区也成为产业园区扩建和进一步发展的主要区域,目的是便于企业生产活动的布局和落地、基础设施的建设以及人们的生活与交通。而地处西北的张家口、承德以高原、山地及黄土丘陵区为主,由于长期受到人类活动扰动以及干旱影响,坝上高原已成为威胁京津地区的重点风沙源区,同时其又是潮河、滦河、辽河、大凌河四大河流的发源地和主要集水区,诸多自然因素使得张承地区成为京津冀重要水源区和天然生态屏障(张赛等,2009),受其自然生态保障为主功能的影响,张家口和承德地区一直实行着较为严格的产业发展、资源开发和环境保护政策,对产业园区特别是工业园区的布局和建设形成约束。因此整体上看京津冀城市群主要产业园区用地呈现向东部、南部扩张相对明显的态势,北部张承地区的产业园区用地则以低密度及中低密度分布为主。

## 5.3.2 交通及港口区位因素的影响

交通要素向来是区域土地利用变化的重要驱动因素之一,本研究以国道为例,定量化分析交通对主要产业园区用地时空演变的影响。根据最新交通地图矢量化得到2015年京津冀城市群地区的国道分布数据,利用ArcGIS围绕国道生成0～5 km和5～10 km的缓冲区,并将其与1990～2015年的主要产业园区用地分布图进行叠置分析(图5-11)。

分析发现(表5-6),国道两侧5 km范围内产业园区的用地面积扩张比5～10 km范围内更为显著,5 km范围内产业园区用地面积从1990年的不到100 km$^2$增加到2000年的221.32 km$^2$,面积增量为127.93 km$^2$,而5～10 km范围内的产业园区用地由1990年的112.50 km$^2$增加到2000年的225.95 km$^2$,两者占相应缓冲区范围内土地总面积的比重分别由0.25%、0.33%增加到0.58%和0.67%,比重变化接近,但面积增量已呈现出5 km范围大于5～10 km范围的态势。2000～2010年扩张更为剧烈,5 km范围内主要产业园区用地面积达到539.92 km$^2$,

| 第5章 | 京津冀城市群产业园区用地演变

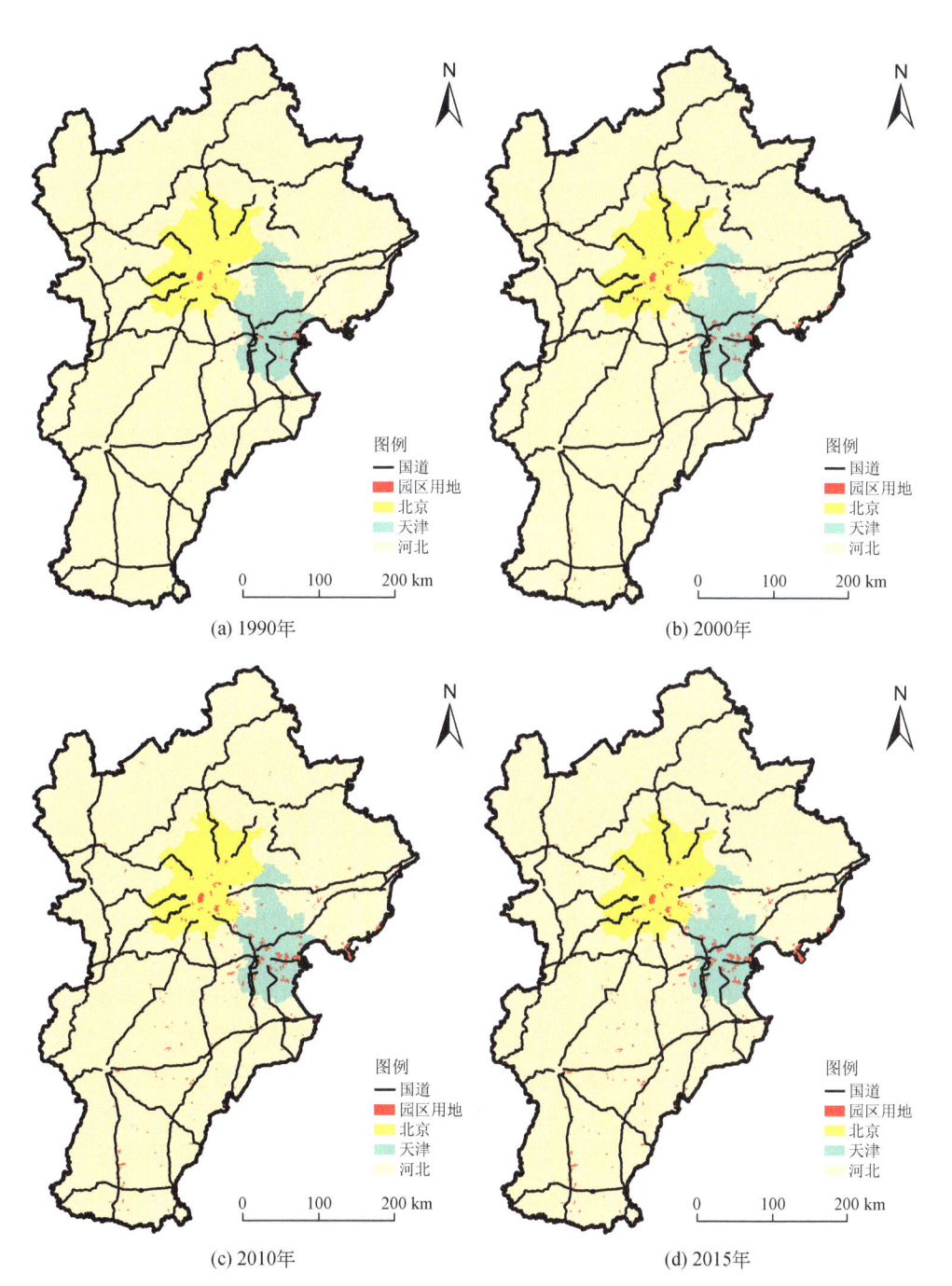

(a) 1990年

(b) 2000年

(c) 2010年

(d) 2015年

图 5-11　1990~2015 年京津冀城市群国道周边产业园区空间分布示意

占比达1.42%，面积增量高达318.60 km²，十年间扩张超过一倍，而5~10 km范围内主要产业园区用地面积增量仅为164.55 km²。2010~2015年，国道两侧5 km范围内的主要产业园区用地面积达到611.36 km²，比2010年增加71.44 km²，占比由2010年的1.42%增加至1.61%，扩张程度依然较5~10 km范围更为显著。因此可以看出，京津冀城市群地区国道对主要产业园区用地具有明显的空间吸引作用，但这种吸引作用呈现出空间分异，表现为距离国道越近的范围吸引作用越强，主要产业园区用地扩张越显著，面积增量越大。例如，北京101国道、102国道以及通过大兴区的104国道周边是产业园区建设、扩张明显的地带；天津国道网密度较大，主要开发区沿国道扩张的特征也极显著，河北102国道、307国道的建设也带动了周边开发区的建设和发展。

表5-6 1990~2015年京津冀国道10 km缓冲区内主要产业园区用地面积及比重统计

| 年份 | 距离范围/km | 面积/km² | 比重/% | 面积增量/km² | 比重变化/% |
| --- | --- | --- | --- | --- | --- |
| 1990 | 0~5 | 93.39 | 0.25 | — | — |
|  | 5~10 | 112.50 | 0.33 | — | — |
| 2000 | 0~5 | 221.32 | 0.58 | 127.93 | 0.34 |
|  | 5~10 | 225.95 | 0.67 | 113.45 | 0.34 |
| 2010 | 0~5 | 539.92 | 1.42 | 318.60 | 0.84 |
|  | 5~10 | 390.47 | 1.15 | 164.55 | 0.49 |
| 2015 | 0~5 | 611.36 | 1.61 | 71.44 | 0.19 |
|  | 5~10 | 450.49 | 1.33 | 60.02 | 0.18 |

以国道为代表的对沿线产业园区用地变化的影响实际上是交通道路的空间吸引效应，交通道路的建设主要表现为加强了主要产业园区用地沿线分布的趋势。交通条件的改善直接改变了区域的区位，引起交通道路沿线的土地空间可达性发生变化，易于形成具有市场吸引力的区位优势，为沿线产业及人口的集聚提供了便利，吸引着产业园区的选址和空间布局，且距离交通道路越近的区域土地空间可达性越高，越容易刺激土地资源的开发和再开发，从而形成上述距离国道越近、产业园区空间分布越密集、主要产业园区用地扩张越明显的空间分异特征。

除道路交通的影响外，京津冀城市群所具有的沿海区位条件也影响着主要产业园区用地的布局和扩张。分布在河北、天津640 km的海岸线上的秦皇岛、京唐、天津和黄骅四个大港口，也成为引导城市与城市之间产业分工和协作的重要因素。特别是重化工业作为目前京津冀地区规划部署的沿海重点产业之一，这些港口的存在为重化工产业发展所需资源的大进大出提供了出入口，也为产业链的延长提供了非常发达的腹地输运系统，因此这些港口城市成为近年来产业园区发展和扩张的集中区域。京津冀滨海的港口地区,通过改善交通支撑条件,增强沿海地区物流、生产和制造基地功能,引导区域重型工业临港集中布局;冀南中部市县通过努力培育新的产业空间增长点,承接沿海重型工业产业链的延伸,而各类产业园区则成为沿海区位条件对区域整体发挥带动和影响的有效载体,主要产业园区用地向东部及中南部扩张成为必然趋势。

## 5.3.3 行政中心对产业园区用地演变的影响

本研究所提取的行政中心主要是京津冀区县市政府所在地,其中,将市级中心城区进行合并后以市级政府所在地作为其行政中心,同时剔除地域范围内没有主要省级以上产业园区分布的区县行政中心,一共提取122个行政中心。以各区县行政中心为中心,5 km为半径公差建立0～30 km范围内的缓冲区,并与1990～2015年的主要产业园区空间分布数据进行叠置,分析行政中心对主要产业园区用地空间演变的影响。为了使不同缓冲圈层内的产业园区用地的统计具有可比性,本研究用不同缓冲圈单位面积上的产业园区面积即园区密度,以及不同缓冲圈内产业园区用地面积占相应年份主要产业园区用地总面积的比重,来反映行政中心对产业园区用地的空间影响。

根据表5-7结果可知:①距离行政中心越近,产业园区用地密度越高,且随时间推移密度增量也越明显,可见行政中心对产业园区用地的影响表现为一种空间上的吸引,这种吸引作用表现出显著的"中心-外围"变化规律,各年份均是0～5 km范围内产业园区用地密度最高,而最外层缓冲区园区密度最低;外围缓冲区土地利用逐渐以农业用地为主,故园区密度减小。②行政中心对产业园区用地的影响表现出距离衰减特征,且随着距离增加衰减作用逐渐减弱;不同年份之间,距离行政中心越近的范围用地密度衰减越剧烈,反映出行政中心对于产业、人口的集聚效应一直较强,这与前文核密度分析的结果,如京津双核始终是产业园区用地的高密度集中区相呼应。③除了园区密度,本研究还统计计算了各缓冲区产业园区用地占园区总面积的比重,反映出行政中心对不同远近范围的产业园区用地的吸引作用存在分异,中心区由于可开发土地资源数量趋于极限,以及经济地租的作用和土地开发的管控,在距离行政中心最近的缓冲范围内的产业园区用地比重较小,而5 km之外特别是近郊、中郊范围内工业用地比重明显增加,而最外围的远郊范围产业园区用地比重最小。可见,行政中心对主要产业园区用地具有显著的吸引和分化作用,中心城市的近郊、中郊区既能够受到中心城区的经济辐射,又拥有相对充足的土地资源可供开发,故往往是产业园区布局的集中地带。

表 5-7  1990~2015 年京津冀城市群行政中心 0~30 km 缓冲范围内主要产业园区用地比重

(单位:%)

| 缓冲区/km | 1990年 园区密度 | 1990年 占园区总面积比重 | 2000年 园区密度 | 2000年 占园区总面积比重 | 2010年 园区密度 | 2010年 占园区总面积比重 | 2015年 园区密度 | 2015年 占园区总面积比重 |
|---|---|---|---|---|---|---|---|---|
| 0~5 | 0.42 | 15.48 | 0.92 | 15.62 | 2.13 | 20.46 | 2.52 | 20.91 |
| 5~10 | 0.43 | 44.31 | 0.75 | 35.67 | 1.42 | 38.16 | 1.60 | 37.07 |
| 10~15 | 0.21 | 28.54 | 0.40 | 24.74 | 0.70 | 24.61 | 0.79 | 24.01 |
| 15~20 | 0.07 | 9.13 | 0.21 | 12.17 | 0.25 | 8.18 | 0.30 | 8.51 |
| 20~25 | 0.02 | 2.36 | 0.26 | 11.61 | 0.31 | 7.58 | 0.36 | 7.63 |
| 25~30 | 0.00 | 0.19 | 0.01 | 0.18 | 0.05 | 1.01 | 0.11 | 1.86 |

## 5.3.4 区域及产业政策的引导

我国产业园区的发展最初就是源于政府为实现一定的产业集聚,引导某一区域优先发展而设立的经济专区。因此,产业园区用地在空间层面的演化和扩张必然会受到经济发展及产业政策的影响,以及规划的引导和调控。特别是对于京津冀这样一个长期以来受到国家高度重视的发展热点区域,其正处于经济发展的转型期,区域政策很大程度上引导着产业格局,因此产业园区用地演变必然离不开政府的政策调控与规划的空间引导。

以北京为例,改革开放以来到 20 世纪 80 年代,北京的产业结构表现为以传统的重工业、制造业为主,直到《北京城市总体规划(1991 年至 2010 年)》发布,明确了北京的城市性质和发展目标,提出北京要集中力量发展微电子、计算机、通信、新材料、生物工程等高新技术产业,特别是到 2000 年以后,北京以服务业为代表的第三产业蓬勃发展。因此 20 世纪 90 年代以来,起步于海淀区的北京市新技术产业开发试验区(中关村科技园区海淀园的前身)不断扩张,周边的丰台、昌平科技园区,以及北京经济技术开发区(即亦庄开发区)也相继建设并扩张,受规划引导,北京的产业结构在空间上日益呈现出中心城区以服务业为主、外围地区以制造业为代表的二次产业为主的格局,而第二产业发展往往需要依托于土地资源的占用,主要产业园区用地呈现出由北京核心区向外围扩张的演变趋势。再以天津为代表来看,其历来是我国北方重要的工业城市,特别是随着滨海新区开发开放上升为国家战略,天津更是吸引了大量产业及创新要素在此大规模集聚,多项重大改革措施在此先行先试,促成了主要产业园区用地在天津以滨海新区为中心、不断向周边扩散的空间格局。与此同时,随着京津冀地区主要发展战略的演变，特别是随着京津冀都市圈区域规划上升为国家战略性规划，对于促进产业发展的市场化发育、改变生产要素过度集聚、激活外围地区具有重要意义。从近几年京津冀城市群不同区域功能协同发展的总体策略来看，京津冀西部和北部山区处于京津冀众多城市的"上风上水"位置，是京津冀城市群重要的生态屏障，这些区域的规划重点往往以建立保证生态安全的城镇空间体系为主，鼓励发展生态型农业、生态型旅游业，因此西部和北部地区的产业园区用地密度相对较低，扩张趋势也并不十分显著。考虑到京津产业转移与合作以及产业链延伸的问题，工业生产向外转移成为必然，尤其是重型工业，而河北多地市便成为承接产业转移的优势选址区域；再加上河北建设沿海强省发展战略的提出，以及河北省镇体系规划中提出的"产业兴城，经济带动"的发展策略，除了唐山这样的老工业城市外，秦皇岛、沧州、廊坊、邢台、邯郸等地凭借已形成的原料生产、装备制造以及消费品制造能力，以及具有倾斜性质的优惠的人口和土地政策，成为各类承接产业转移园区重点布局区域。例如，结合首钢搬迁，唐山积极整合已有钢铁企业并向沿海转移，形成一批以钢铁为龙头的产业集聚区；与此同时唐山依靠其港口优势、石油储备以及煤化盐化产业基础，成为以煤化盐化为主导产业的园区集聚区。随着石化产业外迁，天津、沧州兴建一批承载石化产业的园区。再如，伴随着滨海地区原材料生产智能的推进，天津滨海新区、唐山曹妃甸成为重型装备的主要发展区，而唐山主城、邢台、邯郸原有重工业城市由于拥有良好的产业技术基础以及长期以来形成的服务资源，也积极同沿海原料生产相配合发展装备制造业。正是由于区域政策与规划，京津冀主要产业园区用地呈现出向东部沿海及南部扩张的格局。

## 5.4 京津冀城市群产业园区用地演化空间模式

产业园区是一定区域主要产业活动在地域空间上的落实。20多年以来，产业园区已逐步成为京津冀城市群工业发展的主要载体，其用地空间演变能一定程度上反映区域工业化进程的主体格局及模式的演变特征。京津冀主要产业园区空间演化总体上呈现出一定的阶段性特征，结合京津冀城市群工业化发展及产业园区建设发展历程，对不同时间阶段京津冀主要产业园区用地演化扩张模式进行一定的识别和归纳。特别要说明的是，这里所提到的扩张，既包括已有园区的规模在空间上连续或不连续的"扩张"，也包括把园区数量上的增加也视作"扩张"的情况。

## 5.4.1 核心区蔓延式扩张，外围区跳跃式扩张

1990~2000年京津冀城市群的主要产业园区用地整体上呈现出随机、不规则的外部扩张态势，其中，围绕北京、天津的核心圈层内产业园区用地表现出明显的蔓延式扩张，紧密围绕北京、天津的包括唐山、廊坊在内的近核心圈层产业园区用地呈现跳跃式增加，其余外围圈层的其他地市新增产业园区用地的布局则较为随机。

结合研究区工业化及产业园区的实际发展历程来看，北京、天津从20世纪90年代起便是中国工业化水平较高的地区，其中，北京的开发区建设多是依托于机电工业和高新技术产业为主力建设发展。以北京的中关村科技园区为例，中关村科技园区的源起只是位于北京市海淀区的"中关村电子一条街"，是20世纪80年代经国务院批准所建立的中国第一个外向型、开放型的新技术产业开发试验区，标志着中关村科技园区进入启动建设期；进入90年代，经科学技术部批准，中关村科技园区先后进行多次调整，经历了"一区三园""一区五园""一区七园"的发展格局。除此之外，北京经济技术开发区于1992年开始建设，随后被国务院批准为北京唯一的国家级经济技术开发区。与此同时，北京周边的顺义、昌平、平谷、密云等地区也先后建设并成立多个市级经济开发区、工业园区，产业园区用地呈现出向北京东北部蔓延拓展的格局。而这一时期，天津依托自身的工业基础、经济基础和沿海对外开放的条件，一批工业园、开发区应运而生。其中，天津经济技术开发区为首批国家级开发区之一，同时，凭借濒临渤海的区位优势，开发区不断向东南沿海扩展蔓延，津南经济开发区、宁河经济开发区、塘沽海洋石化产业园区、汉沽化工产业园区以及大港经济开发区等都是在这一时期开始建设成立的。

与京津核心圈层紧密相接的河北唐山，作为河北第一经济大市，是中国"近代工业"的摇篮，也是我国著名的老工业城市。该地区工业起步较早，工业园区起初均相对集中地分布于城区边缘，如路北区东部、古冶区、开平区及丰润区，形成以城区为核心的工业集聚区。20世纪90年代以来，唐山市工业集聚区进一步发展壮大，随着曹妃甸工业区、乐亭临港产业集聚区等园区初具规模，唐山市以工业产业为主的园区用地呈现出趋向东南沿海、跳跃式扩张的空间格局。此外，河北省廊坊市凭借维护环京津、环渤海经济圈核心的优越区位条件，其工业产业园区也极具率先发展的机遇，1992年成立的燕郊经济技术开发区于1999年升级为省级高新区，无论是空间规模还是产业层次都得到显著提升，积极参与到区域经济发展之中。

同一时期,除京津核心圈层以及近核心圈层的唐山、廊坊等城市外,其他城市诸如沧州、石家庄、邢台等市新建的产业园区空间上呈现分散的跳跃式扩张,尚未形成规模性的空间集聚格局。

## 5.4.2　核心区蔓延式、聚合式扩张,外围区跳跃式扩张

2000~2010年产业园区用地扩张覆盖了京津冀更大的空间范围。作为双核之一的北京主要产业园区用地围绕原高密度集聚区,向北部、东南部以及南部有一定规模的蔓延式扩张,但扩张速度已明显放缓。天津市产业园区用地进一步接续原有空间发生蔓延式扩张,形成集中连片的产业园区空间集聚格局。河北唐山依然围绕城区、曹妃甸以及乐亭发生以内部填充为主的聚合式扩张,产业园区用地高密度区的范围及空间格局基本保持不变。除唐山之外,秦皇岛、沧州、石家庄、邯郸等城市也逐步形成较前期更为显著的产业园区用地集聚区。可以看出,这一时期核心及近核心圈层的经济较发达城市的产业园区用地扩张已步入稳定期;而偏外围的城市,特别是京津以南地区,因为新建产业园区数量的激增而形成的产业园区用地扩张反而更为明显,这一方面是受到"县域经济"的影响,另一方面是由于核心城市的辐射和带动,加之部分县市在城市发展"退二进三"的背景下进行企业布局调整而形成新的园区,河北各区县都建设了工业园区,追求自身经济发展的同时积极承接核心城市的产业转移,因此形成了园区覆盖范围较广的"一县一品"的发展模式,核心区以外是外围区在更大范围内有新的园区不断建立,因此在空间上呈现出多点跳跃式扩张的格局。整体上京津冀城市群地域范围内产业园区形成一种多中心的空间发展格局,使得产业园区用地空间分布呈现形态多元化的态势。

## 5.4.3　热点区聚合式扩张,外围区蔓延式扩张

2010年以后,整个京津冀城市群的主要产业园区已形成规模效应,其用地空间格局基本定型。到2015年,已形成的产业园区集聚区用地规模的扩张主要源于多数产业园区内部的改造、转型以及填充式发展扩张,也就是本研究所称的聚合式扩张。北京、天津这样的核心城市产业园区用地扩张显著趋缓,特别是北京,随着工业用地趋于饱和,工业空间向外围特别是东部、南部集聚成为必然趋势。沧州、石家庄、衡水、邢台、邯郸这些中小城市则成为产业园区用地扩张的集中区,这主要是因为核心城市的用地规模日益受到土地资源数量及规划的约束,建设用地空间用地自由度大大降低,并已缺乏足够的后备空间用以支持工业

化进程的不断推进；与此同时，随着京津冀协同发展上升为国家战略，北京非首都功能的疏解必然要求实施产业结构调整与产业功能转移，这在客观上自然会引致核心城市周边的中小城市寻求更大的空间以承载工业规模的进一步扩大，中小城市已形成的产业园区集聚区会在先前的基础上继续发生蔓延式扩张，因而形成当前核心城市以外的外围圈层内产业园区用地较为明显的扩张。

## 5.5 小　　结

本章借助 RS 和 GIS 技术，结合高分辨率卫星影像解译获取了 1990~2015 年承载京津冀城市群工业生产功能的主要产业园区空间数据，从空间格局、数量规模、演化模式等方面研究并刻画京津冀主要产业园区用地的时空演化特征，并进一步分析引致和影响其演化趋势与特征的影响因素，试图以产业园区为对象，反映工业化不断发展背景下土地利用变化的主要影响机制。

核密度分析结果表明，1990~2015 年京津冀城市群主要产业园区用地空间格局呈现出"局部单中心—全局多中心"的动态变化特征；基于圈层结构理论采用缓冲带分析法刻画核心城市中心不同距离范围的主要产业园区用地扩张特征，表明京津冀城市群产业园区用地扩张活跃区域表现出向外推移的态势；通过分形维数的测度，反映出京津冀城市群主要产业园区日渐向内部填充式扩张转变，空间形态日趋紧凑集约。进而，分析自然本底条件、交通及区位因素、与行政中心距离、区域及产业政策引导等对京津冀城市群产业园区用地格局及扩张的影响。总结不同阶段京津冀产业园区用地演化空间模式可知，1990~2000 年京津冀主要产业园区用地以"核心区蔓延式扩张，外围区跳跃式扩张"模式为主，2000~2010 年呈现"核心区蔓延式加聚合式扩张，外围区跳跃式扩张"模式，2010 年之后表现为"热点区聚合式扩张，外围区蔓延式扩张"模式；总体上看，1990~2015 年核心城市的产业园区经历了蔓延式扩张—聚合式扩张的转变，热点中等城市经历了跳跃式扩张—聚合式扩张的变化，部分中小城市则经历了跳跃式扩张—蔓延式扩张的变化，尚未进入聚合式发展阶段。

# 第6章 京津冀城市群城市建成区扩张特征

随着城镇化进程的不断加快,城市地域的扩张是必然趋势。城市建成区用地作为城市地域最核心的组成部分,其空间扩张成为城镇化进程最为直观的表现形式之一,也是城镇化进程的重要测度指标之一(曾磊等,2004;王厚军等,2008),并成为大城市当前乃至未来一定时期内土地利用变化的主要特征。城市群作为目前我国区域发展的空间战略重心,核心及周边城市之间基于人口、物质、能量和信息而逐渐形成互联互通的格局,其建成区用地空间演化及形态扩张必然会表现出相异于单体城市的动态特征。对城市群建成区扩张的规模、强度、空间形态与模式等特征进行表征和研究,对于更深入地理解区域城镇化进程、把握城镇化空间动态走向具有重要的意义。

## 6.1 1990~2015年建成区扩张总体态势

首先对本研究采用的建成区数据给予一定说明。一般意义上的建成区,包括城市市区集中连片的部分以及分散在近郊区与城市有着密切联系的非农建设用地。无论是市区集中连片的部分,还是周边紧密联系的地域范围,当中必然包含有部分已建成的产业园区。前面章节已对产业园区用地的时空演变特征进行了分析,为了后面更科学地刻画研究区产城空间关系状况,本研究将去除包含在城镇建成区范围内的产业园区,以获得研究所需的建成区空间分布数据,继而开展接下来的研究。

根据表6-1和图6-1的统计结果来看,1990~2015年,京津冀城市群地区建成区面积净增加4850.78 km$^2$,年平均扩张速度为10.32%。分时段来看,整个地区的建成区扩张速度呈现先加快后减缓的趋势,其中1990~2000年扩张速度为6.74%,2000~2010年上升到9.61%,而2010~2015年显著下降为1.81%。

从京津冀三地的建成区扩张过程来看,北京的扩张速度最快,1990~2015年建成区扩张1329.09 km$^2$,扩张速度为13.62%;其次是河北,扩张面积接近3000 km$^2$,扩张速度为11.06%;天津的建成区扩张速度最低,为5.31%。

从三地建成区扩张速度的时序过程来看，北京的扩张速度呈现逐步减缓的趋势，天津和河北的扩张速度都是 2000～2010 年最快，分别为 7.65%和 11.56%。

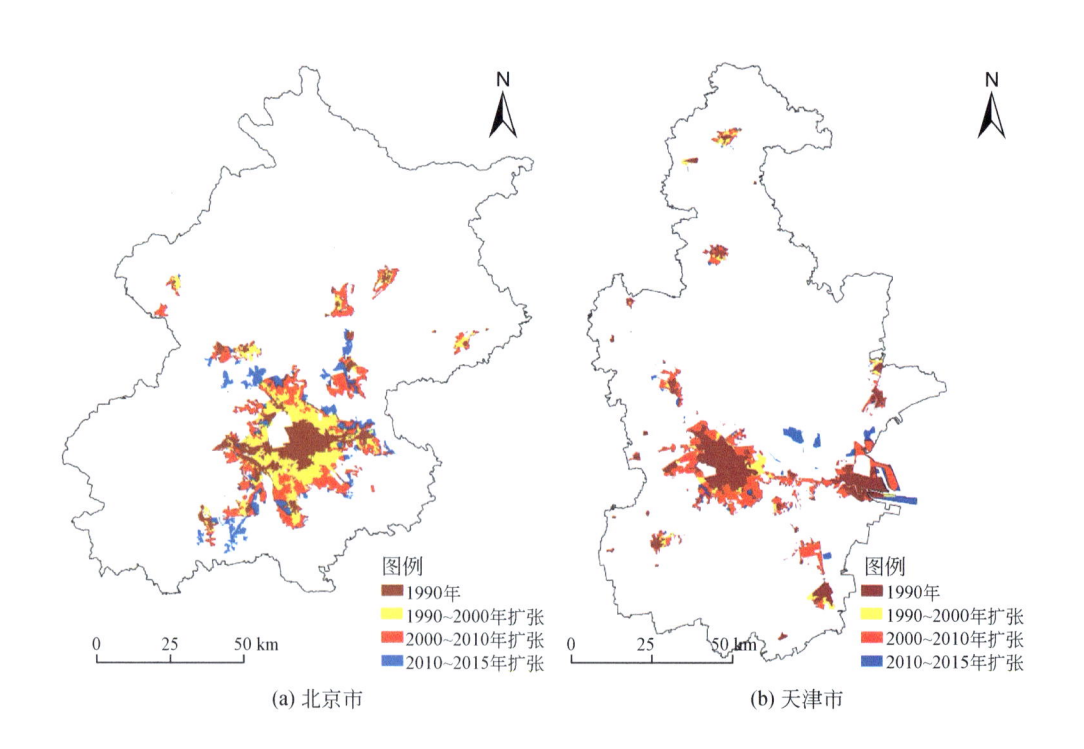

表 6-1　1990～2015 年京津冀建成区扩张面积和速度统计

| 地区 | 1990～2000 年 面积/km² | 1990～2000 年 速度/% | 2000～2010 年 面积/km² | 2000～2010 年 速度/% | 2010～2015 年 面积/km² | 2010～2015 年 速度/% | 1990～2015 年 面积/km² | 1990～2015 年 速度/% |
|---|---|---|---|---|---|---|---|---|
| 北京市 | 481.01 | 12.33 | 586.38 | 6.73 | 261.70 | 3.59 | 1329.09 | 13.62 |
| 天津市 | 81.23 | 1.95 | 380.39 | 7.65 | 90.78 | 2.07 | 552.39 | 5.31 |
| 河北省 | 705.46 | 6.57 | 2057.14 | 11.56 | 206.69 | 1.08 | 2969.30 | 11.06 |
| 京津冀 | 1267.70 | 6.74 | 3023.91 | 9.61 | 559.17 | 1.81 | 4850.78 | 10.32 |

(a) 北京市　　　　　　　(b) 天津市

图例
1990年
1990~2000年扩张
2000~2010年扩张
2010~2015年扩张

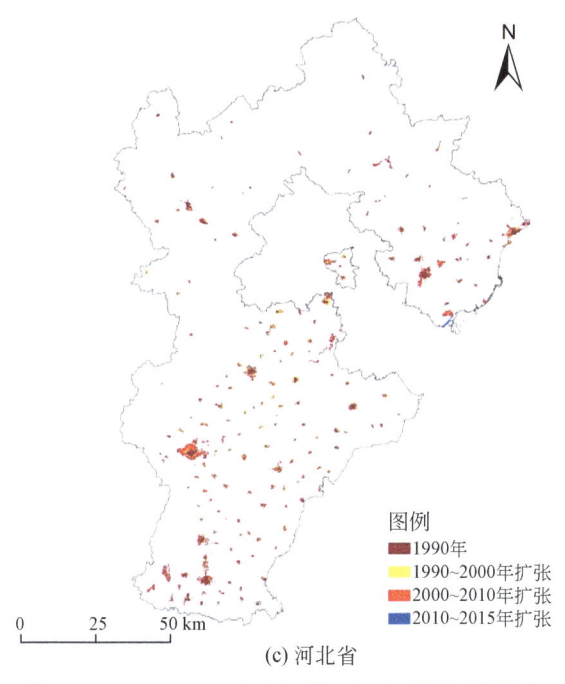

(c) 河北省

图 6-1　1990~2015 年京津冀三地建成区扩张示意

## 6.2　建成区扩张过程与特征的分析方法

### 6.2.1　建成区扩张指数

为了定量化地研究京津冀城市群建成区扩张的时空格局，本研究选取了两种建成区扩张指数进行测度。其中，建成区扩张强度指数（built-up area expansion intensity index，BEI）采用研究单元的土地利用总面积进行标准化，因此与研究单元的建成区扩张规模以及土地总面积有关，适用于研究单元建成区用地的时间序列演变特征；建成区扩张差异指数（built-up area expansion differentiation index，BED）则是研究单元的建成区扩张变化率以及整个研究区建成区扩张的变化率比值，适用于研究区不同研究单元之间建成区扩张强度的对比研究。综合运用两个指数，对于从数量角度挖掘区域建成区扩张强度的时间演变及空间分异特征具有重要意义。两个指数的计算方法介绍如下。

#### 6.2.1.1 建成区扩张强度指数

建成区扩张强度指数是指一定的研究单元单位时期内建成区扩张面积占该研究区土地总面积的比重。该指标将研究区内各研究单元的建成区用地年平均增长规模进行了标准化处理，使各个时段的年平均增长量具有可比性，指标计算公式如下：

$$\text{BEI}_i = \frac{A_i^{t+\Delta t} - A_i^t}{\text{TA}_i \times \Delta t} \times 100$$

式中，$\text{BEI}_i$ 为研究单元 $i$ 的建成区扩张强度指数；$A_i^{t+\Delta t}$、$A_i^t$ 分别为研究单元 $i$ 在 $t+\Delta t$ 及 $t$ 时期的建成区用地面积；$\text{TA}_i$ 为研究单元 $i$ 的土地总面积；$\Delta t$ 为研究的时间跨度。

#### 6.2.1.2 建成区扩张差异指数

建成区扩张差异指数是指一定的研究单元建成区扩张变化率与整个研究区建成区扩张变化率的比值，其实质就是该研究单元建成区用地变化动态度与整个研究区建成区用地变化动态度的比值（关兴良等，2012）。该指数使不同研究单元的建成区用地扩张速度具有可比性，其计算公式如下：

$$\text{BED}_i = \frac{A_i^{t+\Delta t} - A_i^t}{A_i^t \times \Delta t} \bigg/ \left( \frac{A^{t+\Delta t} - A^t}{A^t \times \Delta t} \right) = \frac{|A_i^{t+\Delta t} - A_i^t| \times A^t}{|A^{t+\Delta t} - A^t| \times A_i^t}$$

式中，$\text{BED}_i$ 为研究单元 $i$ 的建成区扩张差异指数；$A^{t+\Delta t}$、$A^t$ 分别为整个研究区在 $t+\Delta t$ 及 $t$ 时期的建成区总面积。

### 6.2.2 建成区扩张的空间自相关分析

从区域尺度研究地理现象或地域单元的任何一种属性，除了关注其空间差异性（异质性）之外，空间相关性（依赖性）也是很重要的一方面。空间自相关本质上研究的是不同观察对象的同一属性在空间上的相互关系。在地理学研究范畴就是一种反映地理现象空间分布模式的空间统计学分析方法，它从定量的角度刻画一个区域单元所具有的某一属性与邻近区域单元所具有的同一属性的空间相关程度（赵丽红等，2015），从而反映某一要素属性在整个区域或局部的空间自相关性的显著程度，即空间集聚或离散程度的大小。

经典的空间自相关分析方法有 Moran's $I$、Geary's $C$、Getis 指数，其中使用最为广泛的就是 Moran's $I$。本研究采用全局 Global Moran's $I$ 和局域 Getis-Ord Gi* 指数，以县域建成区扩张强度为变量，分别从区域整体和局部两个角度分析建成区扩张程度的空间自相关性以及集聚分布特征，探究京津冀城市群地区建成区扩张的空间规律性。

全局空间自相关指数（Global Moran's $I$）用于判别整个研究区域的空间关联模式，即假设空间是同质的，只存在一个充满整个区域的趋势（赵丽红等，2015）。Global Moran's $I$ 计算公式如下：

$$I = \frac{\sum_{i=1}^{n}\sum_{j=1}^{n}W_{ij} \times C_{ij}}{\sum_{i=1}^{n}\sum_{j=1}^{n}W_{ij} \times S^2} = \frac{\sum_{i=1}^{n}\sum_{j=1}^{n}W_{ij} \times (X_i - \bar{X})(X_j - \bar{X})}{\sum_{i=1}^{n}\sum_{j=1}^{n}W_{ij} \times \frac{1}{n}\sum_{i=1}^{n}(X_i - \bar{X})^2}$$

式中，$C_{ij} = (X_i - \bar{X})(X_j - \bar{X})$，$S^2 = \frac{1}{n}\sum_{i=1}^{n}(X_i - \bar{X})^2$。$W_{ij}$ 表示区位相邻矩阵，代表空间单元 $i$ 和 $j$ 之间的影响程度；$C_{ij}$ 表示属性相似矩阵；$X_i$ 和 $X_j$ 分别为 $i$ 和 $j$ 空间单元属性数据值，$W_{ij} = 1$ 代表空间单元相邻，$W_{ij} = 0$ 代表空间单元不相邻，$i \neq j$，$W_{ij} = 0$。Moran's $I$ 值的计算结果介于 $-1 \sim 1$，$I>0$ 为正相关，数值越大表示空间分布的相关性越明显，单元间的关系越密切、属性越相似，即空间上集聚分布的现象越明显；$I<0$ 为负相关，表示空间相邻单元不表现出相似的属性特征，且越接近 $-1$ 代表空间单元的差异越大或分布越不集中；$I$ 趋于 $0$ 时，代表空间分布呈现无明显集中特征的随机分布情形。Global Moran's $I$ 用于探测整个研究区域的空间模式，使用单一的值来反映研究区域的自相关程度，有时会掩盖局部状态的异常性，因此在很多时候需要采用局部指标来进一步探测空间自相关特征。

本研究进一步采用 Getis-Ord Gi* 指数，用以判别区域内的局部地区和位置上是否存在高值集聚或低值集聚的现象，即可以对"热点区"和"冷点区"的空间分布进行可视化表征，该指数计算公式为

$$G_i^*(d) = \sum_{j=1}^{n}W_{ij}(d)X_iX_j \bigg/ \sum_{j=1}^{n}X_j$$

式中，$W_{ij}(d)$ 代表以距离规则定义的空间权重；$X_i$ 和 $X_j$ 分别为 $i$ 和 $j$ 空间位置的属性值。为了便于解释和比较，通常会对 $G_i^*(d)$ 进行标准化处理：

$$Z(G_i^*) = \frac{G_i^* - E(G_i^*)}{\sqrt{\text{Var}(G_i^*)}}$$

式中，$E(G_i^*)$ 和 $\text{Var}(G_i^*)$ 分别为 $G_i^*$ 的数学期望和变异数。如果 $Z(G_i^*)$ 为正值，且统计显著，表明 $i$ 位置周围的值相对较高（高于均值），则属于高值集聚的"热点"区，即相关属性在局部呈现一定规模的高值斑块集聚；如果 $Z(G_i^*)$ 为负值，且统计显著，则表明 $i$ 位置周围的值相对较低（低于均值），属于低值集聚的"冷点"区，相关属性在局部呈现规模低值斑块集聚。

## 6.2.3 建成区空间的紧凑度指数

当前,很多学者将形状类指标用于城市土地扩张研究中,用以度量和刻画城市外部空间形态的规整性,往往可以取得较为直观的效果。这类指标通常认为城市轮廓的"趋圆性"越高,则城市紧凑度越高(燕月等,2013)。其中,1961 年由 Richardson 等根据城市经济学的相关理论提出的紧凑度指数就是一个应用较为广泛的指标,其反映的形态紧凑度是城市空间形态的一个十分重要的概念(王新生等,2005)。紧凑度指数计算公式如下:

$$C = 2\sqrt{\pi A}/P$$

式中,$C$ 代表建成区紧凑度;$A$ 代表建成区面积;$P$ 代表建成区斑块轮廓周长。从形态上看,圆形的紧凑度为 1,其他形状的紧凑度均小于 1(周春山和叶昌东,2013)。因此,$C$ 值越大,表示建成区用地的空间形态紧凑度越高;反之,紧凑度越低。

# 6.3 京津冀建成区扩张的时空特征及演变分析

## 6.3.1 数量变化的时空特征

### 6.3.1.1 建成区扩张的时序特征

1990 年以来,京津冀城市群总体建成区扩张强度达到 0.0958,建成区用地从 1990 年的 1879.87 km² 增加到 2015 年的 6730.65 km²,年均增长超过 171 km²。其中,北京、天津的建成区扩张强度最高,分别为 0.3464 和 0.2014,其次是廊坊、石家庄、唐山,以及南部的邯郸,张家口、承德两市的扩张强度相对最低。同时,建成区扩张也呈现出显著的阶段性波动特征,京津冀城市群整体 1990 ~ 2015 年三个阶段的扩张强度指数依次为 0.0626、0.1493 和 0.0552,其中 2000 ~ 2010 年建成区扩张强度明显高于其他两个阶段。

从各地市不同阶段的扩张强度变化来看(表 6-2),20 世纪 90 年代,北京的建成区扩张强度为 0.3134,显著高于其他各地市,表现出"一市独大"的格局,其次是廊坊、石家庄、天津等市,张家口、承德两市的扩张强度最小,不到 0.01。从 2000 年开始,各市建成区扩张强度较前一时期均有明显增加,整个地区建成区在这一时期迅猛扩张,其中北京的扩张强度依然最高,为 0.3820,但其新增建成区面积占全区新增建成区总面积的比例下降为19.39%，而前一个时期这个比例高达37.94%；天津、廊坊的扩张强度较前一个时期出现了较大幅度的提高，分别达到0.3466和0.3527；此外，建成区扩张强度增加较为显著的还有石家庄、唐山、邯郸等市，其扩张强度分别达到0.2459、0.2253和0.3098。可见2000~2010年除北京的建成区扩张强度稳中有增外，紧密围绕北京的天津、廊坊、唐山、石家庄，以及往南的邯郸多市建成区扩张强度也增加非常显著，这六个城市的新增建成区面积占到整个区域新增建成区总面积的71.06%。2010~2015年，京津两市的建成区扩张强度仍排在前两位，但所有地市的建成区扩张强度较前一个时期都有所降低。

表6-2　1990~2015年京津冀城市群市级单元建成区扩张强度指数

| 行政单元 | 1990~2000年 | 2000~2010年 | 2010~2015年 | 1990~2015年 |
| --- | --- | --- | --- | --- |
| 北京市 | 0.3134 | 0.3820 | 0.3410 | 0.3464 |
| 天津市 | 0.0740 | 0.3466 | 0.1654 | 0.2014 |
| 石家庄市 | 0.1002 | 0.2459 | 0.0166 | 0.1418 |
| 唐山市 | 0.0328 | 0.2253 | 0.0950 | 0.1223 |
| 秦皇岛市 | 0.0465 | 0.1698 | 0.0194 | 0.0904 |
| 邯郸市 | 0.0361 | 0.3098 | 0.0520 | 0.1487 |
| 邢台市 | 0.0418 | 0.1510 | 0.0426 | 0.0857 |
| 保定市 | 0.0741 | 0.0830 | 0.0247 | 0.0678 |
| 张家口市 | 0.0072 | 0.0376 | 0.0049 | 0.0189 |
| 承德市 | 0.0014 | 0.0232 | 0.0016 | 0.0102 |
| 沧州市 | 0.0684 | 0.0505 | 0.0310 | 0.0537 |
| 廊坊市 | 0.1148 | 0.3527 | 0.0328 | 0.1936 |
| 衡水市 | 0.0736 | 0.1420 | 0.0132 | 0.0889 |
| 京津冀城市群 | 0.0626 | 0.1493 | 0.0552 | 0.0958 |

#### 6.3.1.2　建成区扩张的空间特征

为了更好地进行区域建成区扩张的横向对比，我们又计算了各市建成区扩张差异指数，结果表明（图6-2和表6-3），扩张差异指数通过在计算中引入整个区域整体的建成区用地动态变化指标，一定程度上可以反映各市与京津冀城市群建成区总体扩张速度的快慢对比情况。1990~2000年，北京的建成区扩张水平为整个城市群地区中最高，扩张速度显著高于区域整体水平，扩张差异指数达到1.8277；其次是廊坊，该指数达到1.7721，此外，河北的石家庄、保定、衡水、沧州等市的建成区扩张差异指数也较大，表明这些地市的建成区扩张速度也高于区域整体水平，而天津、唐山、秦皇岛、邯郸、张家口、承德以及南部的邯郸等市的建成区扩张速度低于区域整体水平。整体来看，这一时期的建成区的高速扩张区主要集中在京津冀城市群的中部区域，北部多地及南部扩张相对缓慢。

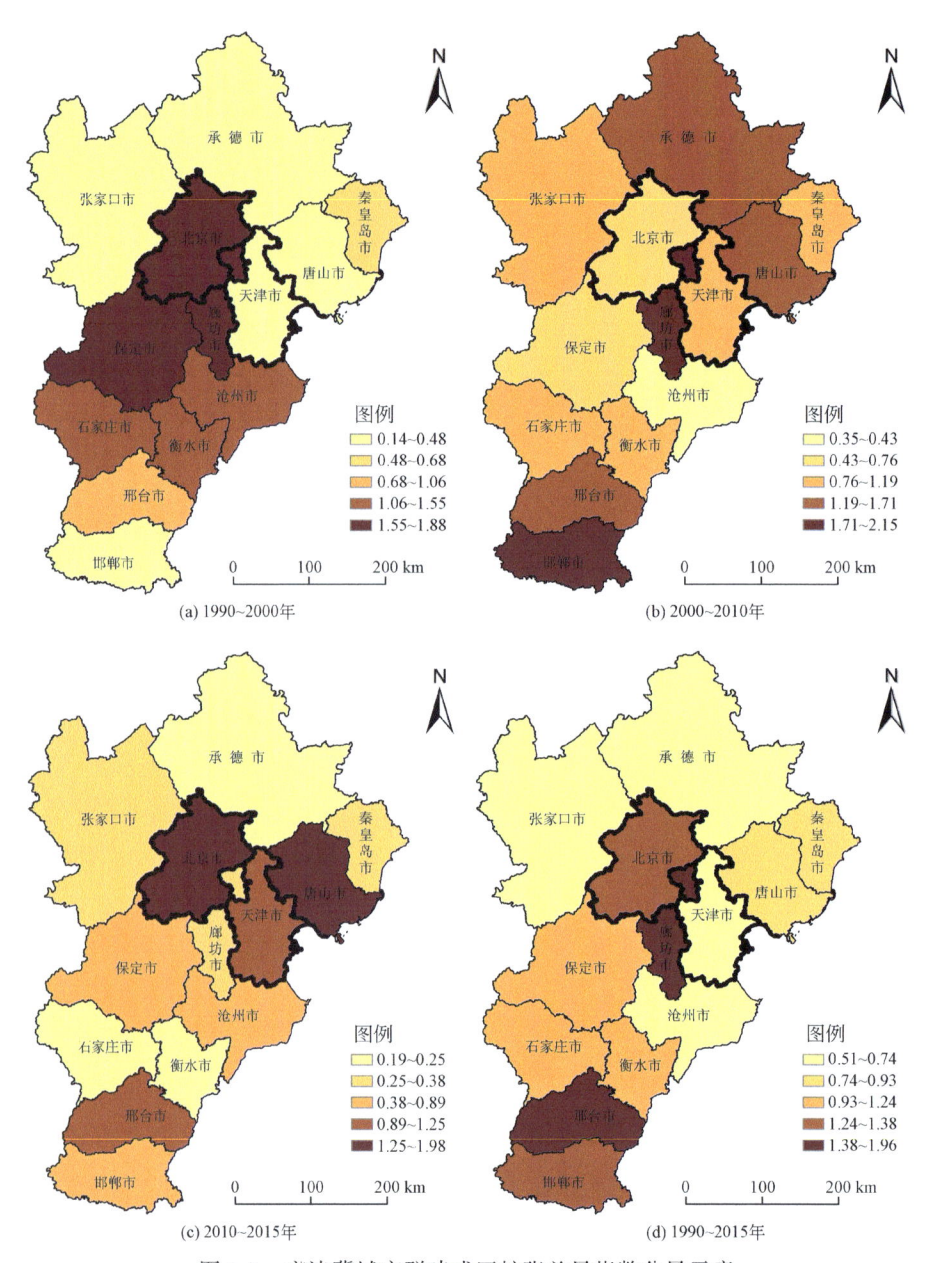

图 6-2 京津冀城市群建成区扩张差异指数分异示意

表 6-3　1990~2015 年京津冀城市群市级单元建成区扩张差异指数

| 地区 | 1990~2000 年 | 2000~2010 年 | 2010~2015 年 | 1990~2015 年 |
|---|---|---|---|---|
| 北京市 | 1.8277 | 0.7005 | 1.9815 | 1.3198 |
| 天津市 | 0.2896 | 0.7963 | 1.1416 | 0.5146 |
| 石家庄市 | 1.3109 | 1.1982 | 0.1996 | 1.2114 |
| 唐山市 | 0.3701 | 1.4275 | 1.3454 | 0.9008 |
| 秦皇岛市 | 0.6818 | 1.1979 | 0.3381 | 0.8665 |
| 邯郸市 | 0.4709 | 2.1525 | 0.6243 | 1.2676 |
| 邢台市 | 1.0636 | 1.5699 | 0.9356 | 1.4231 |
| 保定市 | 1.8746 | 0.6510 | 0.6308 | 1.1202 |
| 张家口市 | 0.4117 | 1.1810 | 0.3844 | 0.7062 |
| 承德市 | 0.1488 | 1.5963 | 0.2299 | 0.7153 |
| 沧州市 | 1.2943 | 0.3585 | 0.8669 | 0.6649 |
| 廊坊市 | 1.7721 | 1.7412 | 0.3215 | 1.9523 |
| 衡水市 | 1.5523 | 1.0265 | 0.2555 | 1.2244 |
| 京津冀总计 | 1.0000 | 1.0000 | 1.0000 | 1.0000 |

2000~2010 年，与上一时期不同，绝大部分城市的建成区用地面积都显著增加，但扩张活跃区呈现出相对分散的格局。从扩张差异指数来看，除廊坊外的中部多地市建成区扩张速度减缓，而北部和南部几个城市的建成区扩张速度增快。北京的建成区新增面积虽然仍为整个区域最大，但其扩张速度却低于区域整体水平，扩张差异指数由前一时期的 1.8277 下降到 0.7005。天津的建成区扩张速度较前一时期有一定的提高，但仍然低于区域整体水平，扩张差异指数由 0.2896 上升到 0.7963，唐山、秦皇岛、邯郸的建成区扩张差异指数增加显著，扩张速度由前一时期的低于区域整体水平增加至高于区域整体水平。而承德、张家口由于建成区面积基数较小，其扩张速度增快相对明显。沧州的建成区扩张速度在本时期下降明显。其余地市的建成区增量都比较显著，扩张水平基本高于区域整体水平。

2010~2015 年的建成区扩张差异指数显示，区域整体的建成区扩张速度有所变缓。北京、天津、唐山成为建成区扩张的快速活跃区，三地的扩张速度高于区域整体水平，扩张差异指数分别为 1.9815、1.1416 和 1.3454，三地的新增建成区面积占区域新增建成区总面积的 73.85%。而河北其余地市的建成区扩张水平均低于区域整体水平。

根据1990年以来建成区扩张差异指数测算结果，分析1990~2015年京津冀城市群建成区扩张的总体特征，可知虽然各地的建成区用地面积都显著增加，但其扩张水平仍表现出明显的空间分异，中部及南部的建成区扩张水平普遍高于北部。北京、廊坊、邢台、邯郸等市的建成区扩张速度高于区域整体水平，石家庄、唐山、秦皇岛、保定以及衡水的扩张速度则基本与区域整体水平持平；天津的建成区扩张速度虽滞后于区域整体水平，但其2010~2015年的扩张态势十分迅猛，且只有天津的建成区扩张差异指数值在不断增大，表明其建成区用地呈现持续扩张的趋势。

## 6.3.2 空间扩张的集聚特征

6.3.1节我们基于市域单元，通过测算相关建成区扩张指数，着重从数量上反映京津冀城市群建成区用地的时空变化特征。为了进一步从空间层面揭示区域建成区扩张的集聚或分散特征，本研究运用 Global Moran's $I$ 和 Getis-Ord Gi* 指数分析京津冀城市群建成区扩张的空间自相关格局，用以反映建成区扩张的空间局部集聚和局部异常特征。

### 6.3.2.1 全局性扩张空间格局特征

借助 ArcGIS 的空间统计功能中分析模式（analyzing patterns）下的空间自相关分析工具（spatial autocorrelation），计算得到全局空间自相关系数 Global Moran's $I$（图6-3）。

从表6-4可以看出，1990~2015年以及各时间段的建成区扩张强度 Moran's $I$ 值都大于0，且都通过了显著性水平为0.05的显著性检验，表明京津冀城市群建成区扩张呈现出明显的空间正相关性，即扩张强度高（或低）的区域在空间上呈现明显的集聚特征。1990~2000年、2000~2010年以及2010~2015年三个时期的 Moran's $I$ 值分别为0.048、0.035和0.096，其中1990~2000年与后一时期相比，建成区扩张的空间集聚态势更为明显一些，说明这一时期已出现建成区扩张围绕少数几个中心展开的格局；2000~2010年的 Moran's $I$ 值为三个时期当中最低，表明这一时期建成区扩张不仅仅集中在少数几个城市，多个地市的建成区在规模和空间上都发生了比较明显的扩张，从而使建成区扩张的集聚态势相对减弱；而2010~2015年，Moran's $I$ 值又有所增大，且为各时期中最大，$Z$ 值也为各阶段最大，表明2010年以来建成区扩张的空间集聚态势又有所增强，围绕部分城市形成扩张强度大或扩张强度小的相对集聚区域。

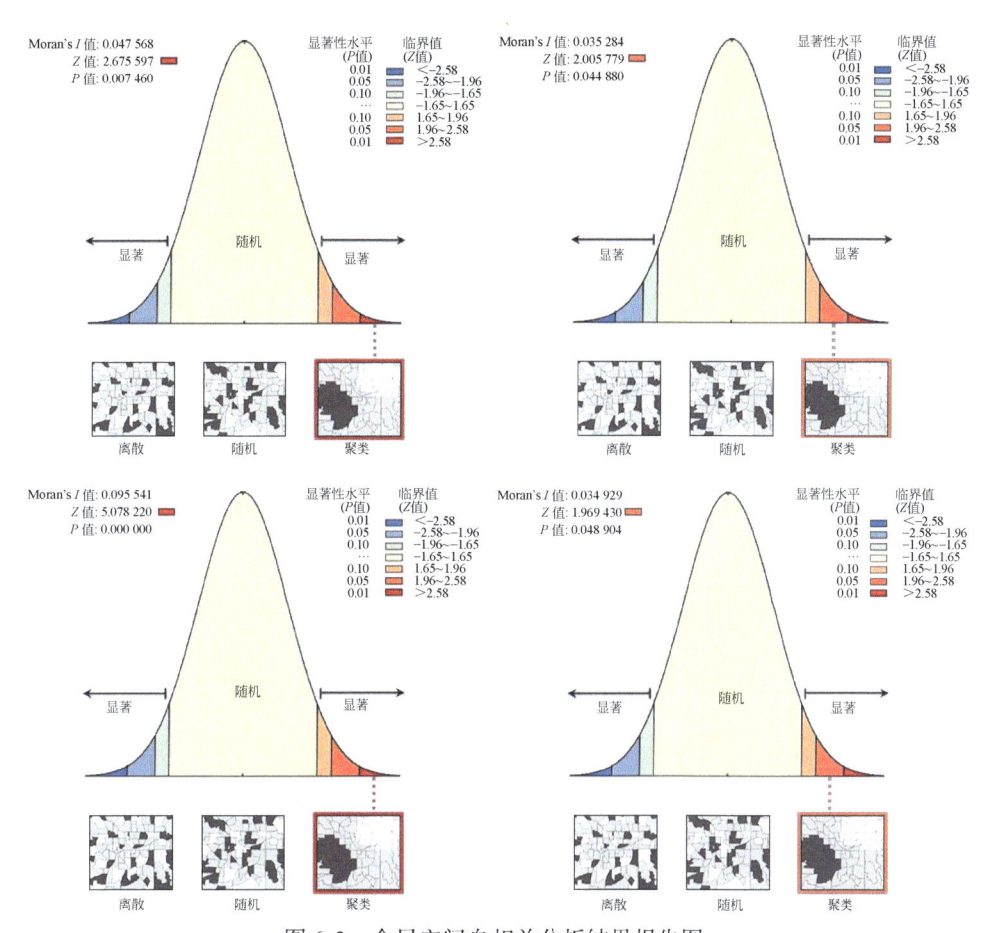

图 6-3　全局空间自相关分析结果报告图

表 6-4　1990～2015 年京津冀城市群建成区扩张强度的 Moran's $I$

| 指标 | 1990～2000 年 | 2000～2010 年 | 2010～2015 年 | 1990～2015 年 |
|---|---|---|---|---|
| Moran's $I$ 值 | 0.048 | 0.035 | 0.096 | 0.035 |
| $Z$ 值 | 2.68 | 2.01 | 5.08 | 1.97 |
| $P$ 值 | 0.01 | 0.04 | 0.00 | 0.05 |

#### 6.3.2.2　空间扩张的冷热点分析

采用全局空间自相关指数对京津冀城市群建成区扩张的总体集聚态势进行初步判断之后，为进一步探测其局部集聚特征，本研究以县域单元为对象，计算 1990～2000 年、2000～2010 年、2010～2015 年以及 1990～2015 年各县域的建成区扩张强度的 Getis-Ord Gi* 指数，并采用自然分类法进行等级划分，形成京津冀城市群建成区扩张冷热点区域的空间演化图（图6-4）。

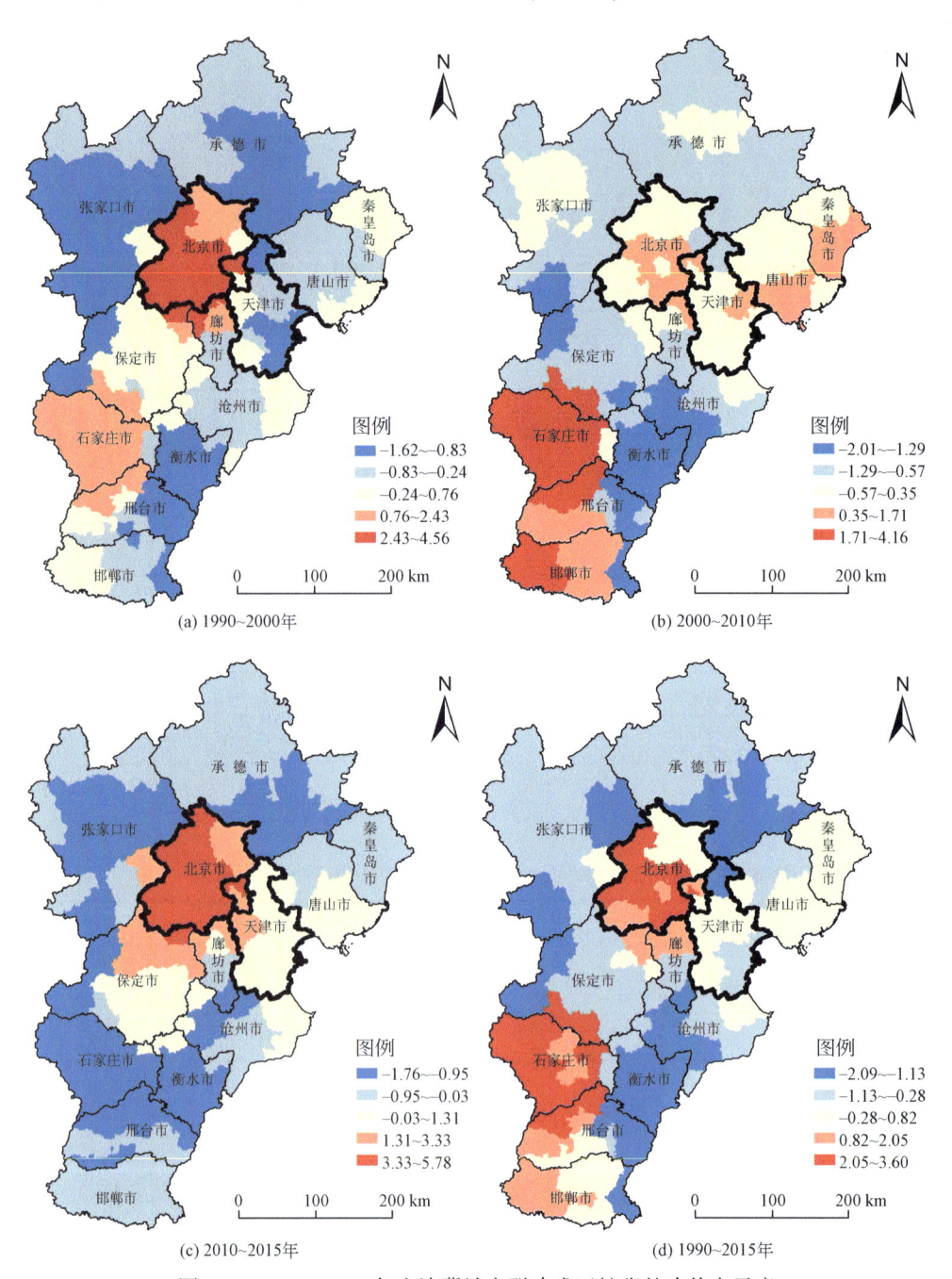

图6-4 1990~2015年京津冀城市群建成区扩张的冷热点示意

从图6-4中可以看出，1990~2015年，京津冀城市群的建成区扩张热点主要集中在以北京以及石家庄为中心的核心城市区及周边，且热点区基本呈现出"核心-边缘"的特征。特别是北京周边的建成区扩张的圈层特征较为明显，直接辐射其周边的廊坊、天津等市；石家庄周边的热点区则呈现向南部延伸的格局。总体上，北京、天津、廊坊、唐山、秦皇岛，以及石家庄、邢台西部、邯郸等地是建成区的扩张热点区域。总体看，建成区扩张的空间分布以及扩张主要沿燕山—太行山一线的山前平原地区，西北山区城市建成区分布一直以来相对稀疏，建成区分布及扩张主线北起秦皇岛，经唐山、北京、保定、石家庄，一直到邢台和邯郸。北京、天津和石家庄凭借重要的经济地位以及行政地位，早期就成为城镇分布的聚集区；随着工业化的发展，矿产资源成为重要的生产要素，因而刺激了唐山、秦皇岛、邯郸等资源丰富地区的城镇发展，也奠定了京津唐地区城市建成区相对密集的发展基础。但是，以张家口、承德和保定西北地区为代表的山区，城镇发展一直高度集中在少数平坝地区，城市建成区一直相对稀疏。与此同时，冀南山前地区包括邢台、邯郸在内的城市在形成之初就受益于南北交通要道的区位优势，可以说交通需求是京津冀城市群城市兴起的基础动力，也是山前地区建成区扩张发展的重要基础。特别是近年来铁路、公路等主要交通线的建设更加强化了太行山前一线的建成区扩张，带动石家庄依托京汉铁路的崛起；与此同时，沿海港口的发展也促进了滨海城市的发育，如天津、秦皇岛等。

分阶段来看，1990~2000年，建成区扩张的高热点区集中于北京中部及南部地区，以北则是次热点区，且蔓延到周边的廊坊市；石家庄全部为扩张的次热点区，向北蔓延至保定南部，向南蔓延至邢台北部。这一时期的建成区扩张发展相对缓慢，核心城市还没形成足够的辐射带动能力，仅在与城市核心区相连的地域空间形成一定范围的建成区扩张热点区，且规模有限。

2000~2010年，京津冀城市群整个区域进入建成区快速扩张的时期，扩张热点区的格局发生了较为明显的变化，总体来看，扩张热点的高值区和次高值区有所增加，扩张强度较高的区域空间分布上趋于碎化。以北京为核心的扩张高热点区消失，说明这一时期北京范围的建成区扩张较为均衡，但与其紧密相连的廊坊、天津以及东部的唐山、秦皇岛出现多个扩张的次高值热点区，一定程度上表明受北京核心区辐射影响，周边城市的建成区扩张强度显著增强，且这些城市扩张核心区的周边县域也表现出被卷入城市扩张范围的趋势。而这一时期河北省会石家庄及其北部、南部部分县域由前一时期的扩张热点次高值区进化为高值区，建成区扩张非常突出，且表现出往南蔓延的态势，次级中心城市的辐射作用显现。

2010~2015年，整个区域的建成区扩张的局部极化作用减弱，热点区碎化态势明显减缓，仅呈现出以北京为中心形成扩张热点高值区、次高值区的圈层空间格局，且圈层格局的规模和集中程度较之前两个时期都更为显著，这与经过多年的开发建设，北京核心区与周边次中心城市之间的建成区在空间上近乎连绵成片，受区域一体化与都市圈规划影响，建成区扩张空间相互影响、相互关联的格局更为明显。与此同时，经过前期的快速扩张演变，多数城市的城镇建设用地进入增量约束的阶段，建成区扩张受到政策、管理方面的引导和限制，部分原先区域扩张热点的地区甚至变成了冷点区，这也从侧面反映出城市的建成区扩张正逐步趋于理性。

## 6.3.3 空间形态紧凑性演变特征

基于 ArcGIS 统计京津冀城市群 1990~2015 年所有建成区用地斑块的周长及面积，根据紧凑度指标公式计算各市建成区用地空间形态紧凑度指数，结果见表 6-5。从京津冀城市群建成区用地整体的空间形态紧凑度来看，1990 年的紧凑度指数为 0.6638，为各时期中最大，到 2000 年下降到 0.6457，2000~2010 年继续下降，2010 年下降到 0.6161，显然 1990~2010 年京津冀城市群建成区用地空间形态紧凑度在不断下降，这与这一时期多数地市都以大规模新建新城区引致城市蔓延剧烈，建成区用地以低密度、粗放式扩张为主密切相关。而 2010~2015 年，京津冀城市群建成区用地空间形态紧凑度指数略有回升，增加到 0.6277，说明这一阶段区域的城镇建成区扩张开始注重内部整合和存量挖潜，建成区用地集约度提高，其空间形态破碎、复杂化趋势得到抑制。

表 6-5 1990~2015 年京津冀城市群各市建成区用地空间形态紧凑度

| 地区 | 1990 年 | 2000 年 | 2010 年 | 2015 年 |
| --- | --- | --- | --- | --- |
| 北京市 | 0.6522 | 0.6392 | 0.6090 | 0.5560 |
| 天津市 | 0.6861 | 0.6652 | 0.6272 | 0.6302 |
| 石家庄市 | 0.6545 | 0.6586 | 0.5871 | 0.6471 |
| 唐山市 | 0.6296 | 0.6158 | 0.5894 | 0.5765 |
| 秦皇岛市 | 0.6166 | 0.6204 | 0.6282 | 0.6583 |
| 邯郸市 | 0.6954 | 0.6543 | 0.6575 | 0.6506 |
| 邢台市 | 0.6874 | 0.6731 | 0.6227 | 0.6383 |

续表

| 地区 | 1990年 | 2000年 | 2010年 | 2015年 |
| --- | --- | --- | --- | --- |
| 保定市 | 0.6548 | 0.6039 | 0.5955 | 0.5859 |
| 张家口市 | 0.7063 | 0.6833 | 0.6264 | 0.6499 |
| 承德市 | 0.6440 | 0.6349 | 0.5425 | 0.6105 |
| 沧州市 | 0.6584 | 0.6609 | 0.6341 | 0.6269 |
| 廊坊市 | 0.6983 | 0.6434 | 0.5822 | 0.6262 |
| 衡水市 | 0.6184 | 0.6149 | 0.6087 | 0.6442 |
| 京津冀 | 0.6638 | 0.6457 | 0.6161 | 0.6277 |

从各市的建成区用地空间形态紧凑度指数计算结果来看，京津冀城市群13个城市除秦皇岛的建成区用地空间形态紧凑度指数持续增加、衡水的紧凑度指数先略微减小到2015年又明显增加外，其余各市的紧凑度指数1990~2015年均呈现减小的变化态势。1990年，紧凑度指数比较大的城市有张家口（0.7063）、廊坊（0.6983）、邯郸（0.6954），除秦皇岛、衡水、唐山的紧凑度指数相对偏小外，多数城市的紧凑度指数都相差不大，这说明在城镇化水平较低且进程尚且较慢的时期，城镇建成区用地基本处于初始的集中连片的状态，紧凑度程度普遍较高。2000年与1990年相比，除石家庄、秦皇岛、沧州三市的紧凑度指数有略微增大之外，其余各市的紧凑度指数均有所减小，其中北京、天津、廊坊、保定等市的紧凑度指数减小幅度最为明显，说明包括北京、天津在内的京津冀核心区建成区用地在1990~2000年这一时期已出现不规则蔓延的趋势。到2010年，北京、天津、廊坊的紧凑度指数继续显著减小，与2000年相比，石家庄、唐山、邢台、沧州等市也有较大幅度的减小，可见2000~2010年京津冀城市群大部分城市的紧凑程度都明显降低，整个地区的建成区用地以向外围拓展蚕食吞并周边土地为主，并以低密度蔓延为特征。到2015年，天津、廊坊、石家庄、邢台、衡水等多个城市的紧凑度指数有所增大，说明2010年之后整个京津冀城市群建成区扩张的低密度无序态势得到遏制，注重土地集约利用成为未来城镇化进程中土地开发利用的大趋势。

## 6.4 京津冀建成区空间扩张模式分析

### 6.4.1 建成区的景观扩张指数

在土地利用变化研究领域，很多学者将 GIS、RS 与景观生态学相结合，提出众多的景观格局指数来定量分析土地利用空间格局分异特征，常见的景观格局指数包括斑块面积、斑块数量、斑块周长、多样性指数、优势度指数、均匀度指数、破碎度指数、聚集度指数等，往往通过专业的景观分析工具包 Fragstats 计算得到。但是纵观这些常用的景观指数，基本上都是从几何特征刻画的角度出发，针对一个固定时点景观分布状态和格局的分析与描述，而没有融入景观格局动态变化过程的信息（刘小平等，2009），因此在景观格局变化快且剧烈，如城镇扩张较快的区域，上述景观指数的应用则表现出一定的局限性。基于此，中山大学刘小平等提出一种新的指数——景观扩张指数（landscape expansion index, LEI），该指数不仅能对景观格局空间特征进行静态识别，还能揭示不同时间点之间景观格局动态变化的过程及模式。

景观扩张的空间模式总结起来主要有三种：填充式、边缘式、飞地式，其他更多的扩张模式均基于这三种模式变异或者混合而来。城市用地作为一种典型的以扩张变化为主的地域空间景观，其演变也符合一般景观扩张的特征，因此也包含上述三种模式。其中，填充式扩张是指新增城市用地斑块填充到原有用地斑块当中［图6-5（a）］；边缘式扩张是指新增城市用地沿着原有用地斑块的边缘以蔓延形势扩张出去［图6-5（b）］；飞地式扩张是指新增城市用地斑块不与原有用地斑块连接而处于分离状态［图6-5（c）］。

(a) 填充式　　(b) 边缘式　　(c) 飞地式

■ 原有景观斑块
□ 新增斑块
□ 最小包围盒

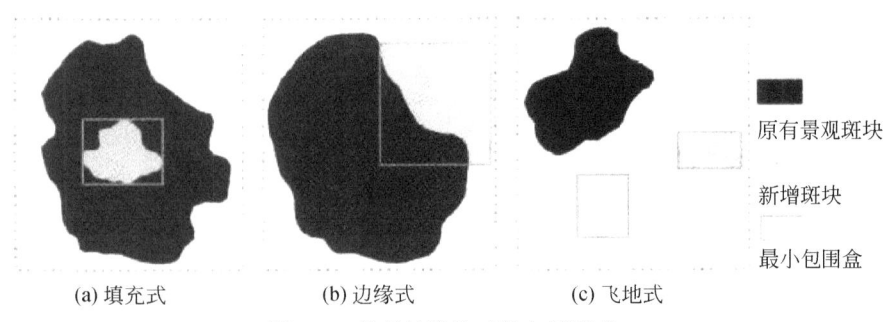

图6-5　景观扩张的三种空间模式

资料来源：刘小平等（2009）

刘小平等（2009）提出的景观扩张指数恰好能较好地揭示包含动态变化过程信息的景观格局演变模式。该景观扩张指数是基于景观斑块的最小包围盒来定义和计算的。最小包围盒是指覆盖一个景观斑块最小和最大坐标对（$X$，$Y$）的最小矩形空间，该矩形的边界与坐标系是平行的，且任何一个斑块都有其最小包围盒。根据图6-5中三种扩张模式新增景观斑块的最小包围盒覆盖情况来看，填充式扩张新增斑块的最小包围盒范围基本上被新增斑块本身和原有景观充满；边缘式扩张新增斑块的最小包围盒范围被新增斑块、原有景观以及其他景观（空地）充满；飞地式扩张新增斑块的最小包围盒则仅被新增斑块和其他景观（空地）充满。基于此，通过最小包围盒来定义新增斑块的景观扩张指数：

$$\text{LEI} = 100 \times \frac{A_0}{A_E - A_P}$$

式中，LEI为新增斑块的景观扩张指数；$A_E$为斑块的最小包围盒面积；$A_P$为新增斑块本身的面积；$A_0$为最小包围盒内原有景观斑块的面积。根据景观扩张指数的定义和计算方法，可知LEI值为$0 \leq \text{LEI} \leq 100$。其中图6-5所示填充式扩张的LEI值为100，飞地式扩张的LEI值为0。

然而，当新增景观斑块本身的形状恰好为矩形时（图6-5），无论是哪一种扩张模式计算得到的景观扩张指数都为0，显然这种情况下基于最小包围盒的计算方法是不合理的。对此，考虑对公式加以修正，即将最小包围盒进行一定倍数的放大（放大倍数不宜过大，如1.2倍即可），因此得到修正后的景观扩张指数计算公式：

$$\text{LEI} = \begin{cases} 100 \times \dfrac{A_0}{A_E - A_P} \\ 100 \times \dfrac{A_{L0}}{A_{LE} - A_P} \end{cases}$$

式中，$A_{LE}$为放大一定倍数的包围盒面积；$A_{L0}$为包围盒内原有景观斑块的面积。

其后，Liu等（2010）对景观扩张指数进行了进一步的修正，改为新增景观斑块一定距离范围的缓冲区代替最小包围盒来定义和计算（图6-6）。修正后的景观扩张指数更易于理解，且避免了上述最小包围盒与新增斑块重叠的特殊情况，其计算公式为

$$\text{LEI} = 100 \times \frac{A_o}{A_o + A_v}$$

式中，$A_o$代表缓冲区内原有景观斑块面积；$A_v$代表缓冲区内其他景观（空地）的面积。

(a) 填充式　　(b) 边缘式　　(c) 飞地式

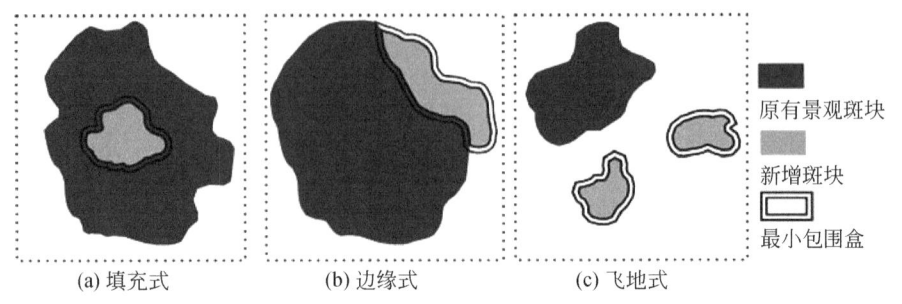

图 6-6　修正后的景观空间扩张指数计算原理示意
资料来源：Liu 等（2010）

由此可见，景观扩张指数能够很好地反映景观格局动态变化，量化单一或多个时间段内景观格局的变化情况。本研究引用该指数用于京津冀城市群地区建成区扩张的演变分析。提取京津冀 1990~2015 年四个时相的建成区用地数据，并应用 ArcGIS 的 Raster to Features 工具将建成区栅格数据转为矢量数据；再应用 Erase 工具提取 1990~2000 年、2000~2010 年、2010~2015 年三个阶段的建成区新增斑块数据。景观扩张指数最终通过刘小平团队基于 C#以及 ArcEngine 开发的景观扩张指数计算器（LEICalculator）计算得来。

根据上述方法，我们可以计算得到单个新增斑块的景观扩张类型。而对于集合了大量斑块的区域而言，我们可以通过定义平均斑块扩张指数（MEI），从更宏观的角度判别一定区域的景观扩张级别。该指数的计算公式分别如下：

$$\text{MEI} = \sum_{i=1}^{N} \frac{\text{LEI}_i}{N}$$

式中，$\text{LEI}_i$ 为单个新增斑块的景观扩张指数；$N$ 为新增斑块的总数目。MEI 的值越大，表示景观扩张的方式更趋于紧凑。

通过计算，我们得到 1990~2000 年、2000~2010 年和 2010~2015 年新增建成区用地斑块的 LEI，并做出 LEI 频率分布直方图（图 6-7）。由直方图可知，1990~2015 年，整体上看 LEI 值有增大的趋势，城镇化进程推动下的城镇建成区扩张在初期呈现飞地式扩张为主的局面，之后填充式和边缘式扩张有所增加。参考刘小平团队的研究成果，对 LEI 进行区间划分，确定各种扩张类型的 LEI 阈值，当 $0 \leq \text{LEI} < 2$ 时，新增斑块属于飞地式扩张；当 $2 \leq \text{LEI} \leq 50$ 时，新增斑块属于边缘式扩张；当 $50 < \text{LEI} \leq 100$ 时，新增斑块属于填充式扩张。

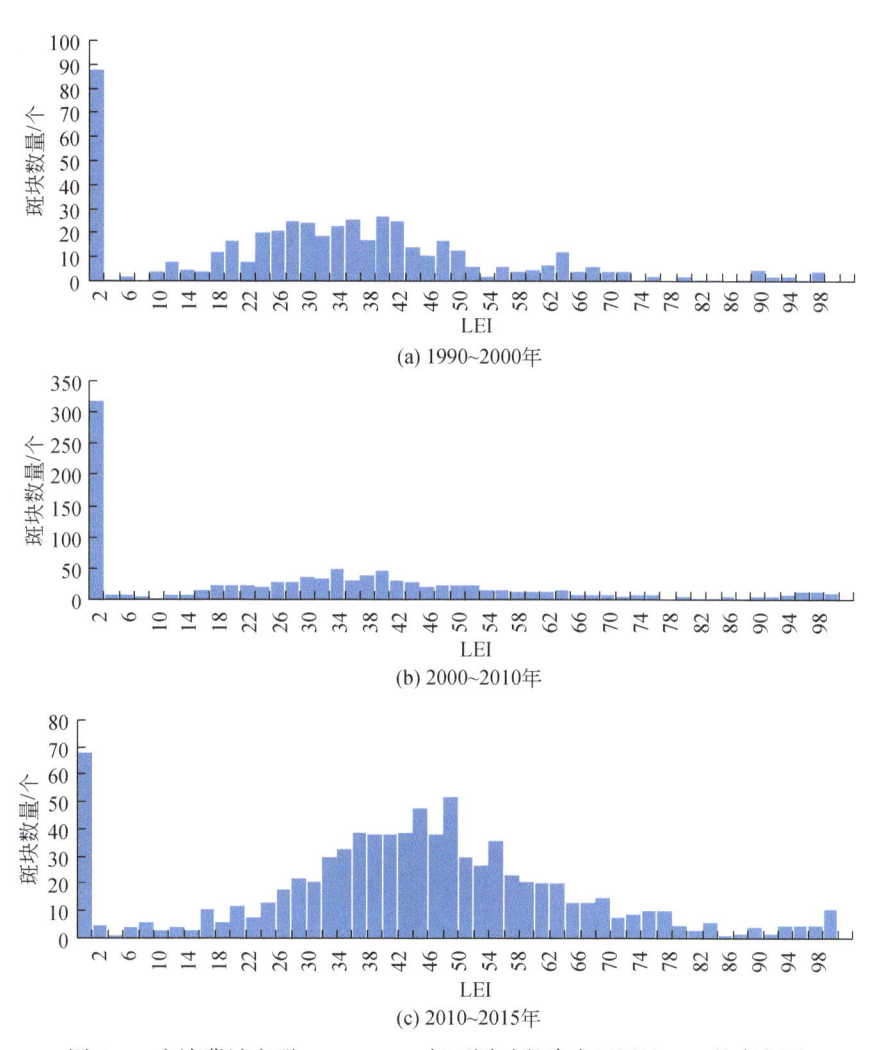

图 6-7　京津冀城市群 1990～2015 年不同时段建成区用地 LEI 的直方图

## 6.4.2　京津冀建成区用地扩张模式分析

根据对 LEI 的阈值划分，作出 1990～2015 年不同时段建成区用地扩张模式的空间分布图，如图 6-8 所示。由图 6-8 中所示的新增斑块与原建成区用地的空间分布关系可以看出，不同时期城镇建成区用地呈现出不同的景观空间扩张特征。1990～2000 年，京津冀城市群地区的建成区用地整体上是以边缘式扩张为主

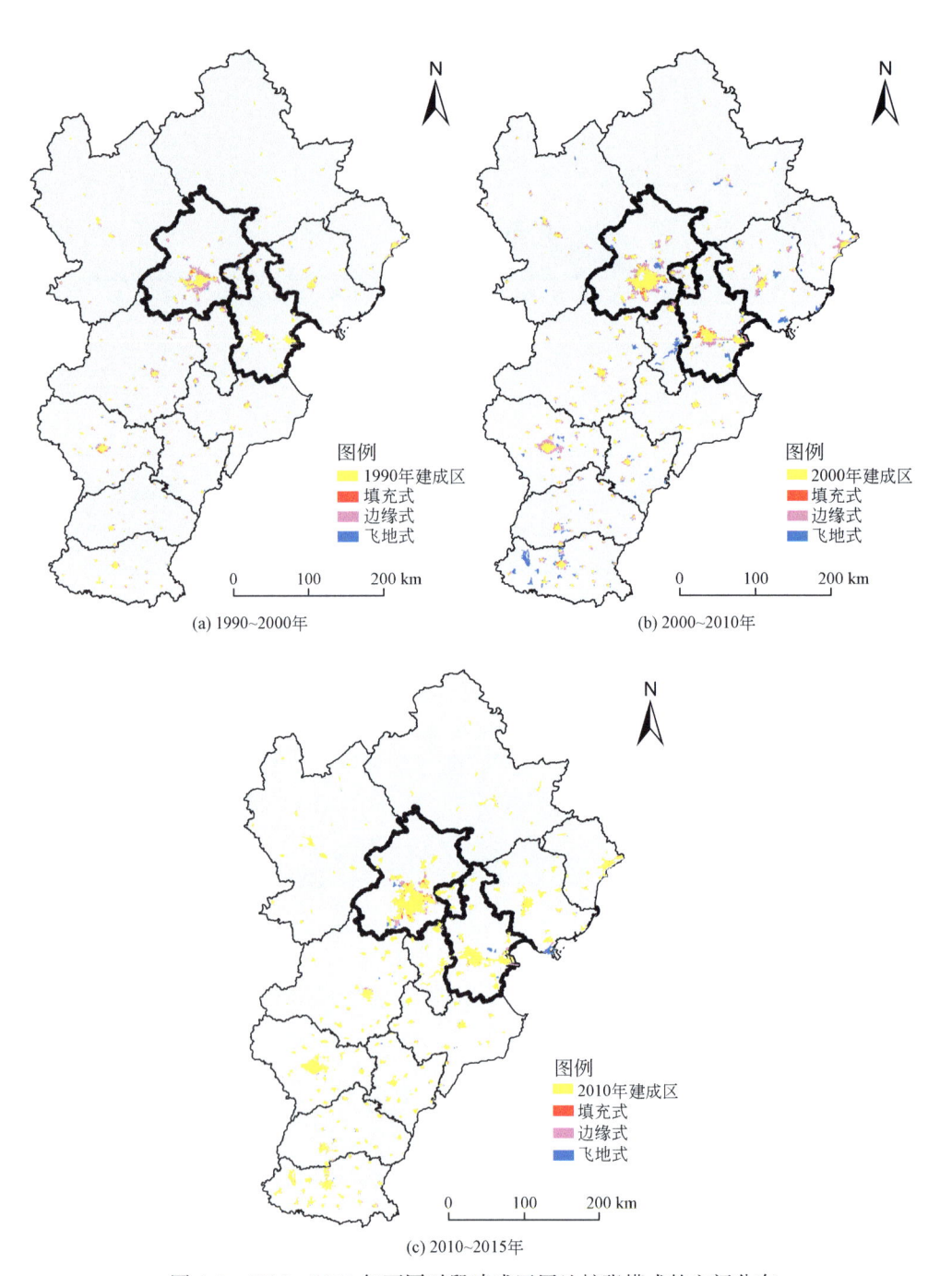

图 6-8  1990~2015 年不同时段建成区用地扩张模式的空间分布

导，且主要围绕城镇核心建成区中心从各个方向进行边缘式扩张模式；其次是飞地式扩张，空间分布较为分散；填充式扩张的情况最少，且多仅出现在城市的中心城区范围。2000~2010年，京津冀城镇建成区的新增部分仍以边缘式扩张为主，且基本是在原建成区范围的基础上继续向外围蔓延；这一时期一个比较明显的变化是飞地式扩张显著增加，且多发生在距离城市核心建成区较远的地域范围；填充式扩张也有所增加，较为明显的是北京、天津这样的核心城市，其中心建成区中部分城市用地的增加以填充方式进行，表明京津这样的大城市一定程度上已开始关注城市发展的合理性。2010~2015年，飞地式扩张的情况显著减少，整体上各市的城市形态趋于紧凑，表现为边缘式和填充式扩张成为城市发展的主要方式。

对不同时期的三种景观扩张模式的建成区用地的斑块数量、面积以及它们各自所占总量的比重进行统计，结果见表6-6。纵观3个时段的城镇建成区用地的扩张演变，边缘式扩张都是最主要的扩张模式。具体从扩张面积及其比重来看，1990~2000年，新增建成区用地面积中有89.01%属于边缘式扩张而来，规模达到1181.40 km²；其次是填充式扩张，所占面积比例为6.77%；飞地式扩张所占的比重最少，仅为4.22%。2000~2010年，边缘式扩张的面积比重下降到65.67%，但仍为京津冀的主导扩张模式；与此同时，飞地式和填充式扩张的建成区用地均有所增加，其中，飞地式扩张情况大幅增加，其面积比重超过了25%，超过这一时期填充式扩张模式的新增建成区用地面积，扩张式的建成区用地比重不到10%，为9.01%。2010~2015年，作为区域主导扩张模式的边缘式扩张建成区用地面积比重继续下降，达到52.74%，飞地式扩张的建成区用地比重较上一时期也略有下降，为21.28%；这一时期填充式扩张的面积比重出现大幅提高，增加至25.98%。

表6-6  1990~2015年不同时期三种扩张模式所占面积比例及斑块数量比重

| 时间 | 1990~2000年 | | 2000~2010年 | | 2010~2015年 | |
| --- | --- | --- | --- | --- | --- | --- |
| 扩张模式 | 斑块数量/个 | 面积/km² | 斑块数量/个 | 面积/km² | 斑块数量/个 | 面积/km² |
| 飞地式 | 88 | 56.04 | 318 | 841.53 | 68 | 156.72 |
| 比重/% | 17.19 | 4.22 | 28.67 | 25.32 | 7.87 | 21.28 |
| 边缘式 | 343 | 1181.40 | 568 | 2182.59 | 492 | 388.51 |
| 比重/% | 66.99 | 89.01 | 51.22 | 65.67 | 56.94 | 52.74 |
| 填充式 | 81 | 89.84 | 223 | 299.42 | 304 | 191.37 |
| 比重/% | 15.82 | 6.77 | 20.11 | 9.01 | 35.19 | 25.98 |
| 总计 | 512 | 1327.28 | 1109 | 3323.54 | 864 | 736.60 |

除面积之外，本研究也对三种建成区用地扩张方式各时期的斑块数量及其比重进行了统计。飞地式扩张斑块数量在三个时期所占的比重分别为17.19%、28.67%、7.87%，波动较大，先上升后下降，但总体表现出明显的下降；边缘式扩张斑块数量所占的比重分别为66.99%、51.22%和56.94%，先下降后上升，总体上表现出下降，但始终为各时期斑块数量最多、比重最大的扩张模式；填充式扩张在三个时期所占的比重分别为15.82%、20.11%和35.19%，此种扩张模式1990~2015年呈现出持续上升的变化趋势。

## 6.4.3 各城市建成区用地扩张模式分析

对京津冀城市群整体的建成区用地扩张模式进行分析之后，本研究进一步计算各城市建成区用地扩张斑块的LEI，并对三类扩张模式的建成区扩张面积以及它们占所在城市建成区用地扩张总面积的比重进行统计，结果见表6-7。

**表6-7　1990~2015年不同时段京津冀各市不同扩张模式面积及比重统计**

| 地区 | 指标 | 1990~2000年 飞地式 | 边缘式 | 填充式 | 2000~2010年 飞地式 | 边缘式 | 填充式 | 2010~2015年 飞地式 | 边缘式 | 填充式 |
|---|---|---|---|---|---|---|---|---|---|---|
| 北京市 | 面积/km² | 10.85 | 434.29 | 34.13 | 72.13 | 425.31 | 98.19 | 34.71 | 148.42 | 97.23 |
|  | 比重/% | 2.26 | 90.62 | 7.12 | 12.11 | 71.40 | 16.49 | 12.38 | 52.94 | 34.68 |
| 天津市 | 面积/km² | 4.4 | 73.19 | 1.33 | 61.69 | 253.32 | 83.42 | 34.87 | 47.03 | 16.18 |
|  | 比重/% | 5.58 | 92.74 | 1.69 | 15.48 | 63.58 | 20.94 | 35.55 | 47.95 | 16.50 |
| 石家庄市 | 面积/km² | 8.92 | 96.12 | 23.93 | 37.21 | 305.53 | 9.62 | 1.63 | 13.32 | 3.66 |
|  | 比重/% | 6.92 | 74.53 | 18.55 | 10.56 | 86.71 | 2.73 | 8.76 | 71.57 | 19.67 |
| 唐山市 | 面积/km² | 1.5 | 32.5 | 7.58 | 138.66 | 152.88 | 12.32 | 35.26 | 19.75 | 5.25 |
|  | 比重/% | 3.61 | 78.14 | 18.23 | 45.63 | 50.31 | 4.05 | 58.51 | 32.77 | 8.71 |
| 秦皇岛市 | 面积/km² | 0.5 | 29.08 | 3.12 | 11.99 | 108.62 | 4.8 | 0.39 | 4.7 | 6.33 |
|  | 比重/% | 1.53 | 88.93 | 9.54 | 9.56 | 86.61 | 3.83 | 3.41 | 41.16 | 55.43 |
| 邯郸市 | 面积/km² | 1.35 | 35.12 | 2.29 | 199.76 | 131 | 11.1 | 1.64 | 38.52 | 12.77 |
|  | 比重/% | 3.48 | 90.61 | 5.91 | 58.43 | 38.32 | 3.25 | 3.10 | 72.77 | 24.13 |
| 邢台市 | 面积/km² | 1.24 | 44.18 | 1.62 | 29.09 | 142.89 | 2.03 | 2.49 | 24.17 | 6.94 |
|  | 比重/% | 2.64 | 93.92 | 3.44 | 16.72 | 82.12 | 1.17 | 7.41 | 71.93 | 20.66 |
| 保定市 | 面积/km² | 6.64 | 141.43 | 3.94 | 38.89 | 138.28 | 18.11 | 3.62 | 24.76 | 7.54 |
|  | 比重/% | 4.37 | 93.04 | 2.59 | 19.92 | 70.81 | 9.27 | 10.08 | 68.93 | 20.99 |

续表

| 地区 | 指标 | 1990~2000年 飞地式 | 1990~2000年 边缘式 | 1990~2000年 填充式 | 2000~2010年 飞地式 | 2000~2010年 边缘式 | 2000~2010年 填充式 | 2010~2015年 飞地式 | 2010~2015年 边缘式 | 2010~2015年 填充式 |
|---|---|---|---|---|---|---|---|---|---|---|
| 张家口市 | 面积/km² | 0 | 24.59 | 0 | 15.77 | 97.55 | 9.55 | 0.86 | 5.72 | 1.4 |
| 张家口市 | 比重/% | 0.00 | 100.00 | 0.00 | 12.83 | 79.39 | 7.77 | 10.78 | 71.68 | 17.54 |
| 承德市 | 面积/km² | 0 | 4.46 | 0 | 38.92 | 48.03 | 1.31 | 0.31 | 6.11 | 1.47 |
| 承德市 | 比重/% | 0.00 | 100.00 | 0.00 | 44.10 | 54.42 | 1.48 | 3.93 | 77.44 | 18.63 |
| 沧州市 | 面积/km² | 8.38 | 77.58 | 3.12 | 10.1 | 64.06 | 11.9 | 2.33 | 12.89 | 9.46 |
| 沧州市 | 比重/% | 9.41 | 87.09 | 3.50 | 11.73 | 74.44 | 13.83 | 9.44 | 52.23 | 38.33 |
| 廊坊市 | 面积/km² | 6.71 | 60.19 | 1.44 | 96.36 | 109.7 | 10.41 | 0.85 | 9.79 | 5.01 |
| 廊坊市 | 比重/% | 9.82 | 88.09 | 2.11 | 44.51 | 50.68 | 4.81 | 5.43 | 62.56 | 32.01 |
| 衡水市 | 面积/km² | 2.24 | 56.87 | 1.95 | 41.59 | 74.23 | 7.67 | 1.94 | 7.32 | 6.13 |
| 衡水市 | 比重/% | 3.67 | 93.14 | 3.19 | 33.68 | 60.11 | 6.21 | 12.61 | 47.56 | 39.83 |

1990~2000年，京津冀各市均以边缘式扩张为主，新增建成区用地当中呈边缘式扩张的面积比重远远超过另外两种扩张模式，除石家庄、唐山的比重低于80%以外，其余城市边缘式扩张面积比重在85%以上，北京、天津的边缘式扩张比例超过90%，分别为90.61%和92.74%；张家口、承德甚至没有出现飞地式和填充式扩张的情况。从飞地式和填充式这两种扩张模式来看，多数核心城市的城镇建成区用地扩张中填充式扩张的面积比重要高于飞地式扩张，如北京、石家庄、唐山、秦皇岛等市，这些城市开发建设的历史相对更为悠久，故出现一部分新增建成区用地通过填充原中心城区而来。总体来看，这一时期京津冀城市群建成区处于以边缘式扩张为主的"扩散"阶段，各市飞地式和填充式扩张的比例都较小，扩张模式较为单一。

2000~2010年，京津冀各市的边缘式扩张面积比重均明显减小，飞地式和填充式扩张面积比重都有较大幅度的增加，其中，北京、天津填充式扩张面积增加更明显，北京填充式扩张面积比重由7.12%增加到16.49%，天津则由1.69%增加到20.94%，所占比重超过了飞地式扩张，而其余城市都是飞地式扩张面积比重超过填充式扩张，特别是唐山、廊坊、邯郸等市飞地式扩张成为仅次于边缘式扩张的第二大主导扩张模式，其面积比重分别高达45.63%、44.51%和58.43%。总体来看，这一时期京津冀城市群边缘式和飞地式扩张出现在大部分城市，除北京、天津外，城市群整体结构趋于疏散。

2010~2015年，京津冀各市的建成区用地扩张模式特征又发生了较为明显的变化，大多数城市的边缘式扩张面积比重继续减小，特别是北京、天津、石家庄、唐山等较为核心的城市，边缘式扩张面积比重减小显著。个别城市的边缘式扩张面积比重较上一时期有所增加，如邯郸、廊坊、承德等市，但总体上较1990~2000年仍表现为明显减小。与此同时，这一时期较为显著的一个变化是多数城市的填充式扩张面积比重均显著增加，且超过飞地式扩张面积比重，只有天津、唐山两市的飞地式扩张面积比重在这一时期继续增加，分别达到35.55%和58.51%。总体来看，这一时期各市的建成区用地扩张以边缘式和填充式为主，城市结构较前一个时期趋于紧凑。

进一步计算京津冀各市的MEI，结果见表6-8，可以看出，所有城市的2010~2015年的MEI值都比1990~2010年显著增大，说明各市建成区的扩张发展均趋于紧凑，但不同城市三个时间段的整个变化趋势并不是完全一致的，有的城市MEI值持续增大，有的是先减小后增大。通过前面的分析可知，2000~2010年是京津冀城市群建成区用地扩张变化相对剧烈的一个时期，因此该时间段不同城市的MEI值变化表现出比较明显的空间不均衡特征，对于北京、天津、石家庄、廊坊、沧州、保定等市来说，1990~2015年其MEI值是持续增大的，因此这个时期相比于1990~2000年也是增加的，但也有部分城市，如唐山、秦皇岛、邯郸、邢台、张家口、承德、衡水等市的MEI值在这个时期相比于1990~2000年是减小的，表明这些城市的建成区用地在这个时期发生的飞地式扩张规模较大，从而导致建成区用地空间上趋于分散，同时该特征与前面对这些城市的飞地式扩张面积及比重统计结果是相一致的。而2010~2015年，绝大部分城市的建成区MEI值全部显著增大，反映出建成区紧凑型扩张成为整个京津冀城市群地区的主要趋势。

表6-8 1990~2015年不同时段京津冀各市MEI测算结果

| 地区 | 1990~2000年 | 2000~2010年 | 2010~2015年 |
| --- | --- | --- | --- |
| 北京市 | 30.47 | 45.12 | 44.22 |
| 天津市 | 30.78 | 32.69 | 45.02 |
| 石家庄市 | 30.99 | 33.01 | 37.68 |
| 唐山市 | 38.11 | 30.87 | 38.84 |
| 秦皇岛市 | 34.38 | 28.42 | 45.08 |
| 邯郸市 | 33.87 | 14.23 | 43.92 |
| 邢台市 | 33.96 | 21.42 | 41.79 |
| 保定市 | 29.19 | 36.51 | 48.47 |
| 张家口市 | 31.92 | 30.67 | 40.81 |

续表

| 地区 | 1990~2000年 | 2000~2010年 | 2010~2015年 |
|---|---|---|---|
| 承德市 | 34.08 | 24.14 | 40.31 |
| 沧州市 | 32.4 | 33.77 | 46.4 |
| 廊坊市 | 24.26 | 24.67 | 42.41 |
| 衡水市 | 35.65 | 27.8 | 46.96 |

一般来说，城市群地区空间一体化会经历三个阶段。第一个阶段是每个中心城市辐射周边地区，逐步拓展为"都市区"；第二个阶段是不同都市区的外围县逐渐对接，形成"都市连绵区"；第三个阶段是外围县经过充分发育，成为独立的具备较强生长力的中心市，并和原先的中心城市共同构成城镇密集区。

综合京津冀城市群各阶段的建成区扩张模式来看，京津冀整体上还处于上述城市群地区空间发育的第一和第二阶段。①2000年以前，仅北京、天津、唐山、石家庄少数几个核心中心城市以边缘式扩张的形式优先生长，成为区域的"都市区"，这主要是依赖于已具备一定发展基础的中心城市职能的区域化外溢、中心城市产业拓展和延伸而带动形成。②2000~2010年城市群建成区扩张呈现两个特点：一是京津走廊及两翼地区基于原有建成区发生填充式扩张而初步形成规模较大的连绵区雏形，这与京津核心区进入工业化后期，城市职能的转变使京津进入产业升级及调整阶段，城市开始重视内涵式发展有关；二是河北多个中心城市，如保定、邢台、邯郸等，以飞地式扩张为主导模式生长发育起来，这一阶段中心城市与外围的职能虽然已出现联动的趋势，但因为这些中心城市的职能定位尚不够清晰，联动效应较弱，这类外部职能的出现受京津的辐射或者所在中心城市的辐射还不是很强，而是偏向于某一个外部市场的偶然选择，因此多以"飞地式"的形式在某一区域扩张。③2010年以后，京津冀城市群地区几个规模较小的连绵区也开始形成，如南部的邯郸—邢台、石家庄—衡水，这些城市建成区都是在经历了飞地式增长扩张的基础上，城市职能得到巩固、发育进而一定程度发生外溢，同时受到京津都市连绵区辐射力的影响，进一步通过边缘式和填充式扩张并进而趋于形成一定规模的连绵区。④西北部的山区则发育迟缓，还在经历着边缘式为主的空间扩张阶段，仅出现中心城市而没有出现都市区，因而仍停留在城市群空间一体化的第一阶段。

## 6.4.4 建成区扩张模式演变规律

根据公式，分别计算京津冀城市群地区的 MEI，结果见表6-9。MEI 在三个时段内的值分别为 31.96、30.16、43.74，1990~2015 年呈现先下降后增大的趋势，且整体上 2010~2015 年较之前各时段有所增大，这表明京津冀建成区用地扩张整体上趋向于紧凑、内聚式的。

表 6-9 1990~2015 年不同时段京津冀新增建成区用地的 MEI 值

| 指标 | 1990~2000 年 | 2000~2010 年 | 2010~2015 年 |
| --- | --- | --- | --- |
| MEI | 31.96 | 30.16 | 43.74 |

结合前面的分析可知，京津冀城市群建成区扩张整体上经历了边缘式主导—边缘式主导、飞地式次主导—边缘式主导、填充式次主导的演变过程。2000 年以前，京津冀城市群建成区整体呈现以边缘式扩张为主的扩张模式，核心城市与主要热点城市都围绕城市中心进行蔓延式拓展，因而建成区用地主要分布在城市中心范围内。2000~2010 年，除了边缘式扩张，京津核心城市已呈现向填充式扩张转变的趋势，而其他城市飞地式扩张大幅增加，表现为此阶段各大城市周围也形成一些新的城市增长点；2010~2015 年，填充式扩张所占的比重大幅上升，城市群内部城市发展趋于"聚合"的态势。上述建成区扩张模式的时空分异特征恰恰也符合城市增长相位理论（Duncan et al.，1962），该理论指出城市的发展过程将经历扩散和聚合两种相位阶段，本研究中的边缘式扩张和飞地式扩张均可视作城市的扩散发展过程，而填充式扩张则为城市的聚合发展过程。同时本研究还发现，京津冀城市群像北京、天津这样等级较高的城市会更早地进入"聚合"相位阶段，而等级较低的城市进入此阶段则表现出滞后性。

## 6.5 小　　结

本章主要以建成区为研究对象，首先通过建成区扩张指数、空间自相关分析、紧凑度分析等方法，详细分析 1990~2015 年京津冀城市群建成区用地扩张的时空格局及形态演变特征。整体来看，1990~2000 年建成区的高速扩张区主要集中在京津冀中部的北京、天津核心城市，区域北部和南部扩张都相对缓慢；而 2000~2010 年大部分城市建成区都迅速扩张，但中部核心地带的建成区扩张有所放缓；2010~2015 年京津唐再度成为扩张活跃区。紧凑度指数测算结果表明，京津冀城市群建成区无限制、低密度蔓延的态势逐渐得到遏制。在此过程中，核心城市辐射带动和建成区空间相互影响效应，以及政策管控都影响着建成区扩张的时空格局。

为了进一步得到建成区空间扩张模式规律，引用景观空间扩张指数分析方法，定量地分析城市群动态扩张过程，识别其表现出的填充式、边缘式、飞地式扩张模式，不同阶段、不同城市其建成区扩张的主导模式不尽相同，并结合城市群的发育过程探讨了京津冀城市群城市建成区扩张模式演变的内在机理。通过实证分析，参考城市增长相位理论，论证得到京津冀城市群各城市由"扩散"扩张向"聚合"扩张演变的发展过程。

# 第7章 京津冀城市群产业园区与建成区的交互关系及其影响机理

第5和第6章主要从空间角度分别刻画了以园区为代表的产业空间和以建成区为代表的城市空间的时空演变特征，一定程度上反映了在城镇化和工业化两大主导驱动力推动下京津冀城市群国土空间格局的动态演变规律。而这两大主导驱动力在区域土地利用变化进程中往往表现出相辅相成又相互牵制的作用，这种作用会在产城交互关系的发展演进中有所体现。因此，产业园区和建成区的空间演变也必然不是孤立的，探讨和挖掘城镇化、工业化现实背景下两者空间演变的相互关系特征背后的驱动因素的综合作用机制，对于把握产城关系发展动态、从空间上促进两者协调发展具有一定的意义。

京津冀城市群作为中国的三大增长极之一，经历了不同的成长发育阶段，其内部城市的等级性、层次性差异显著。当前，京津冀产业园区十分密集，园区对经济的拉动作用不断增强，其产城关系特征具有复杂性、区域性的特点。在京津冀协同发展战略背景下，京津冀一体化进程，特别是产业协同发展的有序、高效推进，十分有赖于产城空间的协调互动。本章试图总结分析京津冀城市群发展过程中产城交互关系的阶段性、等级性特征，归纳并阐述两者关系的影响机制，以期为推进产业园区与城市的良性互动和协调发展提供一定的决策依据。

## 7.1 京津冀城市群不同发展阶段产城关系的特征

以产业园区为代表的工业空间和以建成区为代表的城市空间，两者是城市发展、扩张、演进过程中紧密联系、相互依存的两个方面，产业园区与城市之间的良性互动发展是促进新型城镇化和新型工业化协调有序发展的客观要求。首先，产业园区要依托城市空间进行选址布局，接受城市发展政策与规划的引导，借助城市已有的基础设施进一步开发拓展，吸收城市的先进发展经验与成果提升园区发展水平。其次，产业园区的不断发展，改善着自身的生产、投资环境，也提升着城市的产业环境，推动着中心城区产业升级转型的步伐，引致旧城更新以及城市新区的出现。

进入20世纪90年代以来，我国城镇化进程进一步加剧，人口、产业、资源等社会经济要素以更大的规模、更快的速度不断向各级规模的城镇集聚，城市的规模、数量，以及城市与城市、城市与区域之间的交流、联系，都不断地更新并发生着变化。由城市群体化现象引致的城市群的出现，到城市群不断壮大成熟，这期间必然包含了城市群发展的不同阶段。以京津冀城市群为例，按照最新的《城市规模划分标准》，可以看出京津冀城市群所包含的各个城市其规模、类型也是不断发生变化的（表7-1），恰恰也体现了京津冀城市群的发展历程所具有的阶段性。结合前面章节进行的研究，我们试图从理论联系实际的角度，主要以京津冀城市群发展演化的不同阶段为标志，对不同发展阶段，以及不同等级规模城市产城交互关系特征和变化规律进行分析与归纳。

表7-1 京津冀城市群内不同规模城市数量变化

| 规模 | | 1992年 | 1996年 | 2000年 | 2004年 | 2008年 | 2012年 |
|---|---|---|---|---|---|---|---|
| 小城市 | 数量 | 7 | 6 | 5 | 4 | 4 | 0 |
| | 城市 | 秦皇岛、邢台、保定、承德、沧州、廊坊、衡水 | 秦皇岛、邢台、承德、沧州、廊坊、衡水 | 保定、承德、沧州、廊坊、衡水 | 承德、沧州、廊坊、衡水 | 承德、沧州、廊坊、衡水 | |
| 中等城市 | 数量 | 2 | 3 | 3 | 4 | 4 | 7 |
| | 城市 | 邯郸、张家口 | 保定、邯郸、张家口 | 保定、邯郸、张家口 | 保定、邢台、邯郸、张家口 | 保定、邢台、邯郸、张家口 | 邢台、邯郸、张家口、承德、沧州、廊坊、衡水 |
| 大城市 | 数量 | 3 | 3 | 4 | 3 | 3 | 4 |
| | 城市 | 天津、唐山、石家庄 | 天津、唐山、石家庄 | 天津、唐山、石家庄、邯郸 | 石家庄、唐山、邯郸 | 石家庄、唐山、邯郸 | 石家庄、唐山、邯郸、保定 |
| 特大城市 | 数量 | 1 | 1 | 1 | 2 | 1 | 0 |
| | 城市 | 北京 | 北京 | 北京 | 北京、天津 | 北京、天津 | |
| 超大城市 | 数量 | 0 | 0 | 0 | 0 | 0 | 2 |
| | 城市 | | | | | | 北京、天津 |

资料来源：《20世纪90年代以来京津冀城市群规模结构的时空演变分析》。

## 7.1.1 孤立分散发展阶段

1990~2000年，京津冀城市群处于各城市孤立分散的成长阶段，该阶段城镇化水平较低，区域城市空间格局、分布呈现明显的不均衡，城市体系发育还很不完善，只有少数中心城市表现出一定的集聚作用。这一阶段环渤海经济综合圈的开发、开放建设在党的十四大报告中提出，但整体上各城市均偏向于自身"城市功能"的形成与打造，北京、天津、石家庄等核心城市的辐射力和影响力尚未凸显，这些区域"极化点"对于周围地区的带动作用仍十分有限，在土地利用变化上，则表现为这些核心城市的建成区以及产业园区用地基于自身的资源和经济发展基础，发生了明显的边缘式和蔓延式扩张，而外围多数地市的用地变化态势则趋于零散，以建成区用地的飞地式扩张和产业园区用地的跳跃式扩张为主。

与此同时，由于该阶段属于主要产业园区的成型期阶段，产城交互关系特征主要表现为产业园区依托所在的城市，且多数产业园区都选择在城市，特别是大城市靠近边缘区的范围内设立，如北京、天津、唐山等已经成为具备一定的经济发展吸引力的热点城市（图7-1~图7-3），多数国家级园区主要集聚在京津唐中心城区边缘，如北京的北京经济技术开发区、大兴经济开发区，天津的滨海高新技术产业开发区、西青经济技术开发区、东丽经济开发区、天津经济技术开发区，河北的唐山高新技术产业开发区、石家庄经济技术开发区等，驱动开发区在核心城市建成区边缘蓬勃涌现并扩张的重要原因是这些核心热点城市受到的来自国家和地方的优惠扶持性政策较多，在投资和发展环境方面具有比较优势，产业园区布局在其邻近的周边，依赖母城提供原料、市场、资金、技术、人员等各项经济要素，以及交通便利度支撑来启动建设，有利于对多种资源的吸收获取，从而成为所在地区的经济增长热点，并且随着其规模集聚作用的产生和增大，这些热点区的城市功能得到加强，引致母城向这些点位蔓延扩张，一定程度上对母城建成区空间形态的变化产生引导作用，但总体上这一时期还是以产业园区对母城资源的吸收为主。而等级规模较低的河北多地市，一方面是由于这些城市仅凭借自身的资源禀赋、能源基础形成一些小规模的产业集聚区，尚未形成产业集群的效应，如沧州、衡水的一些以石化工业为主的产业园区，保定、邯郸、邢台等以钢铁化工为主的工业集聚区，这些产业集聚区与母城的关联较弱，对母城建成区扩张并未产生明显的引导作用（图7-4和图7-5）；另一方面是因为这一阶段区域各自为政的局面最为明显，等级较高的热点城市资源配置及收入增长的机会并不被公平和效率的原则所支配，无法形成市场经济条件下要素逐利跨区域流动的局面，对于高等级城市甚至出现生产要素只进不出或者只输出低级要素而留住高级要素的"要素流动方向被固化"状态，低等级城市因难以受到带动作用而发展活力有限，对自身周边产业集聚区的辐射作用也就极其有限，因而导致产城交互关系极其微弱。

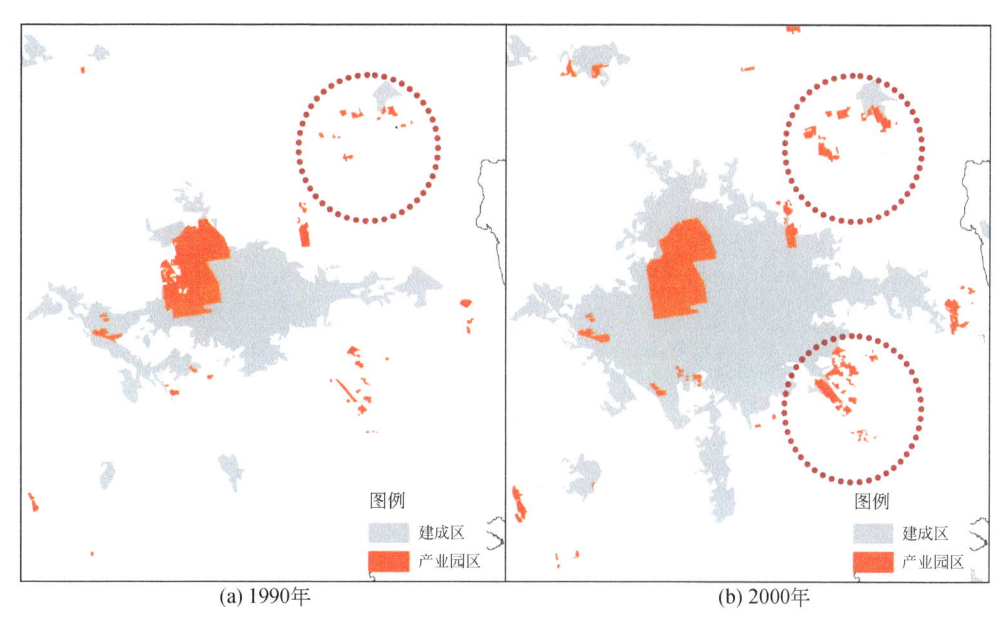

(a) 1990年　　　　　　　　　　　　(b) 2000年

图 7-1　1990~2000 年北京市产城空间关系示意

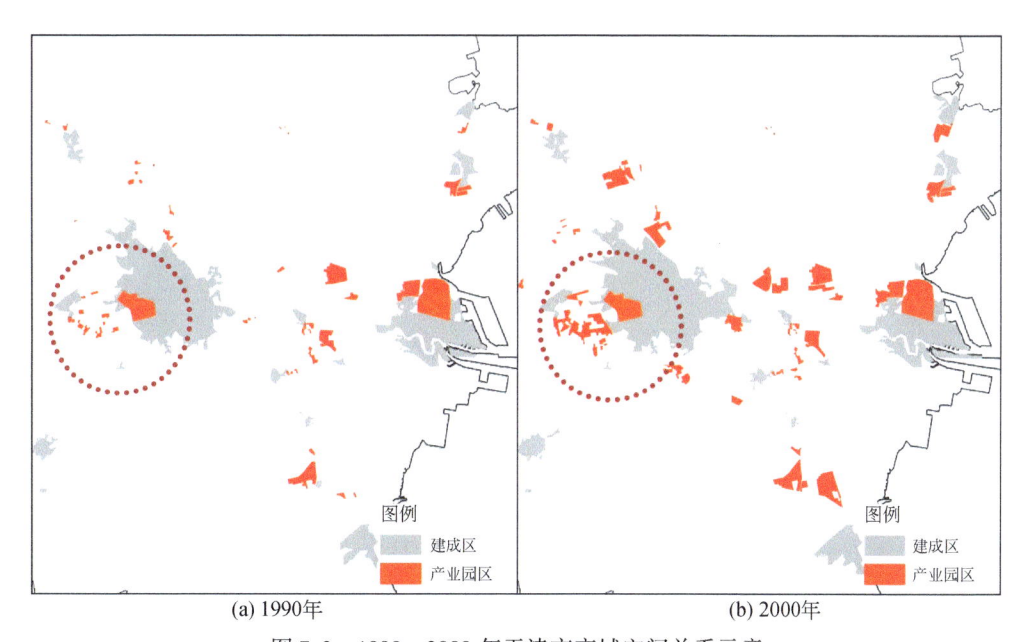

(a) 1990年　　　　　　　　　　　　(b) 2000年

图 7-2　1990~2000 年天津市产城空间关系示意

(a) 1990年　　　　　　　　　　　　　　(b) 2000年

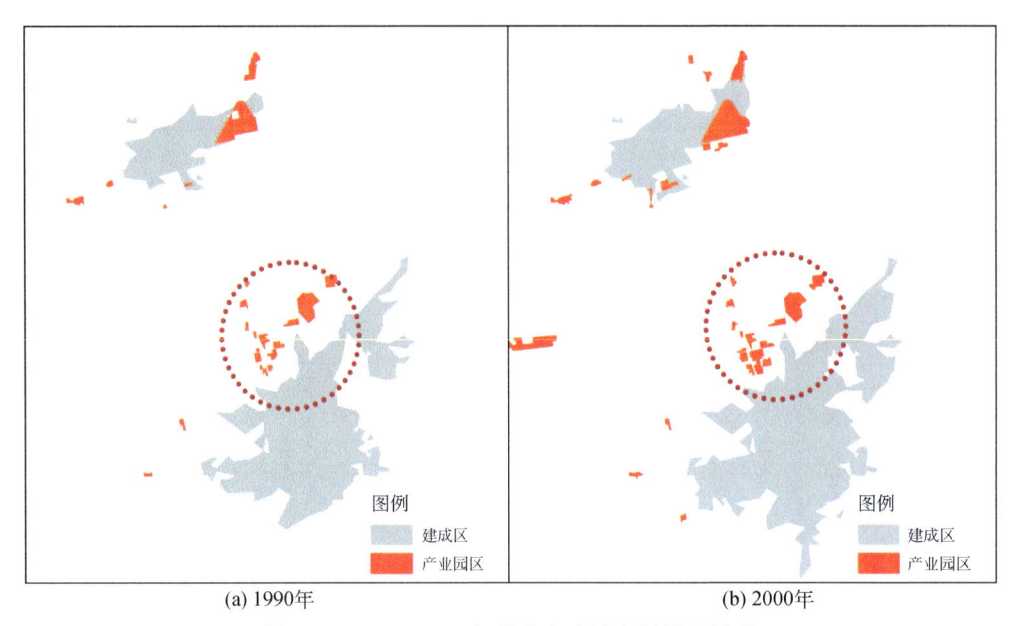

图 7-3　1990～2000 年唐山市产城空间关系示意

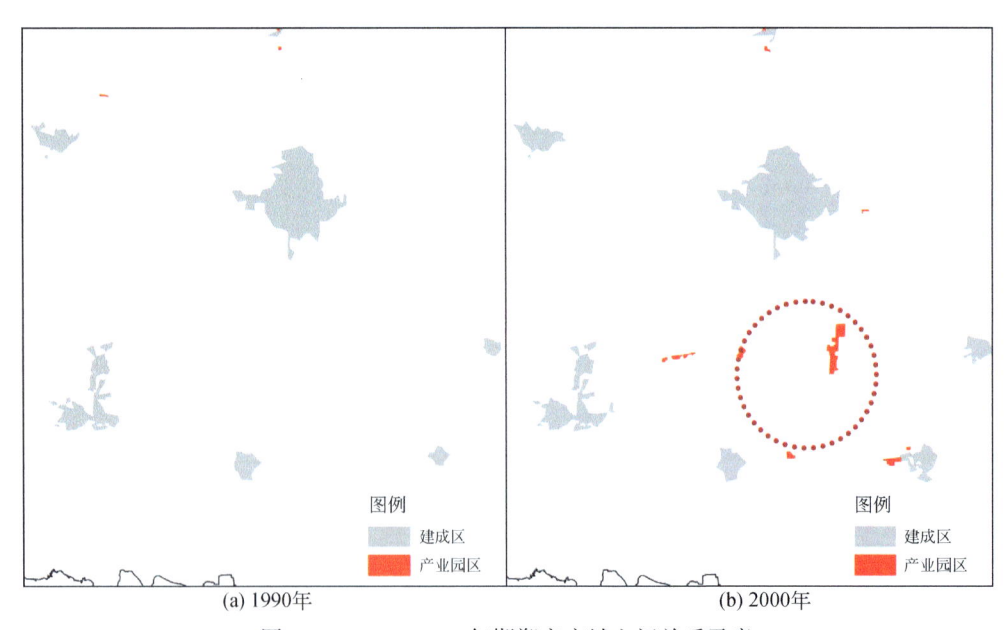

(a) 1990年　　　　　　　　　　　　　　(b) 2000年

图 7-4　1990～2000 年邯郸市产城空间关系示意

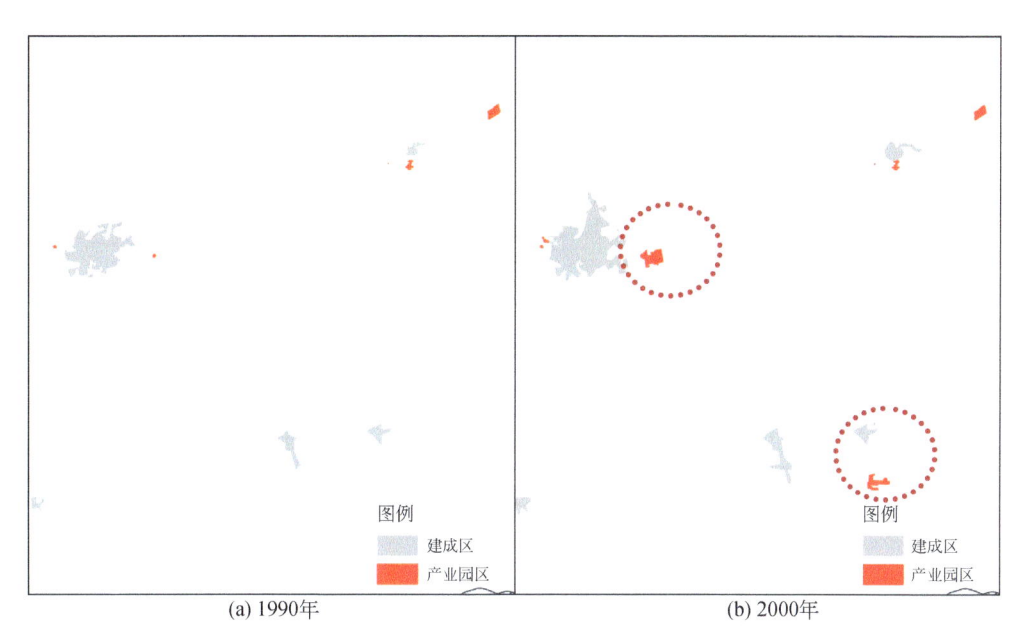

| 第 7 章 | 京津冀城市群产业园区与建成区的交互关系及其影响机理

(a) 1990 年　　　　　　　　　　　　　(b) 2000 年

图 7-5　1990~2000 年沧州市产城空间关系示意

## 7.1.2　关联化发展阶段

2000~2010 年，京津冀城市群各城市已逐渐脱离了城镇化初期各自孤立发展的模式。该时期中心城市的集聚和扩散作用都很明显，京津等核心城市的产业园区及建成区用地都继续扩张，而北京的扩张强度，特别是其建成区用地的扩展强度有所减弱，但河北包括石家庄、秦皇岛、沧州、衡水、邯郸等多地市的产业园区及建成区用地扩张都显著增强，河北产业园区和建成区用地扩张活跃区整体上呈现相对分散的格局。可见该时期是京津冀城市群的一个快速发展阶段，多数城市都呈现出较猛的扩张势头，无论是产业园区的蔓延式扩张，还是建成区的边缘式扩张，整个城市群仍以外延式发展为主导。而从不同规模等级的城市表现来看，以北京为典型的大城市外延式扩张已放缓，开始注重内涵式增长（图 7-6），这与前面分析得到的该时期大城市产业园区用地以内部填充式为主、建成区的填充式扩张显著增加的结论互为印证；河北多数中小城市由于区域基础设施处于快速建设时期，它们的产业园区及建成区用地以跳跃式、飞地式扩张为主，空间上形成多个扩张活跃区（图 7-7）。该时期也是城镇化和工业化水平快速提升的时期，2006 年国家发展和改革委员会正式启动"京津冀都市圈规划"的编制，在产业方面对北京、天津、河北分别予以定位，希望促进地区内部的协调发展，这

(a) 2000年　　　　　　　　　　　　(b) 2010年

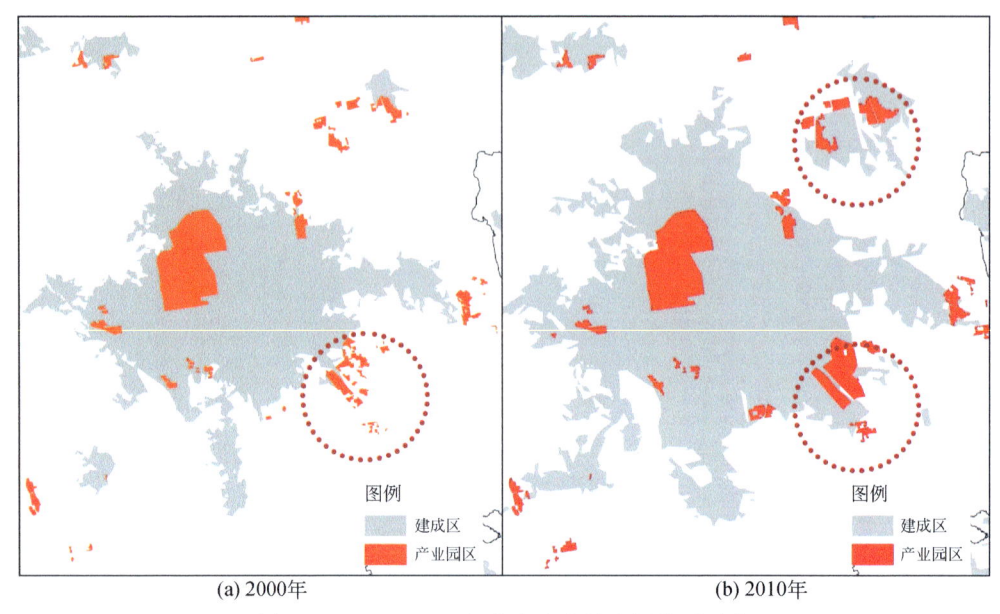

图 7-6　2000~2010 年北京市产城空间关系示意

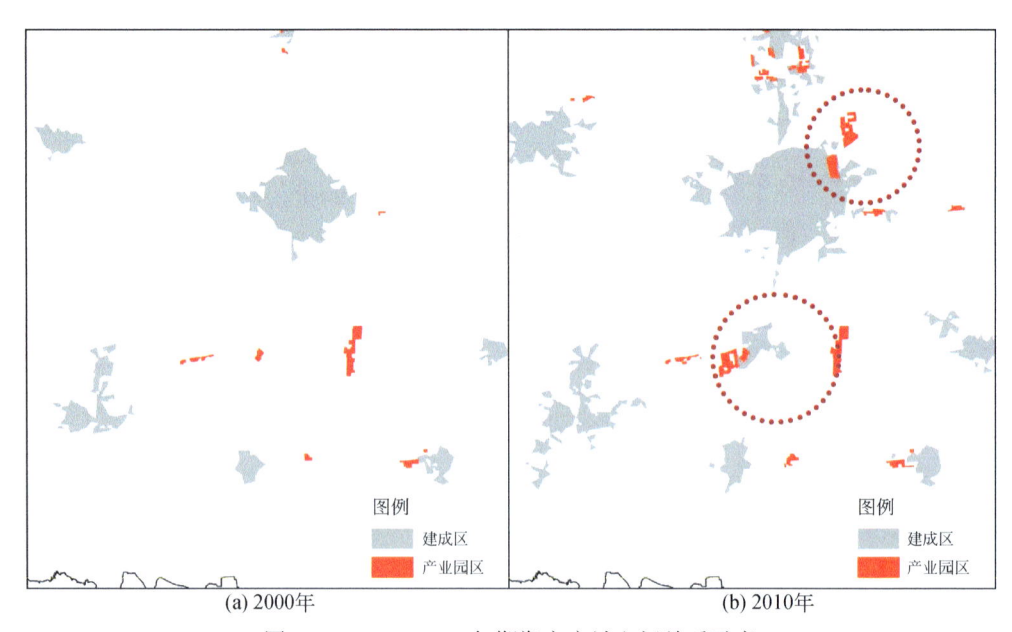

(a) 2000年　　　　　　　　　　　　(b) 2010年

图 7-7　2000~2010 年邯郸市产城空间关系示意

| 第 7 章 | 京津冀城市群产业园区与建成区的交互关系及其影响机理

也标志着京津冀城市群城市分工体系逐渐开始形成，城市之间逐步呈现关联化发展的趋向。特别是随着北京、天津这样的大城市日益注重内涵式增长，其城市功能压力的疏解必然投向周边具有明显土地成本和腹地空间优势的河北地市。河北多地市在"退二进三"的政策背景下进行企业布局调整形成新的产业空间，以经济技术开发区、高新技术产业区为平台，充分运用优惠政策和地缘优势，重点发展园区经济。特别是在环京津地区，涌现出一批服务京津需求、具有产业链延伸性质的工农业产品加工配套产业园区，以及以高端制造业为主导产业的高新技术产业开发区，以提升自身产业集聚能力和创新能力，如廊坊的永清工业园区、龙河高新技术产业区，唐山的遵化、芦台、丰南经济开发区及开平高新技术产业开发区（图7-8），张家口的涿鹿工业园区，等等。而在环京津地区外围则会由于相邻县市之间的模仿性和辐射带动作用，某些产业也以园区为载体在一些县市形成集聚分布的态势。

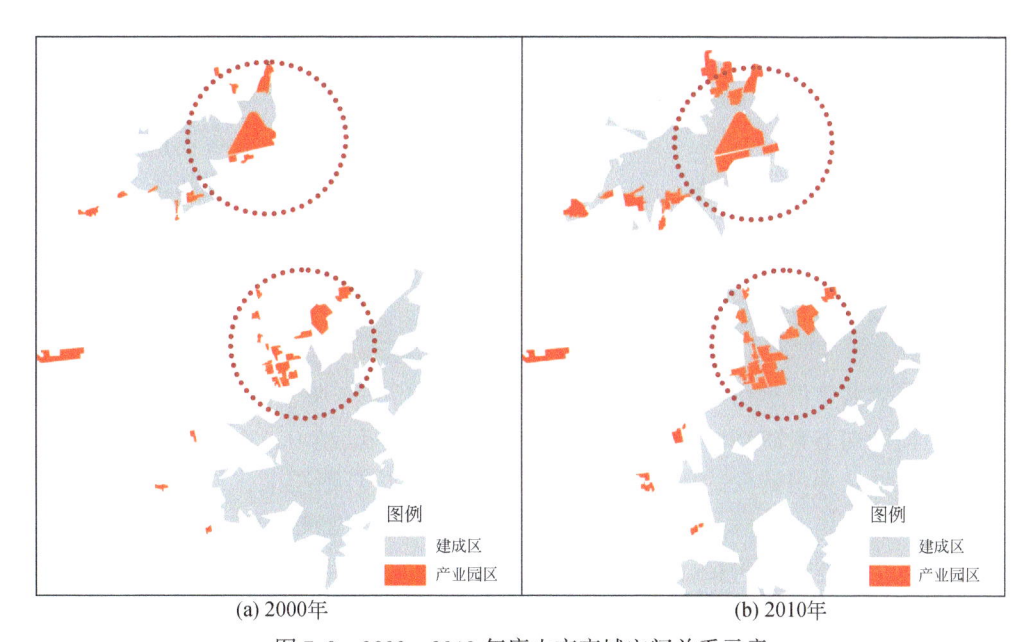

(a) 2000年　　　　　　　　　　　　　　(b) 2010年

图 7-8　2000~2010年唐山市产城空间关系示意

从产城关系特征来看，这一阶段，城镇化进程的快速推进为产业发展提供了地域空间；与此同时，产业园区经过前一阶段开发建设而拥有了一定的生产要素集聚条件、生产空间基础和经济增长优势，自身产业链也开始从单一某一环节逐渐发展为上、中、下游结构较为完整的产业链条。其与母城的关系已不是单向的依赖关系，而是具备了一定的带动周边产生扩散辐射效应的能力，产城割裂问题有缓解倾向,这主要是因为产业园区与周边区域基于互补性的产业联系开始增强,开始表现出带动周边产业发展及产业结构升级的趋向,从而引发开发区与周边产业与相关从业人口的聚集,形成一定规模的社会经济活动,有社会经济活动的集聚就需要有城镇建成空间的支撑。特别是该阶段园区发展的要素投放从生产要素开始转向服务性配套设施投放,配比少量服务设施,如简单的商业零售、少量低品质的居住空间,也就引致城镇空间在该方向上的扩张,因而表现为对建成区空间扩张的引导作用较前一阶段显著增强,从而促成"产城交互"局面的形成。需注意的是,由于各种经济要素的扩散方式多遵循"等级扩散"规律,接受扩散的一方首先需要具备一定的发展基础而拥有"承接"能力。因而,这一阶段开发区中所形成的产业与技术、信息与管理等方面的先进优势首先更多的是向具备这种"承接"能力的中心城市内部传递,而与外围"承接"能力尚弱的小城镇之间联系则相对微弱,产城交互多发生在较大中心城市周边,因此会引致大城市的中心城市发生填充式扩张,这也是产城交互关系演进过程"等级性"特征的一个表现。

总体看来,在城市群的关联化发展阶段,一方面表现在主要产业园区与母城中心区之间在资金、技术、市场、空间等方面的联系日益密切,可以视作是一个"产城融合"的萌芽发育期;另一方面表现在不同等级规模城市之间,大城市以及中小城市呈现出相异的城镇及产业用地扩张特征。

## 7.1.3 协同式发展阶段

京津冀城市群经历了前一个阶段的快速发展后,产业空间注重内聚式扩张,城市空间则向着紧凑型的方向发展,可见整个城市群已经步入由外延式扩张为主向内涵式增长为主转变的成长阶段,城市分工体系也日渐明朗,城市群步入优势互补的一体化协同阶段,这样内部城镇体系发育才能更加趋于完善。这既为城市群发育的客观规律所决定,也是京津冀城市群不断提升国际竞争力的客观需求。

2010年以后,京津冀一体化发展战略不断提速。2012年3月,首部京津冀蓝皮书——《京津冀区域一体化发展报告(2012)》发布,标志着京津冀区域一体化进入到实质操作阶段(周晗,2016);2014~2015年,从京津冀协同发展作为国家战略被提出到《京津冀协同发展规划纲要》经国务院讨论通过,京津冀城市群的发展演进趋于成熟,逐步进入协同式发展阶段。该阶段城市体系发育较前一时期更加完善,产业园区与建成区用地扩张速度、强度趋于稳定,且扩张过程所体现的城市等级规模及定位差异性特征也日趋显著,具体表现为:对于首都,资源与环境问题的日益加剧约束了北京的大规模扩张,有序疏解北京非首都功能成为区域发展的首要任务，因此，北京的产业园区和建成区用地扩张强度均明显下降，这与其部分传统产业往周边津冀转移扩散的布局调整相关。而天津要承接北京非首都功能的疏解，被赋予"打造高端产业发展带、城镇聚集轴"等发展定位，因此天津的产业园区用地扩张强度虽有所下降仍表现出相对明显的态势。河北作为支持环京津区域、积极承接北京非首都功能疏解的平台和载体，在该阶段以项目为载体的产业主动对接趋于活跃，加之兼具发展沿海经济的优势，京津外围河北诸多中小城市形成了扩张"微中心"。河北依托省级经济开发区已有产业，利用京津技术、人才、信息、资金等资源，大力推进京津冀协同发展战略，积极打造承接京津产业转移的众多重点经济开发区平台（图7-9）。例如，紧密环绕京津承接京津城市功能拓展和产业转移的保定、廊坊地区，包括秦皇岛、唐山、沧州在内的环渤海新兴增长区域，产业园区用地扩张继续稳定增长，往南部包括石家庄、邯郸、衡水、邢台等市在内的冀中南经济

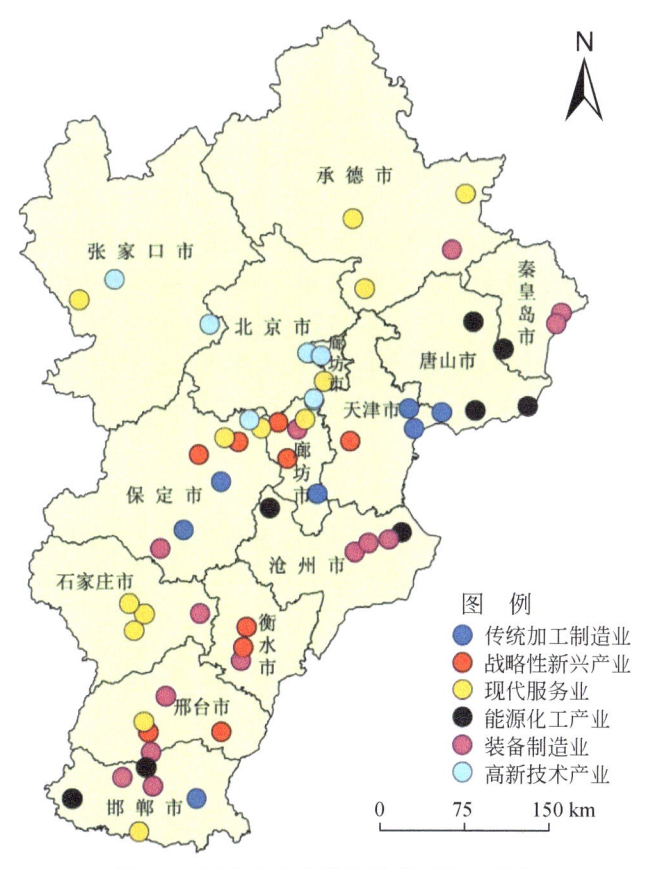

图 7-9 河北省产业承接转移开发区示意

区，均在承接首都科技成果转化、建设高新技术产品制造基地、发展战略性新兴产业以及现代生产性服务业方面加快对接步伐，特别是冀中南经济区产业园区用地的扩张强度明显高于同时段的河北其他城市。而西北的张承地区作为环首都绿色经济圈的重要组成部分，其产业园区与建成区用地扩张强度从整个区域来看相对较弱。上述差异化的扩张特征一定程度上反映出京津冀城市群的区域分工体系及格局日趋明确。

京津冀城市群的协同式发展阶段，也是主要产业园区的发展成熟阶段。通过上面的分析，不难看出该阶段产业园区与母城之间的功能互动已全面展开，很多产业园区的基础设施建设也较为完善，因此有能力承接和分担母城的许多功能，母城可以通过旧城改造、人口疏解、非核心功能疏解、"退二进三"的产业转型升级等实现城市自身的结构调整和转型，因此这一时期各城市建成区的扩张强度整体放缓，多数中心城市的建成区的填充式扩张显著上升，发生了明显的由外延式发展为主向内涵式发展为主的转变，与此同时产业园区开始启动转型—升级、疏解—承接、辐射—带动的战略先锋作用，积极打造京津冀协同发展主力军的功能，其空间增长也从前期的外推式扩张转变为聚合式，并且产业园区内部的结构与组织也以填充式的模式不断发展完善。当前，京津冀城市群多地的产业园区布局和建设都打上了"京津冀协同"的烙印，如河北廊坊，作为京津与环京津产业带的交汇点，凭借其紧邻京津的优越区位，依据与北京的协同关系，在大力发展战略性新兴产业方面成就显著，在"北京研发、廊坊孵化"的差异化发展思路指引下，廊坊依托北京的优势产业打造自身的产业竞争力，积极融入北京的产业集群，实现与北京的协同发展，目前已形成现代装备制造、电子信息、生物医药等一系列新兴产业园区。此外，廊坊还依托京津两地丰富的高校、科研、人才等资源走"产、学、研"结合的发展之路，清华大学、北京大学以及中国科学院均已在廊坊建立孵化基地。据统计，"十三五"时期廊坊90%的科技型企业与京津高等院校、研究所形成合作关系，每年引进高科技项目和成果超过500项，大力促进廊坊特色产业集群的形成。

## 7.2 京津冀城市群产城交互关系的影响机理

### 7.2.1 政策引导驱动的影响机理

在我国，政府推动下的外生型产业园区是最常见园区发展模式，政策引导机制的作用和效用在园区成立发展之初尤为明显。一般来讲，产业园区在政府的规划指导下设立,并由政府提供优惠政策以及资金投入完成启动建设。因此,产业园区发展与管理很大程度带有政策导向的烙印。为了将产业园区培育成为带动当地社会经济发展的新引擎,政府往往会根据当地的经济发展状况与已有产业基础及特色,结合特定时期的国家宏观政策指导,制定合理的产业园区发展规划,给予园区科学的功能定位,并在土地审批、项目和企业引入、资金支持、税收优惠、物流支撑、基础设施配套建设以及人才引进等方面给予较多的政策支持和优惠。政府引导机制如图7-10所示。

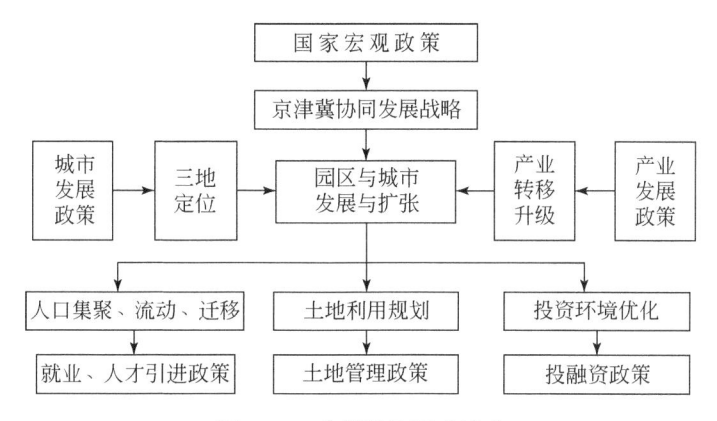

图7-10 政策引导驱动示意

例如,河北固安新兴产业示范区,其成立和发展受政策引导机制的影响就较为显著。该园区的定位为国家级军民结合产业基地,从设立之初,就受到国家、市级以及县级等各方面政策的支持,包括设立多种专项资金的财政支持,加强产业规划引导,以及为引进高层次人才而提供各项优惠政策;与此同时,相关规划还给出"产城融合+交通联系+绿化渗透"的产城融合的思路,这是政策引导机制促进产城融合的典型示范。

然而,就目前情况来看,在产业园区建设方面,政策引导机制方面还存在不少问题:首先,不缺乏来自政策层面的顶层方案,缺乏的是具有可操作性、落地性强的政策抓手,容易导致产业园区在扩张、发展过程中把握不好定位与方向;其次,京津冀的产业园区开发建设大多属于政府主导下的产物,政策引导往往在发展初期作用突出,但是到了后期随着政府的主导力下降,很容易产生园区功能定位和发展战略不明确,或者配套设施建设不足等问题,从而影响产业园区职能体系构建,削弱产业园区与城市的良性互动关系。

## 7.2.2 功能互补驱动的影响机理

产业园区和城市建成区作为一个城市不可分割的有机组成部分，两者存在紧密经济联系的同时，承担的主要功能在客观上又存在一定的差异。产业园区作为产业集聚发展的空间载体，主要承担区域经济发展的重要生产职能；而城市建成区作为人口、资本、技术以及较完备基础服务设施的空间载体，则承担区域经济运行的主要消费和创造活动。在园区发展建设初期，是以城市对园区发挥的支撑和依托作用为主导。而随着社会经济的快速发展以及城镇化、工业化水平的迅猛提升，城市功能拓展和分化超出城市空间结构承载限度时，产业园区作为城市的一个功能区，随着其产业集聚功能逐步强化和经济发展带动力逐步增强，由最初单一的生产功能向工、商、住、贸等复合型功能发展，自身优势也不断强化，从而助力疏解和分担城市发展到一定阶段的压力，在空间拓展、资源配置、功能承载等方面与城市形成互补、协调的格局（图 7-11）。

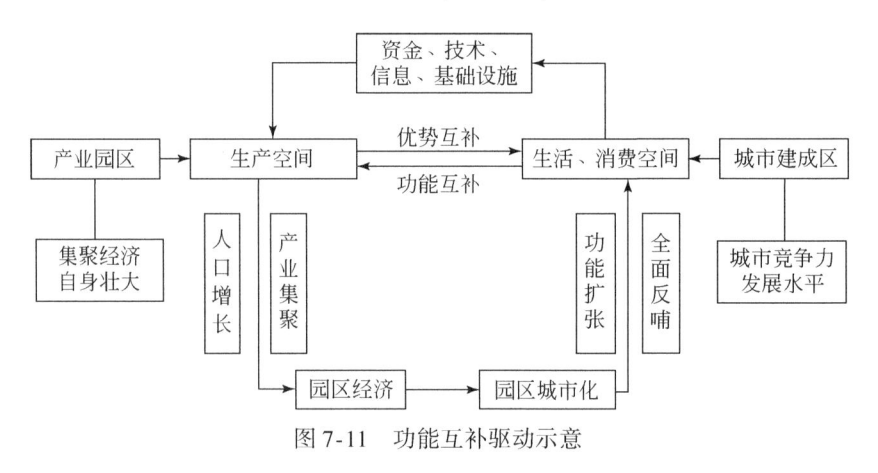

图 7-11　功能互补驱动示意

当前，京津周边的产业园区也带动了一些新城、新区等一些新型城市空间的出现，甚至一些开发区自身已显现出向新区或新城转型的趋势。然而，一些开发区，特别是京津周边河北一些产业园区忽视了产业多元化发展，不能与母城形成很好的功能上的互补，往往会错失发展机遇，无法形成区域增长极。以隶属国家级高新技术产业开发区的燕郊为例，近几年越来越有转向房地产业为主导的趋势，其他产业得不到有效发展，带动就业的能力就偏弱，居住者便流向北京寻求就业机会，这样一方面增加了北京的压力，另一方面自身失去了发展活力。因此，唯有抓住北京东扩过程中产业外溢和产业不断升级改造的机遇，依托已有产业基础、挖掘自身的优势，接受北京产业外溢需求划定园区功能，与之形成互补,才能改变目前燕郊发展的困局。

当前,京津冀城市群在区域协同发展战略背景下,不断明确京津冀三地的产业发展基础与差异性,基于北京的总部经济和科技研发优势、天津的滨海区位及雄厚的制造业基础以及河北的原材料产业基础,加强京津冀三地对接,推动建设合作园区,促进非首都功能的疏解以及基于功能互补而逐步完善三地分工体系,实现京津冀的协同发展。

## 7.2.3 关键要素驱动的影响机理

城市和产业园区的发展受到多种要素的推动作用,其中,产业、创新和投资是要素驱动机制最为重要的三个方面。首先,产业驱动是要素驱动机制最基本的层面。大城市发展到一定阶段,受土地资源短缺、发展空间受限的约束和阻碍,外溢发展成为中心城市实施规模扩张的首选模式。其中,产业的向外转移以及产业链条的向外延伸是最核心的环节,中心城市通过对外围地区进行详细的考量和科学的规划,通过设立产业园区,向外围"溢出"开发管理经验、高水平人才以及先进技术等资源,利用外围地区的土地空间和已经形成的品牌优势、管理优势与招商优势,引导大规模的企业入驻,实现相关产业的转移和延伸。而外围开发区也积极依托产业园区这个平台,接受来自中心城市产业经济上的辐射和带动,积极发挥自身土地资源丰富、劳动力成本低、市场潜力大等优势,实现经济水平的大幅提升。距离北京只有一河之隔的河北三河燕郊高新技术开发区就是个典型的例子,凭借其优越的区位条件,通过承接北京的外溢产业、接受北京的人才辐射,比河北的其他地区更早地实现规模扩张和迈向产业升级,高新技术产业也更早兴起。

其次,创新驱动对于一个城市的产城关系的推动作用也越来越关键,这也是促进产业高端化的重要作用力。起初由中心城市向产业园区输出创新资源,后来产业园区通过吸收和促进技术创新,形成创新优势,促进产业结构升级,并进一步引进更多的创新型企业加入,使园区不断发展壮大。

最后,投资拉动也是驱动产城交互关系发展的重要因素,中心城市或者已有产业园围绕重大基础设施建设、主导产业等方面,通过在项目谋划、包装和推动方面发力,加大对示范性强和引领作用巨大的重大工程项目的投资,特别是加大对新兴工业、战略性新兴产业等的投资力度,引导产业转型升级,促进城市和产业园区的理性扩张与内涵式发展。

京津冀城市群的发展恰恰正进入大城市由资源集聚向资源扩散的转变时期,通过科学制定规划、完善基础设施建设、吸引优质资源等,从产业带动、创新驱动以及投资拉动等方面协调产城关系，从而实现区域经济的优化布局（图7-12）。

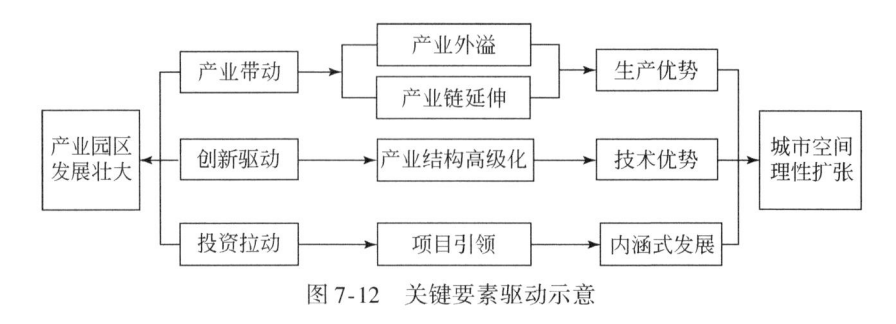

图 7-12 关键要素驱动示意

## 7.2.4 环境约束驱动的影响机理

产业园区作为地区产业集聚布局的承载主体，其在成立之初基本是经过了严密考量的。从单个园区的布局来看，多数符合城市发展和生态安全格局。但不同区域往往更关注自身利益、加快自身发展，会忽略对资源环境的整体保护，从而引发城市的低密度扩张和无序蔓延，也使产业园区土地资源产生低效利用问题。目前，京津冀城市群的建成区扩张和开发区布局建设已经与资源环境之间形成了布局性、规模性、效率性等方面的矛盾。例如，京津冀南部地区，尤其是处在西南风道的石家庄、邢台和邯郸地区，布局有大量的冶金、建材类园区，就整个京津冀而言是处于城市夏季风道上的，形成的粉尘、烟尘等污染在南风的作用下，会在燕山山前和山谷平原形成聚集，导致北京地区灰霾严重。另外，由于城市中心区的不断扩张，逐步与原有相对有隔断空间的工业集聚区邻接，使部分以钢铁、化工、皮革等威胁人类环境安全的工业园区纳入到城市建成区范围之内，如在唐山市区的北侧、东侧和南侧都布局有钢铁和电力企业；在辛集的北部、南部和西部都布局有皮革园区。这些都是不利于园区与城市协调发展的因素。

以天津为例，从2015年天津的建成区和产业园区的空间布局来看（图7-13），产业园区与城市建成区相互交融的格局十分明显。结合天津的城市发展实际来看，目前天津市主城区已经建设完成以及正在建设的产业园区大多呈现围绕中心城区布局的空间格局，很多新增长的项目与建成区包括城市生活区相互交融，近年来产业围城引发的环境污染和破坏问题越来越严峻。与此同时，为了解决中心城区用地成本高、拓展城市空间的问题，天津实施新城镇、工业园区等政策，从而有效推动了天津城市建设从中心城区向环城四区的扩张，由于城市规划、产业园区管理建设不到位等，住宅建设与工业项目混杂的情况比比皆是，工业包围中心城区的格局愈加明显，对城市造成的环境污染及隐患也在加剧。

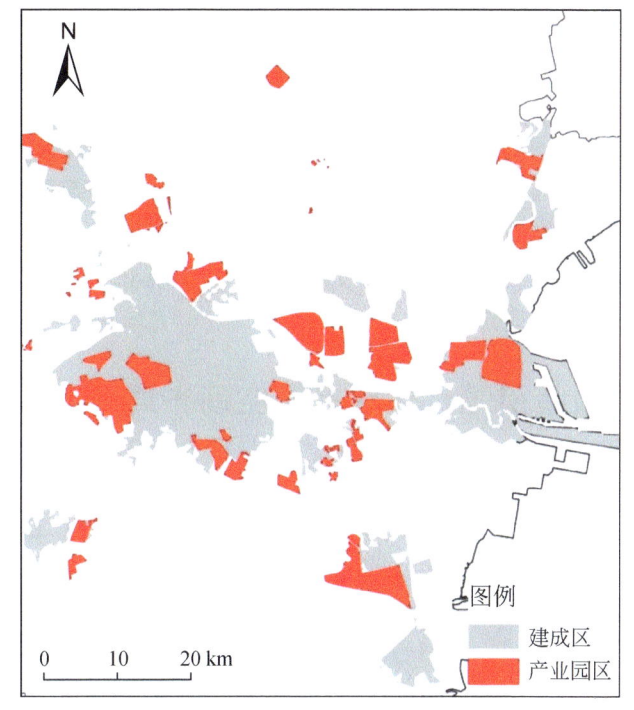

# 第 7 章 | 京津冀城市群产业园区与建成区的交互关系及其影响机理

图 7-13 天津建成区与产业园区空间布局示意

因此，必须充分考虑环境约束机制，对资源环境和生态安全的保护加以重视，优化产业园区的选址布局、产业结构，特别是加强环保产业园区建设，提升环保产业的发展水平，转变城市和园区的经济发展方式，平衡生产、生活以及环境保护需求之间的关系（陈群元和喻定权，2009；欧阳海燕和宁启蒙，2015）。环境约束机制内容如图 7-14 所示。

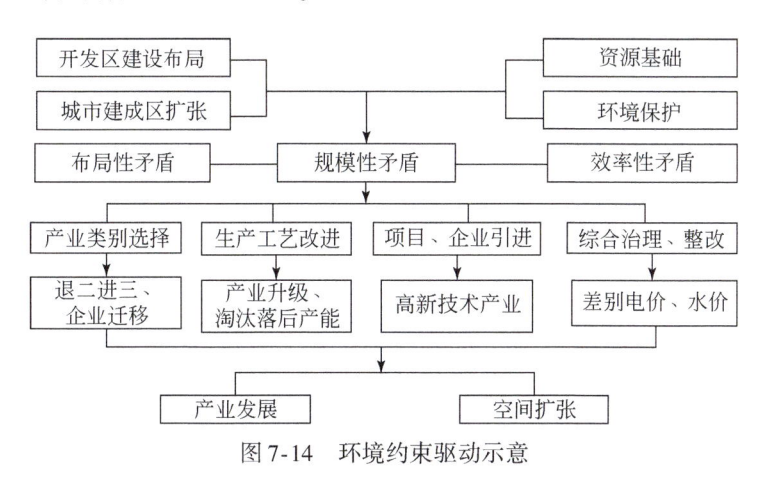

图 7-14 环境约束驱动示意

| 161 |

## 7.3 京津冀城市群产城空间布局优化调控对策

在当前京津冀协同发展的战略要求背景下（赵弘和何芬，2017），产城空间的合理化布局意味着区域生产力布局的优化，引导京津冀城市群内部各类城市功能载体在城市内部和城市之间合理分布与组合，有效提升城市群的一体化运行效率及可持续发展能力。因此，有必要对产城空间布局优化调控对策进行探讨，以支持推动京津冀的长效协作。

### 7.3.1 坚持政策引领，优化产城空间布局

空间优化，政策先行。在土地利用和配置方面，对于北京、天津这样的核心城市，应严格把控生态红线、严格约束城市开发扩展边界，在建设用地趋于饱和的现实背景下，推动特大城市城乡建设用地规模负增长，严格限制中心城区土地供应，把政策着力点落在注重城市及现有产业园区的集约化和内涵式发展。新增建设用地重点向周边新城、微中心城镇倾斜。而对于要同时兼顾自身经济发展以及承接京津产业转移的河北各市，一方面可适当加强新区建设、标准厂房、科技企业孵化器建设的土地供应力度，培育河北自己的经济增长极；另一方面要注重提升已有开发区用地效益，设置开发区的投资强度最低阈值，盘活开发区存量建设用地，并制定实施细则，引导土地利用向产城关系协调、有序、高效推进方向流动。

在产业空间布局方面，特别要注重政策主导力的作用，首先要通过政策明确确立京津冀协同发展战略目标下城市群各城市城镇化发展目标，促进产城空间布局的优化调整，重点围绕支持和引导京津向周边河北各市转移部分制造业与服务业，京津中心城区重点发展总部经济、现代服务业、高端先进制造业，以及生态环保型、绿色低碳型产业，河北各市则根据科学的功能定位（表7-2），积极承接由京津转移而来的占地多的制造业以及相配套的生活性和生产性服务业。

表7-2 河北各地市发展定位

| 地区 | 城市定位 |
| --- | --- |
| 石家庄市 | 功能齐备的省会城市和京津冀城市群"第三极" |
| 唐山市 | 东北亚地区经济合作的窗口城市、环渤海地区的新型工业化基地、首都经济圈的重要支点和京津唐区域中心城市 |
| 秦皇岛市 | 国际滨海休闲度假之都、国际健康城和科技创新之城 |

续表

| 地区 | 城市定位 |
| --- | --- |
| 邯郸市 | 全国重要的先进制造业基地、区域性商贸物流中心和京津冀联动中原的区域中心城市 |
| 邢台市 | 国家新能源产业基地、产业转型升级示范区和冀中南物流枢纽城市 |
| 保定市 | 创新驱动发展示范区和京津保区域中心城市 |
| 张家口市 | 国家可再生能源示范区、国际休闲运动旅游区和奥运新城 |
| 承德市 | 国家绿色发展先行区、国家绿色数据中心和国际旅游城市 |
| 沧州市 | 环渤海地区重要沿海开放城市和京津冀城市群重要产业支撑基地 |
| 廊坊市 | 非首都功能疏解承接地；科技成果研发及成果转化基地、战略性新兴产业和现代服务业聚集区、全面创新率先改革示范区 |
| 衡水市 | 京津冀区域交通物流枢纽、绿色农产品供应基地，京津生态屏障保护基地、京津技术成果转化及产业承接基地、京津教育医疗及休闲养生疏解基地 |

资料来源：《中共河北省委关于制定河北省国民经济和社会发展第十三个五年规划的建议》。

## 7.3.2 明晰产业定位，打造多中心模式

进一步明晰北京、天津及河北各市的产业定位，以突出不同城市对区域的服务职能为出发点，从政策制定方面引导产业园区建设与城镇空间重构，促进城市间的分工协作。例如，北京要突出国家首都职能，主要发展文化、创新、金融等职能；天津突出国家航运中心的职能，主要发展贸易、物流、现代制造等产业；京津核心圈层内的河北各市，应作为河北发展的前沿，一方面，应利用紧邻京津特大城市的区位条件，利用京津的产业辐射，积极引进高新技术企业、面向生产的服务业企业，满足京津产业区域拓展的需求；另一方面，应利用已有的产业基础，如香河、霸州、大厂等特色产业集群，突出自主发展。在政策上划定一些地区，选择若干产城融合区，给予人力资源、融资等方面的支持，积极引进先进技术、现代管理人才和机制，强力打造不同类型的产业新城，力求形成京津双核之外的多个经济增长极京津冀多中心模式。

与此同时，京津冀城市群多中心模式的打造也应因地制宜、重点建设，避免遍地开花。例如，利用京津冀滨海区位优势，着力通过推动京津冀滨海地区产业和人口的有序聚集，实现产城布局优化（吴良镛，2013）。扩大天津滨海新区先行先试的示范效应，在河北唐山、沧州、秦皇岛沿海地区扩大天津滨海新区政策的适用范围，形成京津冀地区的"大滨海新区"；以天津滨海新区为龙头，继续加强滨海新区航运服务、现代制造业方面的龙头地位，同时在工业项目引进、产业园区联动、土地开发等方面探索天津与河北沿海地区合作的可能方式，实现沿

海地区产业与城市的协调发展。

## 7.3.3 防控环境风险，优化产城关系优化

针对目前京津冀城市群局域出现的产城布局混乱、环境风险等问题，划定人居安全高风险区（图7-15），明确重点区域和园区管控要求。

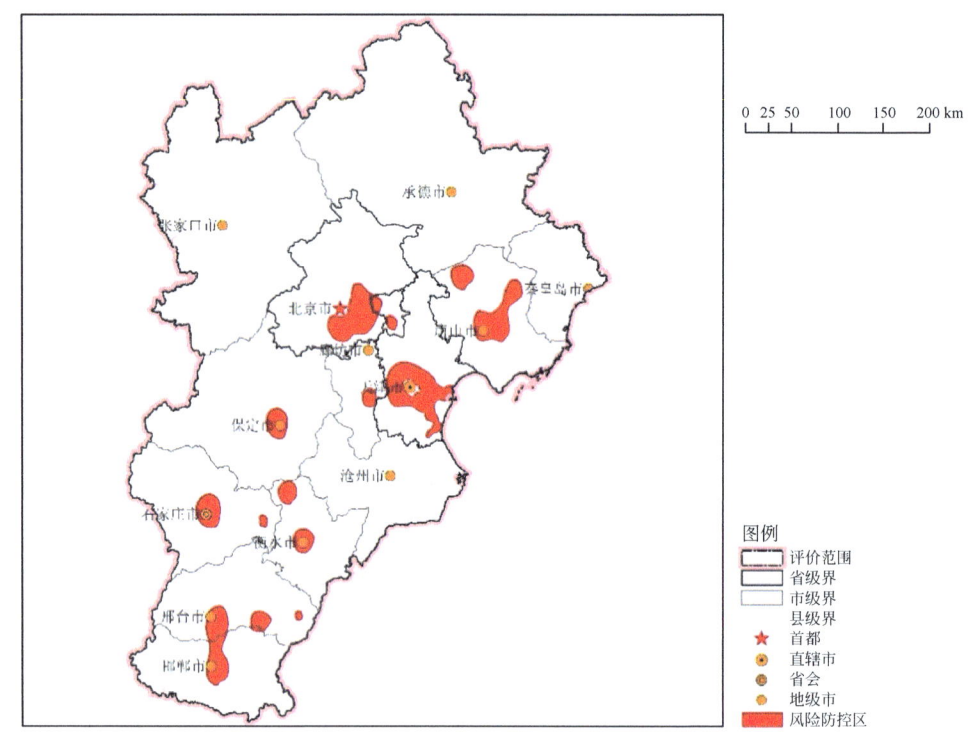

图7-15 京津冀地区人居安全高风险防控区
资料来源：清华大学京津冀地区战略环评城镇化专题报告

（1）中部核心功能区严格控制城市发展边界，禁止能源重化工行业准入，进一步优化产园区布局。京津中心城区虽然已经基本实现产业外移，但是总体缺乏合理规划，城市蔓延式扩张，外围产业分布依然较为混乱；包括保定、廊坊在内的中部核心区整体产城混杂。该区域应该严格控制城市发展边界，转变无序扩张的"摊大饼"发展模式，京津中心城区疏解所有污染工业项目，发展高端制造业和服务业，限制重工业的进一步发展；对通州—廊坊北三县—宝坻、武清等重点地区用地实行统一规划、建设和管理，保障区域未来人居安全水平。

（2）东部滨海发展区应引导重工业集中布局。天津滨海新区、唐山曹妃甸、

沧州黄骅港等沿海地区产城布局混乱,产城混杂现象突出。应强化地区钢铁、石化等重污染行业空间布局管控,远离城镇人口密集区,建设封闭式园区,建设绿化隔离防护带。

(3) 西北生态涵养区应以保护为主,逐步退出城区内工业企业。西北生态涵养区作为整个京津冀地区的重要生态屏障,承担着重要的生态功能。目前,该地区工业用地与居住用地混合分布现象明显,在今后的发展中,应当明确生态保障功能的优先级定位,在保障生态功能前提下适度城镇化,严禁一切破坏生态功能的人为活动。除必要的基础设施配套项目外,逐步退出现有的化工、钢铁、建材和火电企业。

(4) 南部功能拓展区应合理引导中小城镇发展,加强工业用地和园区管控。冀中南地区重工业城市产城混合明显,重污染企业影响突出。应该在严格环境准入的前提下,筛选不符合功能定位的开发建设,鼓励地区优先发展先进制造业和商贸物流业等,加快淘汰钢铁、建材等落后产能,促进土地资源节约集约利用,提高能源资源利用效率,加强环境风险防范和应急处置,推动产城融合发展。

## 7.4 小　　结

产业园区与城市空间交互关系的发展往往伴随着复杂城市社会经济运行现象,两者的空间演变必然不是孤立的。京津冀城市群的产城关系特征,随着其成长发育的阶段性以及内部城市的等级性、层次性,表现出明显的区域性、复杂性特点。本章将京津冀城市群的发展演化大致划分为孤立型发展、关联化发展以及协同式发展三个阶段,整合并分析了三个发展阶段当中产业园区和城市空间的发展演变规律与特征,并对空间视角下涵盖的社会经济发展实际进行了剖析和阐释。继而归纳总结出影响京津冀城市群产城交互关系的政策引导机制、功能互补机制、要素驱动机制以及环境约束机制。最后根据上述机制建设中存在的一些实际问题,从坚持规划引领、基于产业定位打造多中心模式、以防控环境风险为出发点优化调控产城关系等几个方面,简要探讨产城空间布局调控及优化的理念和对策,以期引导京津冀城市群内部各类城市功能载体在城市内部和城市之间合理分布与组合,支持推动京津冀的长效协作。

# 第8章 主要结论与研究展望

在全球范围内城镇化不断加快与经济全球化加快推进的双重过程中，城市群以不可阻挡的态势迅速扩张。城市群作为人类活动最为集中、各种物质、能量和信息与技术交流互动最为活跃的经济区域及国土开发格局中的热点区域，其土地利用变化直接反映着区域地域空间的演化过程和资源配置格局，关系到区域的社会经济运行效率及可持续发展。同时，土地利用也是人地关系研究的基础且核心的内容，开展城市群的土地利用变化相关研究，有助于揭示城市群地区人地关系地域系统的特征、识别区域国土空间开发格局与存在问题。京津冀城市群是我国北方地区经济发展水平最高、城市群发育最充分的区域。随着区域的经济地位日益提升，人口资源环境压力也日渐严峻，其城市空间扩张与土地资源供给以及节约集约利用的矛盾凸显，甚至影响到区域的长期可持续发展能力。因此，鉴于理论和实践的双重需要，有必要对京津冀城市群的土地利用变化及其驱动力，以及与之相关联的社会经济运行情况加以详细刻画和分析。本研究正是基于此而展开，在梳理和总结相关理论与国内外研究进展的基础上，参考前人的研究方法，结合京津冀城市群的发展实际，设计了一种"自上而下，从宏观切入不断具体深化"的研究思路。首先基于人口、经济方面的统计数据分析京津冀城市群的社会经济发展现状，指出区域城镇化、工业化发展面临的主要问题，特别是土地利用方面存在的问题，为后续研究提供一个前提。接着从总体上描述和刻画京津冀城市群土地利用现状及变化态势；再专门针对区域最重要土地利用类型——建设用地的变化及其空间分异规律进行分析，并采用定量化方法分析区域建设用地变化的影响因素及其时空异质性，从理论结合实证的角度整体把握京津冀城市群土地利用变化的驱动机制。继而进一步细化研究对象，提取不同年份京津冀城市群的主要产业园区用地分布及城市建成区空间分布，分别对产业园区用地和建成区用地的数量、格局、空间形态等方面的时空演化特征进行分析，并总结和提炼不同时段、不同城市两类建设用地空间扩张模式上的分异和规律。最后从产业园区和建成区两者的综合视角出发，探讨京津冀城市群产城关系的区域性、阶段性、等级性差异特征，归纳其影响机制，基于影响机制提出产城空间布局优化调控的对策。本章是本书的最后一章，主要是对相关研究结论进行汇总，并指出研究中存在的问题和对未来研究的展望。

# 8.1 主 要 结 论

（1）基于京津冀城市群市级单元 2000~2015 年人口、地区生产总值等统计数据，分析区域社会经济整体发展趋势与特征，认为有必要从土地利用的角度提出各类经济要素布局的空间引导性政策，促进区域形成协同、科学的经济发展空间格局。以 2015 年中国土地利用现状遥感监测数据为基础，统计和分析京津冀城市群的土地利用现状。总体上看，耕地为区域第一大土地利用类型；其次是林地和草地；建设用地为第四大用地类型，但其比重表明京津冀土地开发整体已达到较高水平。空间分布上，研究区土地利用构成呈现出较大的空间差异，天津的建设用地比重最高，北京次之，河北多地建设用地比重相对较低。进一步地，通过测算土地利用程度综合指数和土地利用类型区位熵，刻画土地利用程度空间差异以及不同土地利用类型的集聚程度，结果表明，整个研究区接近一半的土地面积上分布有土地利用综合程度的高值及较高值区，空间上呈现东部、南部的土地利用程度高于西部和北部；且不同城市的优势用地类型表现出显著差异。从静态角度对土地利用现状分析过后，基于多期土地利用数据进一步分析土地利用的动态变化特征。从土地利用动态度测算结果来看，耕地显著减少和建设用地显著增加是京津冀土地利用变化的最大特征，且 2000~2010 年这种变化更为剧烈，说明随着城镇化、工业化的发展，人类社会经济活动发展主导下的建设用地扩张将会越来越多地蚕食生态用地、后备土地资源等。从土地利用程度变化来看，区域整体层面，1990~2015 年京津冀城市群的土地利用综合程度持续增加；分地市看，2000~2015 年与 1990~2000 年相比，北京、天津、唐山、廊坊等多地市的土地利用程度都有所降低，说明不同城市的经济发展活动对土地开发的依赖程度发生了差异性变化。最后，考虑到建设用地作为京津冀城市群的一种非常重要且变化较为显著的土地利用类型，以建设用地为研究对象，分析包括城镇用地、农村居民点、工矿交通用地在内的建设用地的动态变化趋势，并指出耕地、水域及围海造地是新增建设用地的重要来源。为进一步刻画建设用地变化的空间分异规律，以区县为单元，采用"综合指标法"测算了建设用地增减变化的活跃程度，并据此将京津冀城市群划分为建设用地增长型活跃区、增减平衡型活跃区、减少型活跃区以及变化迟缓型区四种地域类型。

（2）在京津冀城市群土地利用变化驱动因素分析部分，首先从一般意义层面定性阐释了城镇化水平与人口、工业化与产业结构、交通与区位条件以及政策调控与规划管理等因素对于建设用地变化产生的影响；然后基于理论以及前人已有研究的指导，从经济社会发展、城镇化水平、工业化水平、产业结构以及交通区位条件等方面选取若干影响因子，以区县为单元，采用地理加权回归模型定量刻画和分析了各因子对京津冀城市群建设用地变化影响的时空分异特征。模型运行结果分析表明：①总体来看，经济的发展、人口密度的增加、城镇化水平的提高以及交通的发展在一定时期内都能较为明显地引起建设用地的扩张；区位因素对建设用地扩张的影响也十分稳定，距离地级市或港口越近的区域建设用地扩张越明显，这很大程度上是由于较好的区位条件对于社会经济活动、要素具有较强的吸引作用，一旦吸引到社会经济活动的集聚，必然会产生新增用地需求而引起建设用地的扩张。而工业化水平和产业结构对建设用地扩张的影响，则随工业化的推进及产业结构的变化表现出时间上的分异。②进一步分时段并结合各驱动因素影响作用的空间异质性来看，2000年以前，京津冀城市群大部分城市仍处于工业化中后期，经济发展水平和城镇化的推进是该区域建设用地扩张的主要驱动力量，特别是GDP、人口密度、城镇化水平、交通基础设施建设水平，尤其对于北京、天津以及河北东南部一些经济发达城市，驱动作用是增强的，对经济发展的追求传导至空间上就表现为促使建设用地空间蔓延扩张；在此期间工业化发展和产业结构对于建设用地变化的驱动较为有限。2000年之后，进入到城镇化和工业化加速发展的时期，除城镇化水平以外，京津冀城市群建设用地扩张的产业驱动效应日益显著，工业的发展以及产业结构的调整都会引起土地要素流向效益更高的部门，无论是从农业流向非农业部门，还是从第二产业流向用地效益更高的第三产业，特别是在工业化加速阶段，都会明显地刺激第二产业、第三产业用地扩张，从而引发建设用地的整体扩张，且这种驱动作用由开始的在经济发达的热点区明显，逐渐扩散到热点城市周边的经济欠发达地区。

（3）借助RS和GIS技术，结合高分辨率卫星影像解译获取了1990~2015年承载京津冀城市群工业生产功能主要产业园区空间数据，基于此展开京津冀城市群以产业园区为代表的工业空间时空格局及演变研究。主要结论如下：①核密度分析结果表明，1990~2015年京津冀城市群主要产业园区用地空间格局呈现出"局部单中心—全局多中心"的动态变化特征。京津两地始终为产业园区用地高密度集聚区，但近几年扩张趋缓；河北东部、南部扩张态势相对明显，形成多个产业园区用地的中高密度区。②采用缓冲带分析法是为了较为直观地刻画核心城市中心不同距离区域的主要产业园区用地扩张特征。从用地密度来看，京津两地产业园区用地分布最为集中，且密度的圈层变化特征也最为显著，产业园区用地密度随距中心距离的增加急剧减小，且随时间推移核心范围产业用地开发高密度区有向外迁移的趋势；包括唐山、沧州、廊坊等京津双核紧密联系圈层产业园区用地扩张态势日趋显著；2000年之后衡水、邢台、邯郸等外围圈层的产业园区用地较之前扩张更为明显。从扩张强度来看，京津冀城市群产业园区用地扩张活跃区域表现出向外推移的态势,南部多地市产业园区在这 20 多年间发展迅速,而北部张承地区产业园区扩张一直相对缓慢,且整个区域多中心、分散扩张的空间格局越来越明显。③从分形特征来看,1990~2000 年京津冀城市群整体的分形维数增大,产业园区用地的形态结构总体上趋于不规则,这一时期京津冀城市群产业园区用地集中扩张的区域以外部扩展为主,且扩张呈现出无序、不规则的特点。2000 年之后京津冀城市群主要产业园区用地的扩张逐渐转变成以内部填充式为主,园区斑块的形态总体上日趋规则和整齐,也反映出京津冀产业园区用地日趋紧凑集约。④分析自然本底条件、交通及区位因素、与行政中心距离、区域及产业政策引导等对京津冀城市群产业园区用地变化的影响。⑤总结不同阶段京津冀产业园区用地演化空间模式可知,1990~2000 年京津冀主要产业园区用地以"核心区蔓延式扩张,外围区跳跃式扩张"模式为主,2000~2010 年呈现"核心区蔓延式加聚合式扩张,外围区跳跃式扩张"模式,2010 年之后表现为"热点区聚合式扩张,外围区蔓延式扩张"模式;总体上看,1990~2015 年核心城市的产业园区经历了蔓延式扩张—聚合式扩张的转变,热点中等城市经历了跳跃式扩张—聚合式扩张的变化,部分中小城市则经历了跳跃式扩张—蔓延式扩张的变化。

(4)基于各时期土地利用数据提取建成区空间分布,详细刻画和分析京津冀城市群 1990~2015 年城市建成区的时空格局及演变特征。①从建成区扩张强度特征来看,20 世纪 90 年代,北京的建成区扩张强度显著高于其他各地市,表现出"一市独大"的格局;2000~2010 年除北京的建成区扩张强度稳中有增外,紧密围绕北京的天津、廊坊、唐山、石家庄,以及往南的邯郸多市建成区扩张强度也增加非常显著,这六个城市的新增建成区面积占到整个区域新增建成区总面积的 71.06%。2010~2015 年,京津两市的建成区扩张强度仍排在前两位,但所有地市的扩张强度较前一个时期都有所降低。②通过空间自相关方法刻画京津冀城市群建成区用地扩张的冷热点区域,可知 1990~2015 年,京津冀城市群的建成区用地扩张热点主要集中在以北京以及石家庄为中心的核心城市区及周边,且热点区基本呈现出"核心-边缘"的特征,特别是北京周边的建成区用地扩张的圈层特征较为明显,直接辐射其周边的廊坊、天津等市;石家庄周边的热点区则呈现向南部延伸的格局。总体上,北京、天津、廊坊、唐山、秦皇岛,以及石家庄、邢台西部、邯郸等地是建成区用地的扩张热点区域。③紧凑度指数测算结果表明,建成区城市用地空间形态紧凑度先上升后下降,说明这一阶段区域的城镇建成区扩张开始注重内部整合和存量挖潜,建成区用地集约度提高,其空间形态破碎、复杂化趋势得到抑制。④引用景观扩张指数,识别京津冀城市群建成区扩张模式及其演变,结果表明,1990~2000 年,京津冀所有城市均以边缘式扩张为主，飞地式和填充式扩张的比例都较小；2000~2010年，各城市的飞地式和填充式扩张的面积比重都有较大幅度的增加，其中，北京、天津填充式扩张面积增加更明显，其他城市都是飞地式扩张更为明显；2010~2015年，京津冀各市的建成区用地扩张模式特征又发生了较为明显的变化，多数城市的填充式扩张面积比重均显著增加。总体来看，京津冀城市群各城市经历着由"扩散"扩张向"聚合"扩张演变的发展过程。

（5）基于城镇化和工业化两大驱动力在区域土地利用变化进程中表现出相辅相成又相互牵制的作用，这种作用会在产城交互关系的发展演进中有所体现，对京津冀城市群产城交互关系的演进特征进行分析，将京津冀城市群的发展演化大致划分为孤立型发展、关联化发展以及协同式发展三个阶段，整合并分析了三个发展阶段当中产业园区和城市空间的发展演变规律与特征，并对空间视角下涵盖的社会经济发展实际进行了剖析和阐释。继而归纳总结出影响京津冀城市群产城交互关系的政策引导机制、功能互补机制、要素驱动机制以及环境约束机制，并介绍了机制建设中存在的一些问题。最后从坚持政策引领、基于产业定位打造多中心模式、防控环境风险优化调控产城关系等几个方面，简要探讨了产城空间布局调控及优化的理念和对策，以期引导京津冀城市群内部各类城市功能载体在城市内部和城市之间合理分布与组合，支持推动京津冀的长效协作。

## 8.2 不足与展望

本书以京津冀城市群为研究区，分析区域土地利用动态演变特征，且选取产业空间、城市空间的双视角，采用定性与定量相结合的方法刻画并阐释京津冀产城空间布局及其关系的时空演变过程。但由于城市群作为人类活动影响下物质流、能量流和信息流互动最为频繁的经济区域与国土开发格局中的热点区域，其人地关系较一般研究区特别是单体城市更为活跃和复杂，加之本人认知的局限性，导致本书仍在理论、方法以及研究内容方面存在不同程度的欠缺。

（1）本研究在分析京津冀城市群总体土地利用、产业园区用地、城市建成区、产城关系时空格局及动态演变规律的过程中，围绕城市群三个方面的特征，以及区域性、阶段性、等级性来揭示相关现象、阐释相关机理，力求突出"城市群"相较于"单体"城市在规律表征方面的特殊性。但在实际的分析工作中，很多研究内容仍局限于京津冀这个特定的城市群，从而导致研究过程和研究结论缺乏普适性，尚未能建立起适用于所有城市群的研究范式。在未来的研究中，应加强对城市群地区土地利用变化共性与个性特征的挖掘，建立一种对城市群地区具有普适性的理论分析框架和研究范式是值得深入探索的问题。

(2）本研究对于京津冀城市群土地利用时空变化的影响因素和驱动机制采用定性与定量相结合的方法，并尽可能给予详细且客观的阐释和评述，但是距离上升至"机理研究"的层面仍有明显差距。京津冀城市群土地利用变化的驱动机制实质上是相当复杂的，其土地利用时空演化过程既受客观经济运行规律（如城镇化发展的实际历程）的支配，也受到人类活动主观因素的驱动，本研究虽然从自然地理以及社会经济等若干方面分析了相关影响、驱动机制，但在研究的广度和深度上仍有很大的提升空间。因此在后续研究中，应该更深入、更透彻地了解和掌握区域实际的社会经济发展历程与运行状况，思考其与国土空间格局演变之间的关系，甚至选取一些有代表性的案例区开展局部深入研究，以求更清晰、精准、全面地阐释相关影响机制和机理。

（3）本研究对京津冀城市群的产城空间关系及其演变特征进行了时序梳理以及空间异质性表达，但这方面的研究分析工作是基于本研究已有的产业园区、城市建成区的时空演变特征研究结果，同时结合历史资料搜集查阅获取京津冀城市群社会经济运行实际情况进行总结而完成，侧重于定性角度的整合和归纳，缺乏定量化分析方法的支撑。在今后的研究中，应对空间关系的定量测度方法予以关注并加以探索，使产城关系的研究分析更具科学性。

（4）众所周知，京津冀城市群演进发展过程具有典型的"二元结构"特征，这种特征的存在源于北京、天津与河北的区域资源禀赋以及区域分治的发展背景，导致区域经济发展的非均衡性以及不同城市建设与发展之间的矛盾。本研究在分析区域整体土地利用变化、产业园区用地演变、建成区用地演变以及产城交互关系演变的过程中，也试图做到突出京津冀"二元结构"映射到空间上所产生的影响。然而，本研究最终仍然是一个以京津冀城市群为案例的实证研究，在注重突出京津冀城市群"二元结构"特征的同时，在理论的归纳和探讨上有所欠缺，如所得出的规律与机理分析究竟是特殊性更强？还是具有一定程度的一般性和普适性？从国内现有城市群来看，长江三角洲和珠江三角洲也是最典型的城市群，其中长江三角洲城市群地跨上海、江苏、浙江三个省级区域，三地的互相竞争和带动促进了区域的快速发展，而珠江三角洲城市群则全域分布在广东省，这两大城市群经济发展水平更高并呈现出相对均衡化的发展模式，这种发展模式下的土地利用变化过程必然会呈现出相异于京津冀城市群的特征与规律。因此，在未来的研究中，可以增加不同城市群之间土地利用演变的横向比较分析，从而实现更具普适性和一般性的理论归纳，提升研究的理论高度。

# 参 考 文 献

白新萍.2011.基于分形理论的滨海新区土地利用空间格局变化研究［J］.安徽农业科学，39（24）：14728-14730，14808.

鲍文东.2007.基于GIS的土地利用动态变化研究［D］.青岛：山东科技大学.

边学芳，吴群，刘玮娜.2005.城市化与中国城市土地利用结构的相关分析［J］.资源科学，27（3）：73-78.

蔡雪娇，吴志峰，程炯.2012.基于核密度估算的路网格局与景观破碎化分析［J］.生态学杂志，31（1）：158-164.

曹冯，陈松林.2014.县域土地利用程度及其空间自相关探析——以福建省德化县为例［J］.福建师范大学学报（自然科学版），（3）：119-126.

曹瑞芬，蔡银莺.2011.基于AHP的土地开发利用程度评价及分析——以武汉市为例［J］.华中农业大学学报（社会科学版），（1）：65-69.

曹小曙，马林兵，颜廷真.2007.珠江三角洲交通与土地利用空间关系研究［J］.地理科学，27（6）：743-748.

车前进，曹有挥，马晓冬，等.2010.基于分形理论的徐州城市空间结构演变研究［J］.长江流域资源与环境，19（8）：859-866.

陈皓峰，刘志红.1990.区域城镇体系发展阶段及其应用初探［J］.经济地理，（1）：66-70.

陈江龙，高金龙，徐梦月，等.2014.南京大都市区建设用地扩张特征与机理［J］.地理研究，33（3）：427-438.

陈群元，喻定权.2009.城市群的协调机理与协调模型［C］//规划引领下的新型城市化研究——2009年湖南省优秀城乡规划论文集.湖南省城乡规划学会：6.

陈任君.2009.城市开发区空间生长机理与优化策略研究［D］.武汉：华中科技大学.

陈彦光.2008.分形城市系统：标度·对称·空间复杂性［M］.北京：科学出版社：1-3.

成受明.2003.山地城市空间扩展动力机制及扩展模式研究［D］.重庆：重庆大学.

迟文峰.2012.近30年京津唐地区城市用地扩张规模与未来情景模拟研究［D］.呼和浩特：内蒙古师范大学.

丛明珠，欧向军，赵清，等.2008.基于主成分分析法的江苏省土地利用综合分区研究［J］.地理研究，27（3）：574-582.

崔福全.2013.基于贝叶斯网络的城市扩展模拟与形成机制研究［D］.济南：山东师范大学.

邓楚雄，李晓青，向云波，等.2013.长株潭城市群地区耕地数量时空变化及其驱动力分析［J］.经济地理，33（6）：142-147.

丁俊，王开泳.2016.珠江三角洲城市群工业生产空间格局、形态特征及影响因素［J］.地理科学进展，35（5）：610-621.

董青，李玉江，刘海珍.2008.中国城市群划分与空间分布研究［J］.城市发展研究，15（6）：70-75.

董晓峰，刘理臣，张兵，等.2005.基于RS与GIS的兰州都市圈土地利用变化研究［J］.兰州大学学报（自然科学版），41（1）：8-11.

方创琳，蔺雪芹.2010.武汉城市群空间扩展的生态状况诊断［J］.长江流域资源与环境，19（10）：1211-1218.

方创琳，宋吉涛，张蔷，等.2005.中国城市群结构体系的组成与空间分异格局［J］.地理学报，6（5）：827-840.

冯异星，罗格平，尹昌应，等.2009.干旱区内陆河流域土地利用程度变化与生态安全评价——以新疆玛纳斯河流域为例［J］.自然资源学报，24（11）：1921-1932.

冯章献，王士君，张颖.2010.中心城市极化背景下开发区功能转型与结构优化［J］.城市发展研究，17（1）：5-8.

傅伯杰，陈利顶，马克明，等.2001.景观生态学原理及应用［M］.北京：科学出版社.

高辉娜，郭琪，贺灿飞.2014.工业用地增长与工业经济增长的关系［J］.城市问题，（7）：53-61.

高金龙，陈江龙，袁丰，等.2014.南京市区建设用地扩张模式、功能演化与机理［J］.地理研究，33（10）：1892-1907.

顾朝林.1992.中国城镇体系：历史·现状·展望［M］.北京：商务印书馆.

顾朝林.1999.北京土地利用/覆盖变化机制研究［J］.自然资源学报，14（4）：307-312.

关丽，魏科，颜涯，等.2012.基于多维数据模型的城市建设用地数据挖掘研究——以北京市为例［J］.地理与地理信息科学，28（6）：49-52.

关兴良，方创琳，周敏，等.2012.武汉城市群城镇用地空间扩展时空特征分析［J］.自然资源学报，27（9）：1447-1459.

郭付友，陈才，刘继生.2014.1990年以来长春市工业空间扩展的驱动力分析［J］.人文地理，（6）：88-94.

国家发改委国土开发与地区经济研究所课题组.2015.京津冀区域发展与合作研究［J］.经济研究参考，（49）：3-29.

海贝贝.2014.快速城市化进程中城市边缘区聚落空间演化研究——以郑州市为例［D］.郑州：河南大学.

郝仕龙，李春静.2014.黄土丘陵沟壑区土地压力及土地利用模式变化［J］.农业工程学报，30（8）：210-217.

何春阳，史培军，陈晋，等.2002.北京地区城市化过程与机制研究［J］.地理学报，57（3）：363-371.

何建华，王宵君，杜超，等.2015.武汉城市圈土地利用变化系统仿真模拟与驱动力分析［J］.长江流域资源与环境，24（8）：1270-1278.

何劲，胡伟平，刘锐，等.2012.基于分形维度法的都市区城市蔓延分析——以广佛为例［J］.地理信息世界，（4）：75-82.

何诗，曾从盛.2013.2005-2010年福建沿海土地利用程度动态综合评价分析［J］.海南师范大学学报（自然科学版），26（3）：314-319.

洪音.2008.中国西部地区国家级开发区产业定位研究［D］.乌鲁木齐：新疆农业大学.

侯伟，陈锋，杨春露，等.2011.辽宁中部城市群土地利用时空格局遥感分析［J］.东北林业大学学报，39（1）：113-115.

胡和兵，刘红玉，郝敬锋，等.2012.南京市九乡河流域土地利用程度空间异质性分析［J］.地球信息科学学报，14（5）：627-634.

黄金川，陈守强.2015.中国城市群等级类型综合划分［J］.地理科学进展，34（3）：290-301.

霍华德 E.2000.明日的田园城市［M］.金经元，译.北京：商务印书馆.

江凌，肖燚，饶恩明，等.2016.内蒙古土地利用变化对生态系统防风固沙功能的影响［J］.生态学报，36（12）：3734-3747.

姜爱林.2004.城镇化与工业化互动关系研究［J］.南京审计学院学报，15（2）：1-9.

姜群鸥，邓祥征，柯新利，等.2014.RCPs气候情景下珠江三角洲地区城市用地扩展的预测与模拟［J］.应用生态学报，25（12）：3627-3636.

姜世国，周一星.2006.北京城市形态的分形集聚特征及其实践意义［J］.地理研究，25（2）：204-212.

焦世泰，王世金.2011.基于分形理论的城市区域空间结构优化研究：以兰州—白银城市区域为例［J］.西北师范大学学报（自然科学版），47（3）：103-109.

孔祥斌，张凤荣，李玉兰，等.2005.区域土地利用与产业结构变化互动关系研究［J］.资源科学，27（2）：59-64.

李保杰，顾和和，纪亚洲.2013.矿区土地利用分形特征动态变化［J］.农业工程学报，29（21）：233-240.

李晨曦，吴克宁，查理思.2016.京津冀地区土地利用变化特征及其驱动力分析［J］.中国人口·资源与环境，（S1）：252-255.

李国武.2009.中国省级开发区的区位分布、增长历程及产业定位研究［J］.城市发展研究，16（5）：1-6.

李红锦.2007.珠三角城市群空间结构演变研究［J］.商场现代化，（4）：351-352.

李辉.2014.广东省社会经济与资源环境协调发展研究［D］.长春：吉林大学.

李江.2005.城市空间形态的分形维数及应用［J］.武汉大学学报（工学版），38（3）：99-103.

李平，李秀彬，刘学军.2001.我国现阶段土地利用变化驱动力的宏观分析［J］.地理研究，20（2）：129-138.

李平星，孙伟.2013.改革开放以来苏南地区城市扩展格局与驱动机理研究［J］.长江流域资源与环境，22（12）：1529-1536.

李启权，张新，高雪松，等.2014.川中丘陵县域土地利用程度与效益耦合协调格局分析［J］.农业现代化研究，（1）：97-102.

李强.2012.土地利用变化与社会经济因素的内在关联性研究［D］.广州：广州大学.

李胜芬, 刘斐. 2002. 资源环境与社会经济协调发展探析 [J]. 地域研究与开发, 21 (1): 78-80.

李珽, 符文颖, 李郇. 2013. GIS 支持下的珠江三角洲核心区建设用地遥感分析 [J]. 中国土地科学, (9): 78-84.

李小云. 2005. 开发区的布局建设与城市空间结构的演化 [D]. 杭州: 浙江大学.

李星, 曾九利. 2013. 基于产城一体理念的城市用地结构研究方法探索 [J]. 规划师, 29 (S1): 47-49.

李秀芬, 刘利民, 齐鑫, 等. 2014. 晋西北生态脆弱区土地利用动态变化及驱动力 [J]. 应用生态学报, 25 (10): 2959-2967.

李雪瑞, 王秀兰, 冯仲科. 2009. 基于土地利用程度的北京城市扩展特征 [J]. 地理科学进展, 28 (3): 398-402.

郦文凯. 2007. 吉林省省级开发区综合评价指标体系研究 [D]. 长春: 东北师范大学.

梁励韵, 刘晖. 2014. 工业化视角下的小城镇形态演变——以顺德北滘镇为例 [J]. 城市问题, (4): 48-52.

廖重斌. 1999. 环境与经济协调发展的定量评判及其分类体系——以珠江三角洲城市群为例 [J]. 热带地理, 19 (2): 171-177.

林坚, 马珣. 2014. 中国城市群土地利用效率测度 [J]. 城市问题, (5): 9-14.

林巍. 2015. 城镇化对京津冀土地资源承载力的影响研究 [D]. 北京: 中国地质大学.

林巍, 户艳领, 李丽红. 2015. 基于土地承载力评价的京津冀城市群结构优化研究 [J]. 首都经济贸易大学学报, 17 (2): 74-80.

林先扬, 陈忠暖, 蔡国田. 2003. 国内外城市群研究的回顾与展望 [J]. 热带地理, 23 (1): 44-49.

刘畅. 2015. 产城融合目标下京津冀城市群国家级经济技术开发区新城化研究 [D]. 北京: 首都经济贸易大学.

刘浩, 张毅, 郑文升. 2011. 城市土地集约利用与区域城市化的时空耦合协调发展评价——以环渤海地区城市为例 [J]. 地理研究, 30 (10): 1805-1817.

刘纪远. 1992. 西藏自治区土地利用 [M]. 北京: 科学出版社.

刘纪远, 刘明亮, 庄大方, 等. 2002. 中国近期土地利用变化的空间格局分析 [J]. 中国科学 (D 辑: 地球科学), 12: 65-74, 92-94.

刘纪远, 王新生, 庄大方, 等. 2003. 凸壳原理用于城市用地空间扩展类型识别 [J]. 地理学报, 58 (6): 885-892.

刘纪远, 匡文慧, 张增祥, 等. 2014. 20 世纪 80 年代末以来中国土地利用变化的基本特征与空间格局 [J]. 地理学报, 69 (1): 3-14.

刘坚, 黄贤金, 赵彩艳, 等. 2006. 江苏省城市化发展与土地利用程度变化相关性研究 [J]. 水土保持研究, 13 (2): 198-201.

刘明, 高林. 2015. 基于城镇化科学发展的京津冀区域土地资源承载力研究 [J]. 城市发展研究, 22 (4): 6-8.

刘庆, 陈利根, 舒帮荣, 等. 2010. 长株潭城市群土地生态安全动态评价研究 [J]. 长江流域资源与环境，19（10）：1192-1197.

刘盛和.2002.城市土地利用扩展的空间模式与动力机制［J］.地理科学进展，21（1）：43-50.

刘盛和，何书金.2002.土地利用动态变化的空间分析测算模型［J］.自然资源学报，17（5）：533-540.

刘小平，黎夏，陈逸敏，等.2009.景观扩张指数及其在城市扩展分析中的应用［J］.地理学报，64（12）：1430-1438.

刘志丹，张纯，宋彦.2012.促进城市的可持续发展：多维、多尺度的城市形态研究——中美城市形态研究的综述及启示［J］.国际城市规划，（2）：47-53.

刘志佳，黄河清.2015.珠三角地区建设用地扩张与经济、人口变化之间相互作用的时空演变特征分析［J］.资源科学，37（7）：1394-1402.

刘志亭.2004.我国开发区的发展模式分析［J］.青岛科技大学学报（社会科学版），20（1）：20-25.

刘祖云，陈明.2012.从"土地冲突"到"土地风险"——中国农村土地问题研究的理论进路［J］.中国土地科学，26（8）：23-28.

鲁春阳，杨庆媛，文枫，等.2010.城市用地结构与产业结构关联的实证研究——以重庆市为例［J］.城市发展研究，17（1）：102-107.

鲁奇，战金艳，任国柱.2001.北京近百年城市用地变化与相关社会人文因素简论［J］.地理研究，20（6）：688-696.

陆大道.2001.论区域的最佳结构与最佳发展——提出"点-轴系统"和"T"型结构以来的回顾与再分析［J］.地理学报，56（2）：127-135.

陆大道.1988.区位论及区域研究方法［M］.北京：科学出版社.

陆大道.1995.区域发展及其空间结构［M］.北京：科学出版社.

陆玉麒.2002.中国区域空间结构研究的回顾与展望［J］.地理科学进展，21（5）：468-476.

吕可文，苗长虹，安乾.2012.河南省建设用地扩张及其驱动力分析［J］.地理与地理信息科学，28（4）：73-78.

吕韬，姚士谋，曹有挥，等.2010.中国城市群区域城际轨道交通布局模式［J］.地理科学进展，29（2）：249-256.

马晓河，蓝海涛，黄汉权.2005.工业反哺农业的国际经验及我国的政策调整思路［J］.管理世界，（7）：55-63.

马振玲.2011.长株潭城市群土地利用/覆盖变化驱动机制定量研究［D］.长沙：中南大学.

马宗文，许学工，卢亚灵.2011.环渤海地区NDVI拟合方法比较及其影响因素［J］.生态学杂志，30（7）：1558-1564.

毛蒋兴，阎小培.2002.城市土地利用模式与城市交通模式关系研究［J］.规划师，18（7）：69-72.

毛丽杰.2011.土地利用空间圈层结构分析——以湖北省孝南区为例［J］.现代商业，（11）：37-38.

蒙莉娜，郑新奇.2008.区域土地利用动态变化分析的新方法研究——以北京市为例［C］//

中国土地学会，中国土地勘测规划院、国土资源部土地利用重点实验室：中国土地学会：12.

孟德友，陆玉麒．2009．基于引力模型的江苏区域经济联系强度与方向［J］．地理科学进展，28（5）：697-704.

倪鹏飞．2006．中国城市竞争力报告［M］．北京：社会科学文献出版社．

倪维秋．2016．中国三大城市群城市土地利用经济、社会、生态效益的耦合协调性及其空间格局［J］．城市发展研究，23（12）：69-77.

宁越敏，张凡．2012．关于城市群研究的几个问题［J］．城市规划学刊，（1）：48-53.

欧阳海燕，宁启蒙．2015．益阳工业园区与城市空间互动研究［J］．四川建筑，（5）：21-23.

潘爱民，全斌，王昭生．2010．长株潭城市群土地利用变化与城市化的相互响应研究［J］．水土保持研究，17（5）：167-171.

庞瑞秋，腾飞，魏冶．2014．基于地理加权回归的吉林省人口城镇化动力机制分析［J］．地理科学，34（10）：1210-1217.

彭文英，刘念北，张丽亚．2014．中国首都圈土地资源综合承载力及空间优化格局［J］．首都经济贸易大学学报，16（1）：77-83.

乔陆印，刘彦随，杨忍．2015．中国农村居民点用地变化类型及调控策略［J］．农业工程学报，31（7）：1-8.

秦祯．2013．日照国际海洋城土地利用功能分区与模式研究［D］．泰安：山东农业大学．

荣燕美．2010．太原市耕地利用变化及其驱动力研究［D］．太原：山西大学．

沙里宁 E．1986．城市：它的发展、衰败和未来［M］．顾启源，译．北京：中国建筑工业出版社．

邵景安，李阳兵，魏朝富，等．2007．区域土地利用变化驱动力研究前景展望［J］．地球科学进展，22（8）：798-809.

邵一希，李满春，陈振杰，等．2009．地理加权回归在区域土地利用格局模拟中的应用——以常州市孟河镇为例［J］．地理科学，30（1）：92-97.

史洪超．2012．土地利用/覆被变化（LUCC）研究进展综述［J］．安徽农业科学，40（26）：13107-13110.

史利江，王圣云，姚晓军，等．2012．1994-2006年上海市土地利用时空变化特征及驱动力分析［J］．长江流域资源与环境，21（12）：1468-1479.

宋金平，赵西君，王倩．2008．北京市丰台区土地利用变化及社会经济驱动分析［J］．中国人口·资源与环境，18（2）：171-175.

孙欣，余华银．2006．我国经济开发区投资环境评价研究［J］．特区经济，（2）：288-289.

孙逸敏．2007．利用SPSS软件分析变量间的相关性［J］．新疆教育学院学报，23（2）：120-123.

覃文忠．2007．地理加权回归基本理论与应用研究［D］．上海：同济大学．

谭少华，倪绍祥．2007．20世纪以来土地利用研究综述［J］．地域研究与开发，25（5）：84-89.

谭雪兰，钟艳英，段建南，等．2014．快速城市化进程中农村居民点用地变化及驱动力研究——以长株潭城市群为例［J］. 地理科学, 34（3）：309-315.

汤慧, 周文强, 仝娟. 2015. 城市工业园区对城市布局结构影响研究［J］. 中外建筑,（10）：99-100.

汤小华, 余娟清. 2004. 乡村工业化地区土地利用变化及驱动力分析——以福建省晋江市为例［J］. 福建师范大学学报（自然科学版）,（3）：84-89.

唐志鹏. 2012. 经济地理学中的数量方法［M］. 北京：气象出版社.

田彦军, 郝晋珉, 韩亮, 等. 2003. 县域土地利用程度评估模型构建及应用研究［J］. 农业工程学报, 19（6）：293-297.

童陆亿, 胡守庚. 2016. 中国主要城市建设用地扩张特征［J］. 资源科学, 38（1）：50-61.

涂小松, 濮励杰. 2008. 苏锡常地区土地利用变化时空分异及其生态环境响应［J］. 地理研究, 27（3）：583-593.

屠定敏, 陈亚芬, 高海波. 2012. 高新技术开发区及外围影响区土地利用演化研究——以南京国家高新技术产业开发区为例［J］. 黑龙江科技信息,（21）：124-126.

汪长根, 王新华. 1995. 略论开发区建设中的土地问题［J］. 群众,（9）：58-59.

王爱民, 刘加林, 缪磊磊. 2002. 土地利用的人地关系透视［J］. 地域研究与开发, 21（1）：9-12, 17.

王成新, 刘洪颜, 史佳璐, 等. 2014. 山东省省级以上开发区土地集约利用评价研究［J］. 中国人口·资源与环境, 24（6）：128-133.

王翠平, 王豪伟, 李春明, 等. 2012. 基于DMSP/OLS影像的我国主要城市群空间扩张特征分析［J］. 生态学报, 32（3）：942-954.

王大力, 牛乐德. 2014. 滇中城市群产业结构与用地结构关联研究［J］. 资源开发与市场, 30（12）：1494-1497.

王峰玉, 李瑞霞. 2008. 广州开发区的地域空间演变与发展趋势研究［J］. 现代城市研究, 23（12）：13-20.

王国友, 塔西甫拉提·特依拜, 谭灵芝. 2006. 新疆于田绿洲-荒漠交错带土地利用变化的社会驱动力研究［J］. 中国沙漠, 26（2）：259-263.

王厚军, 李小玉, 张祖陆, 等. 2008. 1979-2006年沈阳市城市空间扩展过程分析［J］. 应用生态学报, 19（12）：2673-2679.

王慧敏. 2007. 上海工业开发区建设和发展的空间效应研究. 上海：上海师范大学.

王健, 汪应宏, 彭山桂. 2016. 中国城市用地扩张的诱因［J］. 城市问题,（1）：7-16.

王娟. 2012. 中国城市群演进研究［D］. 成都：西南财经大学.

王珺, 周均清. 2009. 基于多核模型的城市群空间结构演变研究——以武汉城市圈为例［J］. 土木工程与管理学报, 26（1）：85-88.

王丽萍, 李云亮. 2010. 基于分形的港口城市用地形态和结构的时空演化特征——以连云港市为例［J］. 淮海工学院学报（自然科学版）, 19（1）：49-53.

王丽萍, 周寅康, 薛俊菲. 2005. 江苏省城市用地扩张及驱动机制研究［J］. 中国土地科学, 19（6）：26-29.

王青. 2002. 城市形态空间演变定量研究初探：以太原市为例［J］. 经济地理, 22（3）：

339-341.

王思远, 刘纪远. 2001. 中国土地利用时空特征分析 [J]. 地理学报, 56 (6): 631-639.

王文刚, 庞笑笑, 宋玉祥, 等. 2012. 中国建设用地变化的空间分异特征 [J]. 地域研究与开发, 31 (1): 110-115.

王新生, 刘纪远, 庄大方, 等. 2005. 中国特大城市空间形态变化的时空特征 [J]. 地理学报, 60 (3): 392-400.

王秀兰, 包玉海. 1999. 土地利用动态变化研究方法探讨 [J]. 地理科学进展, 18 (1): 81-87.

王秀英. 2014. 海晏县推进新型城镇化发展中集约高效利用土地的思考 [J]. 青海国土经略, (4): 20-23.

王振坡, 翟婧彤, 张颖, 等. 2015. 京津冀城市群城市规模分布特征研究 [J]. 上海经济研究, (7): 79-88.

温阳阳, 高建华, 梁迪. 2016. 河南省建设用地扩展的社会经济驱动力分析——基于STIRPAT模型 [J]. 地域研究与开发, 35 (1): 121-126.

文枫, 鲁春阳, 杨庆媛, 等. 2010. 重庆市农村居民点用地空间分异研究 [J]. 水土保持研究, 17 (4): 222-227.

吴金华, 李园媛, 李纪伟. 2011. 延安市土地利用程度评价及政策建议 [J]. 干旱区资源与环境, 25 (12): 132-136.

吴利. 2009. 基于信息熵的长株潭城市群土地利用结构动态演变研究 [D]. 长沙: 湖南农业大学.

吴良镛. 2013. 京津冀地区城乡空间发展规划研究三期报告 [M]. 北京: 清华大学出版社.

伍世代, 李婷婷. 2011. 海西城市群工业空间格局与演化分析 [J]. 地理科学, 22 (3): 309-315.

武进. 1990. 中国城市形态: 结构、特征及其演变 [M]. 南京: 江苏科技技术出版社.

谢花林. 2008. 典型农牧交错区土地利用变化驱动力分析 [J]. 农业工程学报, 24 (10): 56-62.

谢宜宁. 2014. 北京市城市空间扩张驱动机制研究 [D]. 北京: 首都经济贸易大学.

徐美, 邓运员, 刘春腊. 2009. "两型社会"背景下长株潭城市群土地利用效率评价 [J]. 亚热带资源与环境学报, 4 (2): 24-31.

许慧, 肖大威. 2013. 快速城市化阶段城镇空间演变机制研究——以深吉茅洲河流域为例 [J]. 华中建筑, 31 (3): 81-84.

许建伟, 许新宇, 朱明侠, 等. 2013. 基于数据包络分析的长三角城市群土地利用效率及其变化研究 [J]. 世界地理研究, (1): 121-129.

许联芳, 谭勇. 2009. 长株潭城市群"两型社会"试验区土地承载力评价 [J]. 经济地理, 29 (1): 69-73.

许然. 1997. 浅论人地关系的系统理论 [J]. 河南教育学院学报 (自然科学版), (1): 87-90, 81.

许学强, 周一星, 宁越敏. 2009. 城市地理学 [M]. 北京: 高等教育出版社.

薛东前，姚士谋．2000．我国城市系统的形成和演进机制［J］．人文地理，(1)：35-38．

薛东前，王传胜．2002．城市群演化的空间过程及土地利用优化配置［J］．地理科学进展，21（2）：95-102．

薛东前，孙建平．2003．城市群体结构及其演进［J］．人文地理，18（4）：64-68．

闫庆武，卞正富，张萍，等．2011．基于居民点密度的人口密度空间化［J］．地理与地理信息科学，27（5）：95-98．

闫卫阳，王发曾，秦耀辰．2009．城市空间相互作用理论模型的演进与机理［J］．地理科学进展，28（4）：511-518．

燕月，陈爽，李广宇，等．2013．城市紧凑性测度指标研究及典型城市分析——以南京、苏州建设用地紧凑度为例［J］．地理科学进展，32（5）：733-742．

杨桂山．2004．土地利用/覆被变化与区域经济发展——长江三角洲近50年耕地数量变化研究的启示［J］．地理学报，59（s1）：41-46．

杨海泉，胡毅，王秋香．2015．2001~2012年中国三大城市群土地利用效率评价研究［J］．地理科学，35（9）：1095-1100．

杨涵，王芳芳，吴世新，等．2009．基于分形理论的新疆土地利用空间格局分析［J］．干旱区研究，26（2）：48-53．

杨俊，解鹏，席建超，等．2015．基于元胞自动机模型的土地利用变化模拟——以大连经济技术开发区为例［J］．地理学报，70（3）：461-475．

杨龙，胡世文．2015．大都市区治理背景下的京津冀协同发展［J］．中国行政管理，(9)：13-20．

杨荣南，张雪莲．1997．城市空间扩展的动力机制与模式研究［J］．地域研究与开发，(2)：1-4．

杨武，童小华，刘妙龙．2007．土地利用结构熵变化分析［J］．同济大学学报（自然科学版），35（3）：422-426．

杨晓颖，汤怀志，梁剑峰，等．2015．京津冀地区经济一体化进程中的土地利用问题［J］．国土资源情报，(12)：44-47．

杨勇，杨丹，张明勇．2011．都市圈城市等级体系的分形特征研究［J］．管理世界，(9)：170-171．

杨于成．2012．城市土地利用结构与产业结构关系研究——以柳州市为例［D］．武汉：华中农业大学．

姚静林，杨小雄．2012．北部湾经济区土地利用变化及其驱动力研究［J］．大众科技，(5)：224-227．

姚士谋，陈振光．2006．我国城市群区空间规划的新认识［J］．宁波经济（三江论坛），(10)：3-6．

姚士谋，朱英明，陈振光．2001．中国城市群［M］．合肥：中国科学技术大学出版社．

姚士谋，陆大道，陈振光，等．2012．顺应我国国情条件的城镇化问题的严峻思考．经济地理，32（5）：1-6．

姚小薇，王占岐．2012．我国城市群土地利用研究进展与展望［J］．国土资源科技管理，

29（2）：1-7.

叶玉瑶．2006．城市群空间演化动力机制初探——以珠江三角洲城市群为例［J］．城市规划，30（1）：61-66.

叶玉瑶，张虹鸥，刘凯，等．2010．地理区位因子对建设用地扩展的影响分析：以珠江三角洲为例［J］．地理科学进展，29（11）：1433-1441.

易湘生，王静爱，岳耀杰．2008．基于沙区土地功能分类的土地利用变化与模式研究［J］．北京师范大学学报（自然科学版），8（44）：4.

于涛方．2014．从速度到质量：京津冀地区城镇化发展战略思考［J］．上海城市规划，（1）：13-23.

余新晓，张晓明，牛丽丽，等．2009．黄土高原流域土地利用/覆被动态演变及驱动力分析［J］．农业工程学报，（7）：219-225.

俞艳，胡珊珊，童艳，等．2017．基于公共边测度的城市扩张模式建模研究［J］．地理与地理信息科学，33（1）：78-81.

曾磊，宗勇，鲁奇．2004．保定市城市用地扩展的时空演变分析［J］．资源科学，26（4）：96-103.

曾毅，麻战洪，李慎鹏，等．2008．基于景观生态学的长株潭城市群区域土地利用结构变化特征研究［J］．国土资源导刊，5（5）：33-36.

曾永年，何丽丽，靳文凭，等．2012．长株潭城市群核心区城镇景观空间扩张过程定量分析［J］．地理科学，32（5）：544-549.

张兵，金凤君，董晓峰．2005．甘肃中部地区景观生态格局与土地利用变化研究［J］．地理科学进展，24（3）：34-43.

张迪，郭文华．2010．城镇化对土地利用的影响浅析［J］．国土资源情报，（5）：43-47.

张金兰，欧阳婷萍，朱照宇，等．2010．基于景观生态学的广州城镇建设用地扩张模式分析［J］．生态环境学报，19（2）：410-414.

张俊峰，张安录．2015．土地资源空间异质性与经济发展水平的关系研究——以武汉城市圈为例［J］．自然资源学报，30（5）：725-735.

张良侠，吴世新，穆桂金，等．2012．基于土地利用变化的近18a新疆沙地动态及其驱动力分析［J］．中国沙漠，32（1）：17-23.

张荣萍，潘建平．2014．罗江县土地开发利用程度评价及分析［J］．现代农业科技，（20）：340-343.

张赛，张军海，楼惠新．2009．张承生态功能区建设研究［J］．经济论坛，（7）：86-88.

张文庆．2015．中国国家级经济技术开发区发展研究——基于产业组织视角［D］．上海：上海社会科学院.

张小平，陆大道．2002．开发区土地开发的区域效应及协同机制分析［J］．资源科学，24（5）：32-38.

张艳．2007．开发区空间拓展与城市空间重构——苏锡常的实证分析与讨论［J］．城市规划学刊，（1）：49-54.

张耀军，任正委．2012．基于地理加权回归的山区人口分布影响因素实证研究——以贵州省毕

节地区为例 [J]. 人口研究, 36 (4): 53-63.

张耀宇, 陈利根, 宋璐怡. 2016. 中国城市用地扩张驱动机制的差异性研究 [J]. 资源科学, 38 (1): 30-40.

张永民, 赵士洞. 2003. CLUE-S 模型及其在奈曼旗土地利用时空动态变化模拟中的应用 [J]. 自然资源学报, 18 (3): 310-318.

张云鹏, 孙燕, 王小丽, 等. 2012. 不同尺度下的土地利用变化驱动力研究——以常州市新北区为例 [J]. 水土保持研究, 19 (6): 111-116.

张志斌, 靳美娟. 2004. 21 世纪深港城市发展及其空间整合 [J]. 地域研究与开发, 23 (2): 17-20.

章波, 濮励杰, 黄贤金, 等. 2005. 城市区域土地利用变化及驱动机制研究——以长江三角洲地区为例 [J]. 长江流域资源与环境, 14 (1): 28-33.

赵丹丹, 胡业翠. 2016. 土地集约利用与城市化相互作用的定量研究——以中国三大城市群为例 [J]. 地理研究, 35 (11): 2105-2115.

赵弘, 何芬. 2017. 京津冀协同发展视角下北京城市空间布局优化研究 [J]. 经济与管理, (1): 17-21.

赵京, 杨钢桥. 2010. 基于信息熵的土地利用结构演变分析——以湖北省为例 [J]. 湖北农业科学, 49 (4): 1016-1019.

赵可, 张炳信, 张安录. 2014. 经济增长质量影响城市用地扩张的机理与实证 [J]. 中国人口·资源与环境, 24 (10): 76-84.

赵丽红, 陈文波, 邵虹. 2015. 南昌市中心城区城市建设用地集约利用特征及空间相关性分析 [J]. 长江流域资源与环境, 24 (8): 1286-1292.

赵小汎. 2013. 区位熵模型在土地利用变化分析中的新运用 [J]. 经济地理, 33 (2): 162-167.

赵亚莉, 刘友兆, 龙开胜. 2012. 长三角地区城市土地开发强度特征及影响因素分析 [J]. 长江流域资源与环境, 21 (12): 1480-1485.

郑海金, 华珞, 欧立业. 2003. 中国土地利用/土地覆盖变化研究综述 [J]. 首都师范大学学报 (自然科学版), 24 (3): 89-95.

郑艳婷, 马金英, 戴荔珠, 等. 2016. 武汉城市群的区域性城市化特征及其动力机制 [J]. 资源科学, 38 (10): 1948-1961.

郑泽爽, 甄峰. 2009. 快速城市化地区城市用地空间结构研究——以佛山市禅城区为例 [J]. 热带地理, 29 (3): 257-262.

周春山, 叶昌东. 2013. 中国特大城市空间增长特征及其原因分析 [J]. 地理学报, 68 (6): 728-738.

周德, 徐建春, 王莉. 2015. 环杭州湾城市群土地利用的空间冲突与复杂性 [J]. 地理研究, 34 (9): 1630-1642.

周国华, 贺艳华. 2006. 长沙城市土地扩张特征及影响因素 [J]. 地理学报, (11): 1171-1180.

周晗. 2016. 京津冀一体化发展历程、问题与对策 [J]. 中国市场, (42): 38-39.

周惠来，郭蕊．2007．中国城市群研究的回顾与展望［J］．地域研究与开发，26（5）：55-60．

周翔，陈亮，象伟宁．2014．苏锡常地区建设用地扩张过程的定量分析［J］．应用生态学报，25（5）：1422-1430．

周晓艳，宋祯利，宋亚男，等．2016．基于地理加权回归模型的长江中游地区人均耕地面积变化影响因素分析［J］．水土保持通报，36（1）：136-142．

周志武．2012．长株潭城市群建设用地扩张的特征及合理性评估研究［D］．长沙：湖南大学．

周作江，周国华，唐承丽，等．2014．环长株潭城市群土地集约利用时空演变研究［J］．水土保持研究，21（5）：89-93．

朱会义，李秀彬，何书金，等．2001a．环渤海地区土地利用的时空变化分析［J］．地理学报，56（3）：253-260．

朱会义，何书金，张明．2001b．土地利用变化研究中的GIS空间分析方法及其应用［J］．地理科学进展，20（2）：104-110．

朱立龙，尤建新，张建同，等．2010．国家级经济技术开发区综合评价模型实证研究［J］．公共管理学报，7（2）：115-121．

庄大方，刘纪远．1997．中国土地利用程度的区域分异模型研究［J］．自然资源学报，（2）：105-111．

卓莉，李强，史培军，等．2006．基于夜间灯光数据的中国城市用地扩展类型［J］．地理学报，61（2）：169-178．

邹彦岐，乔丽．2008．国内外土地利用研究综述［J］．甘肃农业，（7）：51-53．

Amin A. 1994. Post-fordism：A Reader［M］. Oxford：Blackwell.

Batty M. 1985. Fractals-geometry between dimensions［J］. New Scientist.

Batty M. 1988. The morphology of urban land use［J］. Environment and Planning B：Planning and Design，15（4）：461-488.

Berry B J L, Gillard Q. 1977. The changing shape of metropolitan America：commuting patterns, urban fields, and decentralization processes, 1960-1970［J］. Geographical Review，68（3）：372.

Bhatta B, Saraswati S, Bandyopadhyay D. 2010. Quantifying the degree-of-freedom, degree-of-sprawl, and degree-of-goodness of urban growth from remote sensing data［J］. Applied Geography，30（1）：96-111.

Bloom N R. 2001. Suburban Alchemy：1960's New Towns and the Transformation of the American Dream［M］. Columbus：Ohio State University Press.

Boudeville J R. 1996. Problems of Regional Development［M］. Edinburgh：Edinburgh University Press.

Braimoh A K, Onishi T. 2007. Spatial determinants of urban land use change in Lagos, Nigeria［J］. Land Use Policy，24（2）：502-515.

Bristow R. 1989. Hong Kong's New Towns：A Selective Review［M］. Oxford：Oxford University Press.

Brunsdon C, Fotheringham A S, Charlton M E. 1996. Geographically weighted regression：a method for exploring spatial nonstationarity［J］. Geographical Analysis，28（4）：281-298.

Camagni R, Gibelli M C, Rigamonti P. 2002. Urban mobility and urban form: the social and environmental costs of different patterns of urban expansion [J]. Ecological Economics, 40 (2): 199-216.

Chen H, Jia B, Lau S S Y. 2008. Sustainable urban form for Chinese compact cities: Challenges of a rapid urbanized economy [J]. Habitat International, 32 (1): 28-40.

Clarke K C, Hoppen S, Gaydos L J. 1997. A self-modifying cellular automaton model of historical urbanization in the san francisco bay area [J]. Environment and Planning B Planning and Design, 24 (2): 247-261.

Clifton K, Ewing R, Knaap G J, et al. 2008. Quantitative analysis of urban form: a multidisciplinary review [J]. Journal of Urbanism International Research on Placemaking and Urban Sustainability, 1 (1): 17-45.

Cling J P, Razafindrakoto M, Roubaud F. 2005. Export processing zones in madagascar: a success story under threat？[J]. World Development, 33 (5): 785-803.

D'Amour C B, Reitsma F, Baiocchi G, et al. 2016. Future urban land expansion and implications for global croplands [J]. Proceedings of the National Academy of Sciences, 114 (34): 8939-8944.

Deakin E. 1989. Growth control: a summary and review of empirical research [J]. Urban Land, 48 (7): 342-345.

Dhorde A, Das S, Dhorde A. 2012. Evaluation of land use/land cover change in mula-mutha watershed, pune urban agglomeration, Maharashtra, India, based on remote sensing data [J]. Earthscienceindia Info, 5: 108-121.

Duncan B, Sabagh G, Arsdol M D V. 1962. Patterns of City Growth [J]. American Journal of Sociology, 67: 418-429.

Edward W S. 2000. Post metropolis: Critical Studies of Cities and Regions [M]. Oxford: Blackwell.

Fan F, Weng Q H, Wang Y P. 2007. Land use and land cover change in Guangzhou, China, from 1998 to 2003, based on landsat TM/ETM+ imagery [J]. Sensors, 7 (7): 1323.

Form W H. 1954. The place of social structure in the determination of land use: some implications for a theory of urban ecology [J]. Social Forces, 32 (4): 317-323.

Fothringham A S, Brunsdon C, Charlton M E. 2000. Quantitative Geography: Perspectives on Spatial Data Analysis [M]. London: SAGE Publications.

Fotheringham A S, Brunsdon C, Charlton M. 2002. Geographically Weighted Regression: The Analysis of Spatially Varying Relationships [M]. New York: International Union of Crystallography.

Frankhauser P. 1994. Fractality of Urban Structures [M]. Paris: Anthropos.

Friedmann J, Alonso W. 1964. Regional development and planning: a reader [J]. New Zealand Geographer, 23 (2): 179.

Friedmann J. 2008. The world city hypothesis [J]. Development and Change, 17 (1): 69-83.

Futianhexiao. 1995. Structural Evolution of Metropolitan Area [M]. Tokyo: Antiquity and Contemporaneity College: 14-79.

Gao J, Li S. 2011. Detecting spatially non-stationary and scale-dependent relationships between urban landscape fragmentation and related factors using Geographically Weighted Regression [J]. Applied Geography, 31 (1): 292-302.

Geddes P. 2010. Cities in Evolution: An introduction to the town planning movement and to the study of civics [M]. London: General Books LLC.

Ginkel H V. 2008. Urban Future [J]. Nature, 456 (n1s): 32-33.

Gottmann J. 1957. Megalopolis or the urbanization of the northeastern seaboard [J]. Economic Geography, 33 (3): 189-220.

Gottmann J. 1964. Megalopolis: the urbanized northeastern seaboard of the United States [M]. Twentieth Century Fund.

Hagerstrand T. 1952. The Propagation of Innovation Waves [M]. Lund Studies in Geography, Series B.

Hall P, Pain K. 2008. The Polycentric Metropolis: Learning From Mega-City Regions In Europe [M]. London: Earth Scan.

Han J, Hayashi Y, Cao X, et al. 2009. Evaluating land-use change in rapidly urbanizing China: case study of Shanghai [J]. Journal of Urban Planning and Development, 135 (4): 166-171.

He C, Liu Z, Xu M, et al. 2017. Urban expansion brought stress to food security in China: Evidence from decreased cropland net primary productivity [J]. Science of the Total Environment, 576: 660-670.

Herold M, Goldstein N C, Clarke K C. 2003. The spatiotemporal form of urban growth: measurement, analysis and modeling [J]. Remote Sensing of Environment, 86 (3): 286-302.

Howard E. 1976. Garden Cities of Tomorrow [M]. Cambridge: MIT Press.

Hoymann J. 2011. Accelerating urban sprawl in depopulating regions: a scenario analysis for the Elbe River Basin [J]. Regional Environmental Change, 11 (1): 73-86.

Huang J, Lu X X, Sellers J M. 2007. A global comparative analysis of urban form: applying spatial metrics and remote sensing [J]. Landscape and Urban Planning, 82 (4): 184-197.

Jefferson M. 1939. The law of the primate city [J]. Geographical Review, 29 (2): 226-232.

Jenkings M. 2006. Sourcing patterns of firms in export processing zones (EPZs): an empirical analysis of firm-level determinants [J]. World Development, 593: 331-334.

Jiao L, Mao L, Liu Y. 2015. Multi-order landscape expansion index: characterizing urban expansion dynamics [J]. Landscape and Urban Planning, 137: 30-39.

Justin T. 2006. Growth of industry clusters and innovation: lessons from Beijing Zhongguancun Science Park [J]. Journal of Business Venturing, 21 (6): 827-850.

Kunzmann K R, Wegener M. 1991. The pattern of urbanization in western Europe [J]. Ekisties, 50 (2): 156-178.

Li C, Zhao J, Xu Y. 2016. Examining spatiotemporally varying effects of urban expansion and the underlying driving factors [J]. Sustainable Cities and Society, 28: 307-320.

Li Q, Fang C, Li G, et al. 2012. Quantitative measurement of urban expansion and its driving factors in Qingdao: an empirical analysis based on county unit data [J]. Journal of Resources and Ecology, 6 (3): 172-179.

Li X, Yeh G O. 2004. Analyzing spatial restructuring of land use patterns in a fast growing region using remote sensing and GIS [J]. Landscape and Urban Planning, 69 (4): 335-354.

Li X, Zhou W, Ouyang Z. 2013. Forty years of urban expansion in Beijing: What is the relative importance of physical, socioeconomic, and neighborhood factors? [J]. Applied Geography, 38 (1): 1-10.

Liu S L, Liu Q, Wang C, et al. 2014. Landscape fragmentation and affecting factors of manwan reservoir based on geographically weighted regression [J]. Scientia Geographica Sinica, 34 (7): 856-862.

Liu T, Yang X. 2015. Monitoring land changes in an urban area using satellite imagery, GIS and landscape metrics [J]. Applied Geography, 56: 42-54.

Liu X P, Li X, Chen Y M, et al. 2010. A new landscape index for quantifying urban expansion using multi-temporal remotely sensed data [J]. Landscape Ecology, 25 (5): 671-682.

Lu S, Guan X, He C, et al. 2014. Spatio-temporal patterns and policy implications of urban land expansion in metropolitan areas: a case study of Wuhan urban agglomeration, central China [J]. Sustainability, 6 (8): 4723-4748.

Maclauri J B C, Wang F L. 1988. The Application of Systemic Method in Cities and Regions Planning [M]. Beijing: China Architecture Building Press: 145-149.

Marquez L O, Smith N C. 1999. A framework for linking urban form and air quality [J]. Environmental Modelling and Software, 14 (6): 541-548.

Mcconnell K E. 1989. The optimal quantity of land in agriculture [J]. Northeastern Journal of Agricultural and Resource Economics, 443 (2): 7-13.

Meng W, Hu B, He M, et al. 2017. Temporal-spatial variations and driving factors analysis of coastal reclamation in China [J]. Estuarine Coastal and Shelf Science, 191 (15): 39-49.

Muller P O. 1986. Transportation and Urban Form-Stages in the Spatial Evolution of the American Metropolis [C] //The Geography of Urban Transportation, Third Edition. NewYork: Routledge Press.

Osman T, Divigalpitiya P, Arima T. 2016. Driving factors of urban sprawl in Giza governorate of Greater Cairo Metropolitan Region using AHP method [J]. Land Use Policy, 58: 21-31.

Peng J, Zhao M, Guo X, et al. 2017. Spatial-temporal dynamics and associated driving forces of urban ecological land: A case study in Shenzhen City, China [J]. Habitat International, 60: 81-90.

Phillips D R. 1987. New Town In East and South-east Asia [M]. Oxford: Oxford University Press.

Pierce J T. 1981. Conversion of rural land to urban: a Canadian profile [J]. Professional Geographer, 33 (2): 163-173.

Pyrgiotis Y N. 1991. Urban networking in Europe [J]. Ekistics, 50 (2): 350-351.

Ramachandra T V, Aithal B H, Sanna D D. 2012. Insights to urban dynamics through landscape spatial pattern analysis [J]. International Journal of Applied Earth Observation and Geoinformation, 18 (114): 329-343.

Sargent J, Matthews L. 2004. What happens when relative costs increase in export processing zones? technology, regional production networks, and mexico's maquiladoras [J]. World Development, 32 (12): 2015-2030.

Scharsich V, Mtata K, Hauhs M, et al. 2017. Analysing land cover and land use change in the Matobo National Park and surroundings in Zimbabwe [J]. Remote Sensing of Environment, 194: 278-286.

Seto K C, Fragkias M. 2005. Quantifying spatiotemporal patterns of urban land-use change in four cities of China with time series landscape metrics [J]. Landscape Ecology, 20 (7): 871-888.

Seto K C, Fragkias M, Güneralp B, et al. 2011. A meta-analysis of global urban land expansion [J]. Plos One, 6 (8): e23777.

Shao M, Tang X, Zhang Y, et al. 2008. City clusters in China: air and surface water pollution [J]. Frontiers in Ecology and the Environment, 4 (7): 353-361.

Shu B, Zhang H, Li Y, et al. 2014. Spatiotemporal variation analysis of driving forces of urban land spatial expansion using logistic regression: a case study of port towns in Taicang City, China [J]. Habitat International, 43 (4): 181-190.

Skonhoft A, Solem H. 2001. Economic growth and land-use changes: the declining amount of wilderness land in Norway [J]. Ecological Economics, 37 (2): 289-301.

Stern P C, Young O R, Druckman D. 1992. Global Environmental Change: Understanding the Human Dimensions [M]. Washington DC: National Academy Press.

Sun B, Zhou Q. 2016. Expressing the spatio-temporal pattern of farmland change in arid lands using landscape metrics [J]. Journal of Arid Environments, 124: 118-127.

Sun Y H, Cui X, Song T, et al. 2013. Spatial Expansion Analysis in Yantai Urban Agglomeration with RS and GIS [J]. 31 (6): 633-636.

Tian G, Qiao Z, Gao X. 2014. Rural settlement land dynamic modes and policy implications in Beijing metropolitan region, China [J]. Habitat International, 44: 237-246.

Viedma O, Moreno J M, Güngöroglu C, et al. 2017. Recent land-use and land-cover changes and its driving factors in a fire-prone area of southwestern Turkey [J]. Journal of Environmental Management, 197: 719-731.

Wei S, Pijanowski B C, Tayyebi A. 2015. Urban expansion and its consumption of high-quality farmland in Beijing, China [J]. Ecological Indicators, 54: 60-70.

Wei Y D, Li H, Yue W. 2017. Urban land expansion and regional inequality in transitional China [J]. Landscape and Urban Planning, 163: 17-31.

Weng Q. 2002. Land use change analysis in the Zhujiang Delta of China using satellite remote sensing, GIS and stochastic modelling [J]. Journal of Environmental Management, 64 (3): 273-284.

White R, Engelen G. 1993. Cellular automata and fractal urban form: a cellular modeling approach to theevolution of urban land-use patterns [J]. Environment and Planning A, 25: 1175-1199.

Wilson E H, Hurd J D, Civco D L, et al. 2003. Development of a geospatial model to quantify, describe and map urban growth [J]. Remote Sensing of Environment, 86 (3): 275-285.

Wu W, Zhao S, Zhu C, et al. 2015. A comparative study of urban expansion in Beijing, Tianjin and Shijiazhuang over the past three decades [J]. Landscape and Urban Planning, 134: 93-106.

Xue D Q, Zhang X J. 2002. Study on ecological space of urban agglomeration [J]. Chinese Geographical Science, 12 (4): 321-328.

Yu W H, Ai T H, Shao S W. 2015. The analysis and delimitation of central business district using network kernel density estimation [J]. Journal of Transport Geography, 45: 32-47.

Zhang L, Karthikeyan R, Bai Z, et al. 2017. Analysis of streamflow responses to climate variability and land use change in the Loess Plateau region of China [J]. Catena, 154: 1-11.

Zhang Z, Su S, Xiao R, et al. 2013. Identifying determinants of urban growth from a multi-scale perspective: A case study of the urban agglomeration around Hangzhou Bay, China [J]. Applied Geography, 45 (45): 193-202.

Zhao C, Jensen J, Zhan B. 2017. A comparison of urban growth and their influencing factors of two border cities: Laredo in the US and Nuevo Laredo in Mexico [J]. Applied Geography, 79: 223-234.

Zhao Y, Cui B, Murayama Y. 2011. Characteristics of neighborhood interaction in urban land-use changes: A comparative study between three metropolitan areas of Japan [J]. Journal of Geographical Sciences, 21 (1): 65-78.

Zhu Z, Zheng B. 2012. Study on Spatial Structure of Yangtze River Delta Urban Agglomeration and Its Effects on Urban and Rural Regions [J]. Journal of Urban Planning and Development, 138 (1): 78-89.